JN060697

日本語の文字と表記

学びとその方法

尾山　慎

OYAMA Shin

花鳥社

目次

第二章　文字論・表記論・書記論へ

第三章　言語学的なアプローチと方法論

第五章　仮名のはなし

第六章 SNSメディアにみる通俗的な文字表記

はじめに

言葉も、文字も、日々使うもので、無くなったらとても不便です。それらがなければ、この本はもちろんのこと、人と人との大半のコミュニケーションが成立しません。何より、言葉がなければ人間の思考自体がそもそも立ちゆかないでしょう。わたしたちはこの世の中にあるものを、言葉で切り取って、分類して、整理しているからです。といっても、毎日その存在のありがたみが身にしみるほどに言葉、そして文字を意識しているかというと、大抵、そんなこともありません（そして、それで、いたってふつうです）。一方、職業柄、言葉や文字に毎日毎日向き合ってまさに格闘するような、たとえば助詞一つの扱いにも悩ましい思いをする人もいると思います。そのような、たとえば言語研究者や、しゃべるのがお仕事の人、あるいはいわゆる文筆業等ではなくても、あらためて振り返ってみれば日々の生活の中で、ちょっとした言い回しですれ違ったり、喧嘩になったり、あるいは仲良くなったり、人を笑わせたり、楽しませたり、悲しんだり、そわそわしたり、慰められたり……と、人が人と、社会で暮らしていく中で、もしかしたら酸素と水の次ぐらいに、言葉は重要な存在ではないかと思われます。しかし、まるで、見慣れた景色のように、それこそ空気のように、存在を意識しないところがあります。数ある学術研究の一つである人文学とは、その名の通り人間とその営みについての学問ですが、言語学や文献学はその人間の文化的な営為を根幹と末節にまで及んで成立させている言葉そのものを扱う研究であり、とても重要です。自然科学を含め、全ての学術研究が、他でもない言葉で記述されていることを考えても、言葉それ自体を深く知ることは大変重要だと言えます。

さて、日常普段では、このように当たり前すぎる空気のような存在である言葉ですが——では、空気とは何で、どういうメカニズムで身体に取り込まれ、そして排出されてそれはどうなって……と、当たり前にやっていることの構造なり、メカニズムなり、そしてまたそれを明らかにする研究の方法論までをも見ていこうというのがこの本です。一体これまでどのような歩みがあって、そしてどのようなことが既に明らかになっているのでしょうか。そこにおいて本書の主題である文字・表記はどのように扱われてきたのでしょうか。そして、この先の未来、どのように言葉や文字の研究は探究されていくのでしょう。

この本では、日本語の文字、そしてそれが実際に並べられた表記、またその筆跡、筆致、紙面上の配置など様々な事象について、いかに分析、研究されるかを様々な角度から論じていきます。今日まで蓄積されてきた研究、そしてそれらを承けて今後どのように展開されていくかということについて広く取り上げて、紹介したり、論説したりしていきます。進めるにあたっては、ただただすでに完成された研究方法に沿って紹介していくのではなく、研究方法、アプローチそれ自体をも、再検討しながら、時に新たに考案しつつ進めていきます。常に、学術研究は発展途上にあるゆえです。その時代、その時代に、〝合意〟されてきた探究方法があり、そしてその〝合意〟は少しずつ更新されて今日まで来ました。

さて、そもそも文字は言葉を記すために存在しているので、では人間にとって言葉とはどのようなものなのか、またどのように研究されてきたのか、そういった点にもあらためて立ち返らねばなりません。単につまみ食いのようにそういったトピックを列挙していくのではなく、学術研究として向き合った場合、どのようなものになるかということを広く知ってもらうためにも、なるべくこの本が、この一冊をもってひとつの体系性をもつように、述べていきます。本書が、言葉や文字に興味のある人や、これから日本語学、日本語文字表記論に関する研究を志す人にとっての助力となれば幸いです。

具体的に、どのような展開で進めていくか、まずは簡単に述べておきます。

第一章では、日本語表記の多様さ、そして、そのことを知るための歴史的研究へのアプローチとして、まずは、大きな要因である漢文訓読についてお話しします。最初にこの話が取り上げられることに違和感を覚えるかもしれません。しかし、訓読とは語をあらわす文字である漢字を介した翻訳行為であって、日中二言語間の翻訳である以上、日本語の文章・文体にも関わる話であることはもちろん、漢字という文字がその営為の中核にあり、そこにおいて、様々な日本語訓も生み出されたという点で、非常に重要な事項なのです。漢文は、和文（日本語文）と対置されるものでもあり、訓読文は和文を生み出す母胎となりました。同時に、片仮名が生みだされる場所でもあって、つまり、漢文そしてその訓読とは、日本語の文字表記の多様性の根源かつ背景と言えることから、本書の議論にとって、まずはここから見ていくことが、非常に重要な出発点となります。

第二章では、文字を巡る研究が、文字論、表記論そして書記論と分けられるところから始めて、それぞれ具体的にどういうことを研究するものなのかを紹介します。たとえば「あ」は「安」からでき、「ア」とは発音は一緒でも、体系としては区別されるといった議論は文字論です。一方、「アイツが犯人だ」の「アイツ」が片仮名で書かれていることを考えるのは表記論です。そして文字の配置や筆致といった具体的な紙面上のことにまで及んで研究するのが書記論です。このように、研究する際のステージの違いや、ターゲットの違いを区別する視点の重要性を説明します。同時に、これらの議論では様々な専門用語（術語、テクニカルターム）が出てきますが、字体、フォントなど、一般にもよく知られている語が多く、そのぶん曖昧なところもあるので、一つ一つ、定義していきます。

第三章では、文字表記があらわす言葉というものについて、言語学的観点から説明します。日本語のみならず、一般的、普遍的な言葉の性質、働きとはどういうものかということを述べた上で、それと文字表記の関係性について論じます。西欧では、伝統的に文字表記が言語研究においてあまり重い扱いを受けてきませんでしたが、日本語の場合は、第一章で取り上げる訓読がそうであるように、文字表記が日本語そのものに相当深く関わっています。この点にも注目しつつ、音声の言葉と文字表記との関係について述べます。また、言葉は長い時間をかけて変化するものですが、この変化をどのように考慮に入れつつ研究するかで立場が分かれるので、このことが、文字表記研究にいかに関わってくるのかにも触れます。

第四章では、漢字がどのように使われてきたか、社会においてどのように位置づけられてきたかを、漢字の本家である中国古代から始めて、歴史的に追いつつ論じます。また、ある人が、ある文字をどう使うか、ということではなく、社会において、漢字が、文字がどのようにあるかということを考える視点を紹介します。このとき、非常に重要な要素として挙げなければならないのが印刷です。印刷は、社会に文字を普及させるという点で、人類史上最も重要なイノベーションの一つでした。日本語の文字表記の歴史でも印刷はとりわけ中世以降は避けて通れないテーマです。

第五章では、仮名の話を取り上げます。日本語表記では、漢字と並んで活躍する文字ですが、もともとは漢字から生み出されたものです。しかも平仮名に片仮名、万葉仮名と、一種類ではありません。それら仮名とはどのようなもので、そしてなぜ漢字と併用され得たのか。研究史でも、仮名の〝成立〟はさかんに論じられてきました。そういった厚い研究史をふまえつつ、仮名の歴史を広く見渡します。あわせて、仮名遣い――「王子」と「大路」は発音はどう考えても同じなのに、「おうじ」「おおじ」と書き分けられること――を巡って、分析の切り口自体の見直しを提案します。

第六章では、SNS等、現代ならではの文字表記の実態を追いかけ、それが、これまでの章で述べてきた知見をふまえてどう分析、研究されるかを紹介します。研究は、それが行われる時代を映すものであり、また当然後世への記録ともなるものです。急速に発達した電子機器類上で、日本語の文字表記の多様性は、さらに、どのように展開していくのか、記述して今後に残していくという意味も込めて概観していきます。

終章では、これまでののべ六章のまとめをするとともに、日本語の文字表記論研究の、〝これまで〟と〝これから〟という観点で展望を述べます。かつて、「言葉の召使い」とさえ言われることがあった文字は、言語の研究とどのような関係性で、今後、考究していくことができるのか。また歴史的な視座において、どういった問題と課題があるのか。理系の学問で反省されている「目的論」を巡る議論なども参考に、日本語文字表記論の未来を考え、そして、学術研究、科学とはどういうものかという科学哲学史にも広く触れて、一書の総括とします。

それでは、まずは、日本語における文字・表記がいかに多様かというところから順に見ていくことにしましょう。

【付記】

・注などの補足情報はごく最小限にしました。先行論の引用は、重要なものに限り、その場その場で引用元を示します。また参考文献については、単行本のべ約一〇〇冊に限って巻末にまとめて示します。なお、筆者にはこれまで二冊の専門研究書があり、そこで述べたことに重なる内容もありますが、本書は文体も説明手順も違うので、一々それらとの関係は示していません。

・本書では、「言語」「語」「言葉」を以下の方針で使い分けています——日本語や英語など個別の単位を指す時や、「—研究」「—学」という語として通用している場合は原則として「言語」を用います。対して、ある人の使う個別的な行為としてのものや、一つ一つの単語などは「語」や「言葉」という方を使います。ただし三者はもとより連続的なので、原則的な方針ということになります。

第一章　日本語の文字表記の〝多様さ〟とその歴史的要因

複数の文字を同時に交ぜて使う日本語表記。そして漢字一字が、複数の読みを有することも珍しくない。このことの要因を遡っていくと、「漢文訓読」にいきつく。日本語は、中国語と接触し、文字を介して、これを取り入れ、内在化させ、そしてまた出力もした。その営みは千数百年前にまで遡る。

翻って、ＩＣレコーダも、ビデオも、カメラもないのに、現代という時点から歴史的資料を追いかけ、過去のことを研究するにはどうすればいいのか。言語研究が模索してきた「時間」とのつきあい方を注意深く見定めつつ、日本人の「漢文訓読」という営為を追跡し、多文字多読の淵源に触れる。

Ⅰ　日本語の文字表記の実情と歴史

1　現代日本語表記の特徴

日本語の文字はどのような特徴をもっているでしょうか。たとえば漢字の読みひとつとっても一字に複数あるのは珍しくなく、場合によっては複雑の極みに見える、というのはよく取り上げられる点です。――「十一月三日は祝日で日曜日にあたる日ですから」という文章には五回「日」という字が出てきますが、全部読み方が違います。実際は語レベル――「三日」で「みっか」と読み方が決まっているだけのことですが、結果的には非常に複雑で多様に見えることになっています。さらに私たちは普段日本語を書くとき、漢字・平仮名・片仮名を混ぜて使います。時にローマ字や、算用数字さえ交えられて、短い文章でもこれらが全て登場することもあります。たとえば、

2時からNHKでバスケの試合を見るんです。

のようなものです。そして、日本語を母語とする人（あるいはそれに準じるほど通暁した人）は、日常のことですからこういうことを別に不思議だとも、不便だとも普通は考えないでしょう。しかし、このように複数の種類の文字が同時に交えて使われるというのは、世界的にみて珍しい部類に属します。が、だからといって、今、急に文字を一種類にはできませんし、話者にとって別にそれがメリットにもなりません。むしろそのように劇的に変更されるほうが困るでしょう。ただ、日本語の表記は歴史上、姿を変えたり、増えたり、集合したりしつつ、一五〇〇年前、一〇〇〇年前、五〇〇年前……時代時代ごとに様々な工夫と模索がありました。つまり変化してきました。その結果が「今」であるとすれば、この瞬間も現代進行形で変化途中であることにはなります。本書ではこの捉え方に沿って、後半の章で、将来もし日本語が漢字を放棄したら、あるいは放棄するためにはどうすればいいか、ということ

も、実験的に考えてみたいと思います（**第四章**）。

さて、漢字や仮名は言葉を書くために存在しています。従って、言葉の変化に漢字の使用も連動することがあります。たとえば「百貨店」より「デパート」、「乳母車」より「ベビーカー」、「市場」より「スーパー」といった言い換えが進むと、必然的にこれらの言葉について、漢字を書いたり読んだりする機会は減ります。「百」、「貨」、「店」はそれぞれに他にも使い道がある漢字なので、直ちに消えはしないでしょうが、少なくとも、使う機会が減りこそすれ、増えることがあまりないということは想像出来ます。今後百年、二百年の単位で考えると、きっと日本語表記――そこにおける漢字もまた、変化していくはずだと見通されます。一方、はるか千数百年前に遡ると、日本語を書いているが全部漢字という時代が確かに、ここ日本にもありました。それから比べれば、やはりずいぶん〝減った〟という言い方も可能です。

ところで全部漢字だったなら、日本語は全部、音読みの漢語（中国由来の言葉）だったのでしょうか。まさか、そんなはずはありません。しかし奈良時代の資料は、繙（ひもと）くと、ことごとく漢字ばかりです。そこから時代が下るにつれ、平仮名や、片仮名が出来ていったのですが、いきなり現代の日本語表記のようになったわけではありません。いまとは違う様々な棲み分けがそこにはありました。それは、必ずしも気まぐれで書き分けられていたのではなく（そういうことも時にはあったでしょうが）、文章の種類、性格などメディアによっておおおそ使い分けていたらしいことが分っています。それは平仮名や片仮名ができてからも、脈々と続いていて、たとえば和歌は概ね平仮名で書く、男性貴族が日々付ける日記は、漢文をベースにした記録体という日本風漢文（必然的に、ほぼ漢字のみ）で書く、などです。こういう表記スタイルのバリエーションを「表記体」と呼んでいます。そして現在、主として漢字と平仮名を交ぜるというところへ落ち着きました。後章では実例とともに様々な時代のそれらを追いかけてみます。

では次に、私たちの日常生活と文字表記を振り返ってみましょう。

2 日常生活と言葉、文字表記

今現在、この日本に暮らして、文字に一切触れない一日というのはなかなか、考えられないでしょう。一文字も書かない（打たない）日というのはそれなりにあるかもしれませんが、一文字も見ない（読まない）というのは、ほぼ、ないはずです。たとえ能動的に読まなくても、視界の端々に入ってきます。つまり、本を読むだけが、あるいはテレビやスマホの文字を目にするだけが、文字に触れる機会ではないということです。いま、その場で見渡してみて、本書以外でどこかに、何らかの文字が書かれていませんか。いま着ている服のラベルにさえ、文字はいくつも書かれているはずです。ふつうに生活をしていて、見ようと思わずとも、部屋を見渡せば、あるいは家の外に一歩でれば、文字は否応なしに目に入ってきます。もはや現代人が暮らす様々な空間の、その景観を構成する要素になっていると言えます。

さて、この文字あるいは言葉というのは、あらゆる事象事物について、それが人間の活動や認識の及ぶ範疇であるかぎり、その把握、整理、解説、そしてそれら知識の内在化にまつわって、日々、せっせと稼働しています。否、稼働させています（使い手がいないと、動きません）。次々と、対象を区画・分節して、切りとってパッキングしてしまうのが言葉の本質的な役割です。そうやって、〝この世界〟を切り分けては把捉し、それによって、あるいはそれをしつつ、他人とコミュニケーションをとっています。「分類する」という意に由来する「わかる」が、「理解する」という意味にもなっているのは、実に、納得出来ることです。言葉の機能は、この世界の分節（「それ」／「それ以外」に切り分けること）、その把握と整理に大きな意味を持っていると言えます。そうして、人はこの世界を知るのです。

言葉は目に見えませんが、目に見える文字は、結果、公共の場、私的空間をとわず人の生活の場面ごとに、あふれかえることになります。文字は言葉をあらわすためにあるということは、周囲にあふれかえっている文字群は、すなわち、それほどに無数の言葉で、この世界を切り取り、タグ付けしてきた結果であり、その視覚情報化だと言えます。その結果に囲まれて、私たちは生きています。それゆえに、あるのも当たり前なら、ないことにも注意が払われないほど、当然の存在として、ふと、すぐそばにいるのが文字だと言えます。富士谷成章（ふじたになりあきら）という江戸時代の国学者は、「天地の言霊はことはりを持ちて静かに立てり」と喩えました（『あゆひ抄』大旨　上）。「静かに立てり」とは見事な表現ではないでしょうか。ここでは「言霊」とありますが、私たちにとって言葉はもちろん、いまや、文字という目に見えて書かれているものさえもが、私たちのすぐ側に「静かに立」っていると言ってよいでしょう。

音による言葉は、自らの肉体器官（喉、口（歯、舌、唇）、呼気）を使って発生させ、またそれを耳で受け取るわけですが、文字は、手などを使ってべつの媒体に刻んでいきます。音声は目に見えず、その瞬間消えますが、文字は物理的に残ります。たとえば世界記憶遺産にも登録されている平安時代の藤原道長『御堂関白記』（国宝、直筆が残っています）がそうであるように、大切に扱えば紙でも優に千年を超えて残ります。木、金属や石ならなおさらです。「書く」とは「掻く」つまり、ひっかいて傷を付けて刻むというのが原義です。ちょうど英語のscribeと同じ経緯をもちます。この単語も、「引っ掻く」からくる「書（描）く」の意です。そして刻んだ瞬間、言葉は、自分の外に記録されます。文字は、自身の脳の外にも情報を記録する道具として人間とともに歩んできたのでした。

よく〝言葉は生き物〟とか進化するものと言われたりします。変化する、ずっと同じではない、ということの喩えとしておなじみです。しかし、厳密にはこの喩えは、もっとも肝腎なところでミスリードが起きる喩えでもあります。というのは、言葉や文字は、使う人間がいないと変化しないからです。つまり、それ自体が生き物なのではなく、あくまで道具だから、使い手がいなければ、そのままということです。人間が使うから言葉は変わるし、人間が移動するから、言葉も移動します。言葉や文字は、それだけほおっておいても、変化はしません。そのまま消えゆくだけです。変わっていくことをシンプルに進化と喩えているなら完全にハズレというわけではありませんが、実際の生物の進化論とはやはり別だといわねばなりません。ただし、生物種の盛衰に準えるなら、言語の消滅というのは残念ながら現実に起っていることです。いわゆる絶滅危惧種と同じように、言語の危機の度合いのランキングがあります。それはまさに、〝使い手がいなくなっていっている〟という一覧表でもあります。

さて現在、日本語話者が、日本語について絶滅の危機感を覚えることは、通常まずないといっていいでしょう（日本語も方言によっては話は別ですが、方言のことは今は措きます）。漢字や平仮名・片仮名もまた然りです。事実、漢字は、現状、地球上で現役で動いている文字としては、古代から一度もその血脈が途絶えていない、ほぼ唯一の存在です。やや大げさにいえば、四千年以上になんなんとする時をこえて今日まで連続して命脈を保ってきました。そもそも、すでに、文字の系統としていま全世界では、アルファベット系か、漢字系かしか残っていないのですが、漢字は連続性を保っているため、紀元前およそ二五〇〇年、殷の時代の甲骨文字も、意味や文意がとれることがあります。実際、かなりの解読が進められています。甲骨文字は西暦一九〇〇年頃に存在が認識されたので、まだ一二〇年ほどしか経っていませんが、解読が着実に進められてきました。これはたとえばロゼッタストーンのような、エジプト古代の文字が刻まれているものの、それ自体は現役でないため読めなかったところ、併記されていたギリシア文字による表記を手がかりに解読されたということと対照的です。一方漢字は、少なくとも日本、そして話者十億人を超える中国、台湾、朝鮮半島など東アジアで現役でいまも稼働している文字です。アルファベット同様、さしあたり今のところ、絶滅危惧種では全くないと言っていいでしょう。絶滅危惧種ではないということは、やはり、これもまた〝あって当たり前のもの〟ということを裏付けています。必要あればもちろん使うけれども、普段は風景や空気のようにあって、意識しません。読み書きができ、町中や部屋のいたるところにあふれかえる文字――近い将来なくなるかもしれない、と危惧を抱くことはまずなく、そんなことが頭にのぼることも、そもそもないでしょう。

3　歴史的研究にあたって

言語は変化するものです。いつかの時点で始まりがあったのでしょうし、ちょっとずつ変化していくものです。しかし、既に述べた通り、普段そういうことを考えながら言葉を使っているわけではないし、またそういった成立にかかわる議論や変化という用件を抜きにしても言語の研究は可能で、そういう立場を**共時（態）論**といいます。研究上の設定として時間を止める（＝変化という要素に関知しない）ので、当然無理もあって、研究史上、批判はやはりあります。しかし、その批判を承知の上での措置でもあるわけで、言語というのは変化するものだからこそ、あえて〝静止状態〟にすれば何が見えてくるか考えるのだとも言えるわけです。一方、それでも、時間を制止させるなんて無理に決まっていると責め続けることもできます。変化を時系列に沿って追いかけるタイプの議論を、共時論に対して**通時（態）論**（通史論）と言います。これら二つの「論」は、いつの日か、どちらかが他方を駆逐する戦い……なのではなく、実際は研究上の立場の取り方の問題というところで、いわば両輪とも喩え得ます。筆者も、研究のその時々の場面場面に応じて、それぞれにふさわしい視座の取り方があると考えています。

たとえば、非母語話者から「日本語ってどんな言語？」と問われた時、一言で答えるのは難しいですが、少なくとも、まずは自分が内省でき、直観をもっている日本語のことで答えようとするに違いありません。「日本語ってどんな言語？」とだけ聞かれているのに、奈良時代のことを実は尋ねられているとはまさか、思わないでしょう。〝現在時点〟で、〝自分の内省がきく〟というのが無標（ディフォルト）に設定されているのがごくふつうの感覚です。ゆえに説明するときに、ちなみに一〇〇年前は、三〇〇年前は……などと次々に歴史的な解説を、聞かれもしないのに付していくことも、おそらく必要ないでしょう。この一方で、日本語はどうして現在このようになっているのか、と問うと、当然歴史的にみていく必要が出てきます。この本のテーマである文字表記についても、各時代の日本人は、どのようにそれを眺めてきたのかも、注目すべきポイントとなります。ただ普段当たり前のように使っているものを内省するのにはそれなりの意識と、客観的な視点が求められます。ここでは、いにしえの人々が文字・表記を巡ってどのような把握や発言をしてきたかということを振り返っていくために、まずは漢字・漢語の導入そしてその訓（日本語読み）から、概観しておきたいと思います。なお、これは歴史ですから通時論ということになります。この通時論と共時論の話は、言語研究の根幹に関わるので、本書でもこの後何度も出てきます。

4　中国語との交渉

日本語は古代から中国語との交流が盛んでした。中国の言葉もたくさん取り入れ、それに大きく頼ってきたので、現在、中国語由来の漢語（字音語といったりもします）を使わずに話すのは困難な場合がかなりあります。実際、本書を和語だけで書くのは不可能です。たとえば「哲学のテキストを使っている」（和語）と「使用している」（漢語）ではそれほど大差なく、どちらでもいいように思えるかもしれません。「使用している」のほうが堅いかなという程度でしょうか。しかし、「切る」（和語）と「切断する」（漢語）は、明らかに棲み分けがあります。髪の毛を「切る」とはいえても「切断する」とは言えません。また「機械の操作を誤って手を切った」と「切断した」では両方使えますが事態の重大さが全く違います。似たような意味でも漢語に頼って、分担させている例は多々あります。また、「心臓」「肝臓」「大腸」などはそもそも漢語しかありません。和語では「はら」「きも」「おなか」くらいのものです（むかしは、クソフクロというすさまじい言葉も存在しました。**図1**）。おおざっぱな言い方しかなく、精密な分類とは言い難いでしょう。

この一方、ごく日常おなじみの漢語でも、たとえば「哲学」は日本で作られた漢語で

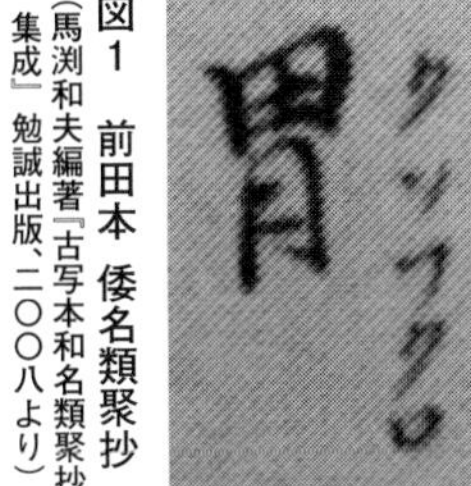

図1　前田本　倭名類聚抄
（馬渕和夫編著『古写本和名類聚抄集成』勉誠出版、二〇〇八より）

あって中国語由来ではありません。日本語は、長らく漢語を読み書きしてきて、ついに最終的には漢語を作ってしまうというところまでに到ったのでした。日本製の漢語（厳密には、どうしても中国の文献には見出しがたいというもの）の歴史は古く、既に日本書紀（七二〇年成立）にもあります——たとえば「蹴散」という動作をあらわす二字のこの表記は、どれほど中国の古い漢籍を引っ張り出してきても見つかりません[*1]（日本書紀は漢文で書かれていますが通常訓み下されて「くゑはらかす」とされます。蹴り散らすといったような意味です）。日本製の漢語（あるいは漢字の並び）は、断続的に作られていったようですが、明らかな時期としては、近代の文明開化が大きな画期です。「明六社」という今で言う学会のような団体が結成され、西欧の文物を紹介する上で、特にさかんに新しい漢語が造語されました。あるいは、既存でももともとは違う意味を与えられたりもしました（「自由」など）。現在なら英語でもそのまま片仮名表記で取り入れたりするようなところ、漢字の組み合わせをもって造ったのでした。そのうち、一部の日本製漢語は本家本元とも言える中国にも導入されているものがあります。

このように、日本語の歴史を見る上でも欠かすことができないのが漢語です。そしてもちろんその取材源でもある漢文とその訓読も大変重要です。日本ではこの漢文の学習が絶え間なく行われてきました。それは日本語自体にも影響をあたえ、結果、漢語は語彙体系の一翼を担うようになったのでした。漢文訓読という経験をしていなければ、日本語は相当違う姿になっていたと思われます。漢文訓読は、もともとは主に仏典、儒学研究という学術的レベルでの営為であり、必然的に教養が高い層でなされるものでした。国語学者の築島裕氏は、日本語は、漢文訓読系統の文章と、源氏物語のような和文と呼ばれる系統の文章というように異なる文体が併存していたことを明らかにしました。[*2]もちろん両者は同じ日本語だけれども、文体の違いとしてそれぞれ存したというのです。つまり日本語の文章といっても、一種類ではなかったということです。しかもその文体の違いが資料や作品のジャンルの違いに対応しているのがなにより説得的でありました。明治時代以降には言文一致体が模索され、現在ではすっかり過去のものになってしまいましたが、漢文訓読文や、その文体による文章は、長らく日本語の文章の屋台骨でした。

筆者の個人的経験談になりますが、明治初年生まれの国語学者・山田孝雄（よしお）の論文を大学二年生の時に初めて読んだ折、あまりに堅い文章で衝撃を受けました。授業のゼミで必要あって先輩の助言をうけつつ開いてみたものの、これは内容以前に読むのに骨が折れそうだと途方にくれてしまった覚えがあります。一文を引用してみます。たとえば「眺めらるゝは故郷の空なり」という例文に対し、

> この自然勢が受身の一変態なりといふことは、その勢の起る本源は大自然の勢力ありて人力を以て如何ともすべからぬことを示すものにして、人はそれに対して柔順なるより外の方途なきなり。
>
> （『日本文法学概論』第十五章　三一八ページ　※常用漢字にあらためました）

といった具合です。この訓読調の山田論文を読むためのガイドブックが必要なのではと本気で思いました。

Ⅱ　漢文訓読と日本語

1 「訓読」とは

■翻訳と訓読

なぜ、訓読が、日本語文字表記論の諸問題という項目にかかわってくるのかと言いますと、訓読とはすなわち漢

＊1　毛利正守「日本書紀訓注の把握」（『國文学　解釈と教材の研究』47-4、二〇〇二）「芸文類聚・淮南子・史記・漢書・後漢書・三国志・梁書・隋書・文選・金光明最勝王経音義等にあたっても用例を見出し難いものであり、またそれにとどまらず佩文韻府や太平御覧等の類書にも用例が検索し難いものである」（六五ページ）、「漢籍にその用例を広く検索しても見出しえない語句」（六六ページ）とあります。おそらく、日本書紀の執筆の為に、造語（造〝表記〟）したのでしょう。

＊2　『平安時代の漢文訓読語につきての研究』（東京大学出版会、一九六三、新版一九八〇）

字という文字表記を介した言語の置き換え行為だからです。文字表記論においてはもちろん、日本語史を考える上でも最重要事項となるので、本書でも、かなり冒頭に近いこの位置でまずは触れることにします。

訓読というと国語の時間にやった、レ点とか一・二点が打たれたものを訓み下すという作業をまずは思い浮かべられると思います。それで間違いないのですが、訓読の歴史は古く、奈良時代には少なくとも漢文が訓読されていたと考えられています。ただし、レ点、一・二点といった記号類（まとめて訓点と称します）はまだありません。

まず、翻訳というのは一般には、英語から日本語とか、日本語から韓国語というような個別の言語単位の置き換えを指すものと認識されているでしょう。しかし、厳密には動態、つまり実際のなんらかの〝言葉の現場〟における、その文脈や談話の流れという関係性の中におかれてはじめて実現する、本質的には部分的、個別的、臨時的なものです。つまり、実際の個別的な場面場面においてあり得るものです。便宜上、「韓国語に訳す」などとは言いますが、言語がまるごと置き換わっているわけではありません。なお、臨時的、その場限りの訳といっても、時間とともに、定番化、類型化していく〝おなじみの訳〟となることはもちろん、あり得ます。

さて、外国語の映画やドラマを見ていて、その外国語をも理解できる時、日本語字幕と引き比べて聞きながら、〝あれ？　翻訳がおかしいな〟と思ったことはないでしょうか。もっとも、そうは思ってもシーンは次へ次へと流れていくので、よほどでないと鑑賞後はもはや忘れているか、どうでもよくなったりしているものですが、その、おかしいと思う理由は何でしょう。自分が知っているその単語の日本語訳と違う、というところでしょうか。たとえば『ハンコック』というハリウッド映画で一例を挙げます。主人公ウィル・スミス演じるハンコックが、知人と言い合いになるシーンがあります。どちらかといえばハンコックがやり込められるというところなのですが、次第にヒートアップして知人はどんどん普段のハンコックの不埒な言動を責め立てていきます。ハンコックは、図星のところもあって、苛立ちを隠せず、おもわず知人に向かって「be carefull」と制します。その際の日本語字幕が「言い過ぎだぞ」となっていました（『Netflix』および二〇〇八年劇場上映版による）。おおよそ、辞書には載っていない意味です。といってこれはおそらく誤訳だとは言われないと思います。むしろ、辞書的な「気をつけろ」の方がピンと来ません。前後の字幕の日本語の流れから言っても自然なやりとりになっていて、なかなかよい訳だろうと思います。そしてこれらは、一般には「意訳」などと呼ばれたりするのかもしれませんが、そもそも、「意訳」でない訳があるのでしょうか。

ここで、韓国語と日本語の対照から一例を挙げてみましょう。日本語では、「結婚します」と「結婚しています」は区別される表現です。前者は予定であって未実現ですが、後者は既実現の結果継続です（「来年の今頃結婚しています」という言い方があるにはありますが、未来時点で結果継続を振り返っているという点では同じです）。ところが韓国語では、日本語でいう「結婚しています」は「결혼 했어요」と、日本語の「結婚しました」という言い方になります。もちろん、韓国語にも「〜しています」という動作や状態の反復・継続表現である「하고 있습니다」はあるのですが、たまたま「結婚（결혼）」についてはそれを用いません。日本語では「結婚」を、事態が継続しているという意味で使う一方、韓国語では、時間軸上のある一点におけるイベントという把握なのだろうと思われます。よって、日本語の「結婚しています」をそのまま置き換えた「결혼하고 있습니다（しています）」は、日本語では自然に思えても、韓国語では違和感のある表現となります。思わず「シテイマス」をそのまま訳す形で言いたくなるのは、日本語話者にとっての母語（日本語）の干渉によるものと言えます。では、日本語の「結婚シテイマス」を韓国語での正規表現（結婚シマシタ）である「결혼 했어요」に訳すのは、「直訳」ではないということになるのでしょうか。つまり、これは「意訳」と言うべきなのでしょうか——どちらも、しっくりこないと思います。そういう言葉で定義される問題ではないと言えるでしょう。そしてそれはつまり、「意訳」、「直訳」といった言葉自体が、実はとても曖昧だということです。いずれもかなり一般によく知られた用語ではありますが、そもそも翻訳の実情を正確に言い当てていないと

言ったほうがいいでしょう。

■訓読と漢字

さて、先の be careful――これがアルファベットで書かれているということと、「言い過ぎだぞ」が漢字と平仮名で書かれていることは、翻訳には直接関係してこない要素だと思われます。しかし、かつて古代、日本語が漢文に接して翻訳が行われた際には、漢字という文字・表記が重要な位置で介在していました。これを、本書では翻訳の中でも、ことに訓読の範疇と見做すことにします。つまり翻訳のほうが上位・広汎であって、訓読はその中の、文字表記（漢字）に関係する一画にあるという構図です（「訓読」の定義は研究者によって違いがあります―後述）。

さて、「語」とは音と意味との結合体であり、それは記号の一種だとされます。そして、それをさらに文字・表記が記号として記す、つまり文字・表記とは記号の記号というのが通常の理解となっています。それは、もちろん日本語でも中国語でも同じです。たとえば「やま」/jama/（音韻記号はヤ行を/j/であらわします）という語は、その概念と結びつき、「山」字で書かれます。中国語も、/shān/とその概念が結びついた語があり、「山」と書かれます。これを通時的（歴史的）な観点にスイッチして、日本語側における漢字表記とその訓の獲得経緯を考えてみましょう。

音声による言語同士の間で行われる置き換えも無論あったでしょうが、訓読ということだと、必ず、文字とその訓（日本語読み）が引き当てられる瞬間があったはずです。「山」字をそのまま例に使うことにすれば、日本語側の翻訳とは、「山」字に〈/jama/ ＋概念〉を引き当てる行為です。つまり、記号の記号という関係が、通常と逆になっているわけです。漢字とは、語という記号をさらに記号化するものであるのに、日本語側は、漢字という文字記号に対して、別の音声言語という記号（/jama/ ＋概念＝日本語）を当てがうという行為になっています。そして、このように漢文を訓読して、構成される漢字に読みを引き当てるという行為を繰り返す一方、今度は日本語を、漢字を使って書こうとするときはどうなるでしょう——書かれ得る記号としての「山」が、日本語「やま」と結びついている形ですでに手持ちにありますから、ここで、ようやく、構図としては、漢字が記号（語）の記号（文字・表記）という関係で成立していることになります。漢字に様々な訓を当てることは後々、一字多訓、あるいは一語に対する多字という状態を生み出していきます。前者の例は、「生」字が「いきる／うまれる／なま……」など多くの訓をもっていること、後者の例は、「ハカル」が「計る／図る／測る／量る……」など多くの漢字で書かれるようなことが挙げられます。

異言語同士が接触し、そこに翻訳という行為が営まれるとき、今右にみたような、文字・表記が、必ず間に介在するという訓読という構図は、表語文字たる漢字ならではの出来事です。中国語側からすれば、記号（聴覚）の記号（視覚）に置かれる漢字が、日本側にとっては、日本語という記号をもって定位する、その対象ともなっているというのが特徴的です。

日本語と中国語の関係を、訓読という観点で見た場合、そこには〈不可避のものとしての文字・表記〉が間に存在していることになります。先述の通り、文字が媒介となっている翻訳行為——訓読です。そしてこれを通してこそ、日本語を書くことを可能にしたのでした。次節では、この訓読の価値についてあらためて考えてみたいと思います。

2 漢文訓読の現状・過去とその価値

中高の学校教育での漢文の現状は、一様には言えないでしょうが、受験科目に古文はあっても漢文は課さない大学も少なくないですから、少なくとも日本の古典よりは端に追いやられているという印象かと思います。これは筆者自身の中高時代の体験としても、語ることができます。Twitter で、とある方が、自身の過去を振り返って、学校の授業の中でもとりわけ、漢文というものに何の意味があったのかわからないという主旨の発言をして話題を呼

んだことがありました。引用すると、

漢文の授業ってまだあるの？

あれって本当意味がないと思うんだけど、なぜいまだにあるんだろう。ふつうに中国語で読める漢文を教えてほしかった。レ点とか一二点とか使って無理に日本語で訓読できるようにすることにどれだけ意味があるんだろう。受験や試験のための科目な印象。前時代的に感じる。

https://twitter.com/yojinoda1/status/1180520488784691200（最終閲覧　二〇二二年二月二日）

ということです。二〇二二年二月二日時点で、リツイート約８千、「いいね」が５万ついています。語法を覚え込まされ、それに当てはめて短い文章を読むことに意味を見出せなかった――なぜ、何のためこのような方法があって、なぜその反復練習とテストを繰り返されるのか、何よりその後の人生で使わないではないか――というのは理解できる意見ではあります。それはしかし、漢文が日本語にとってどういう存在で、どういう意味をもち、また訓読という営為がどのように日本語を支えたり、発達させてきたかという、実は一番価値ある部分をあまり積極的には教えていないことにもよるかと思います（もちろん教えている先生もおられるとは思います）。そもそも、義務教育や高校三年間を使っても全てを説明することはなかなかできず（大学の専門レベルの授業でも、それだけに一年かけても難しいことです）、また、義務教育のような段階では教えてもあまり教育効果は望めないかもしれません。古典でさえ、いくつかの作品のごく入り口に触れるだけなのに、日本語の文体の屋台骨を為していた――つまり、日本語を書くときのための文章文体の主力だった、などと説明しても、授業や宿題で『論語』などを書き下して得られる文章などとただちにその話が像を結ばないのではないかと思われます。つまり、実際にワークブック等で課される行為と、その壮大な話とがどこか噛み合わないまま、結局陥る感想は同じ所に行きついてしまうのではないかと懸念されます。教育には理想・理念ももちろん大切ですが、実行可能性とその効果を巡るリスクも見越すべきで、その点からはずいぶん悲観的な物言いに終始してしまいました。ただ、強調しておきたいのは、「今・ここ・わたし」が役に立たないと思う――イコール――意味が無い、とするのは勿体ないということです。

確かに、現代一般にあって、漢文とその訓読というのは、結局、過去の遺物ではないかと言われるかもしれません。蒸気機関車が事実上いまや現役ではないように、かつては大切だったかもしれないが、今必要ですか?と。知らなくても、使えなくても、人がケガしたり、死ぬこともありません。しかし、漢文を訓読するという行為がなければ、おそらく日本語は全く違う姿になっていたし、日本語が文字を持てたかどうかも怪しいほどです。もう少し長期スパンではありますが、甚大な影響が出ていた可能性があります。漢文訓読という武器を手に入れたことで、日本語は文字表記を手に入れ、そして日本人は様々な先進知識を、書かれたものから学ぶことができました。漢文や訓読の教育が下火になったり、あまり顧（かえり）みられなくなって、しかもそれが久しくなると、こういう叡智と、その営為の歴史ももうなかったかのように錯覚されてしまう危惧があります。事実、そうなりつつあるのかもしれません。先に引用したツイートはそういう意味で象徴的でしょう。

前節で、翻訳とは個別的な、文脈の張り合い関係を探りながら言葉を置き換えていく行為だと言いました。もし、これに従って、全てに渡って、中国の先進知識を職人技、名人芸のように一々緻密にその都度読み解いていたら、おそらく時間がかかりすぎて、足りなかったでしょう。あるいはごく一握りの高教養を備える人々に占有されて終わっていたのではないかと思われます。しかし、メソッド化した、とりあえずアクセスできる方法としての訓読の方法が固まっていったおかげで、ジャンルを問わず、漢字で書かれた文献に、日本人はアプローチ出来たのでした。また、漢字、そして訓読の文体でもって、文章を記述することもできました。確かに、過去のことなので、恩恵は感じにくいでしょう。リアルタイムに役立っているように見えないのは事実です。そして、それは人間の感覚として自然ではあるだろうと思います。漢文訓読の歴史は、ビルが建設されるように、その過程を目の当たりに出来ることでもないし、ほとんどリアルには実感できないものですが、先にも述べたように、今、自分が鋭敏に認知できないから価値がない、と決めてしまうのは早計です。筆者は、現代日本における漢文訓読とは、まるでエネルギー資源としての、かつての石炭のようだと思います。今日、少なくとも日本では日常卑近には、石炭はほとんど使われませんが（火力発電所などでは現役ですが、常に環境問題を考えることとセットです）、かつて石炭がなければ間違いなく、工業の近代化は果たせませんでした。つまり、いま現在のような日本の工業文明にはなっていなかったと言ってもいいでしょう（もちろん石炭の使用が引き起こした様々な問題も含めて）。だからこそ、石炭なんて無駄だとか話題にする価値がないといった言葉は、たしかに「今」「ここで」「私にとって」というなら、間違っていないかも知れないのですが、歴史的にみればその発言は残念ながらやはり空虚だと思います。人間は、せっかく「今【でない】」「ここ【でない】」「わたし【でない】」ことも、豊かに想像できる生き物なのですから、今は使わなくても、かつて石炭をどう使ってきたのか、そしてその功罪を学ぶことそれ自体、人間の営為の連続性ということにあって、意義深いことではないかと思います。

日本人は漢文で綴られた知識にずっと接し続けてきました。中世には南蛮貿易等、近世には蘭学と、西欧の情報や知識に接することはありましたが、何と言っても中国は長らく、海外先進知識の源泉でした。しかも、その蘭学を咀嚼して理解できたのも訓読の成果あってこそで、受け皿になる学術記述言語があったからでした。いま、医学はいわゆる理系の学問だということになっていますが、かの有名な『解体新書』（一七七四年刊行）、出だし（序文）はどう書かれているかというと「阿蘭之國精之手技術也……」つまり漢文で書かれています。西欧の先進知識の内在化には、漢文、そしてその訓読、それがあってのことだったとわかります。ところで、歴史小説ですが、『解体新書』の執筆過程をテーマにした菊池寛の『蘭学事始』（一九二一年発表）は筆者が好きな小説です。そこに前野良沢のこんなセリフが出てきますので、紹介します。杉田玄白らが、阿蘭陀（オランダ）語の翻訳があまりに難航を極めるので、所詮、「われら」には知りえないものなのだとあきらめムードが漂った際に、良沢が玄白らに向かって一気にまくしたてるという、なかなか痛快な場面です。

同じ人間の作った文字書籍が、同じ人間に会得出来ぬという道理は、更々御座らぬわ。われらが、平生読み書きいたしおる漢字漢語も、またわれら士大夫が、実践いたしおる孔孟の教も、伝来の初には、只今の阿蘭陀の文字同様一切不通のものであったに相違御座らぬわ。それを、われらの遠つ祖(おや)どもが、刻苦いたして、一語半語ずつ、理会いたして参ったに相違御座らぬ。遠つ祖どもの苦心があればこそ、二千年この方、幾百億の人々が、その余沢に潤うて御座るのじゃ。

良沢の唾が飛んできそうな勢いですが、この熱さ、大変響きます。

3 訓読とメソッド化

学校教育の訓読においては、語法というルールから先に学ぶところがあるでしょう。たとえば今日は再読文字を勉強します、ということで、未レ□、将レ□というのを教わります。しかるのちに、では実例を読んでみようというわけで、それらが含まれた短い文章にチャレンジします。このように先にメソッドを習ってから、実地的に読むというのは、それだけ文法的に体系づけられ（体系が見出され）、整理されている証拠だとも言えます。実例には様々な文脈があるはずで、たとえば「将」の字も、いつもかつも「マサニ～ス」ではしっくりこないのもあるかもしれません。しかし、そこを敢えて、語法優先で読んでいくわけです。このようにいうと、語法を当てはめていく形式の漢文教育に難癖をつけているようですが、ことさらそういう意味ではありません。確かに、ぎこちない、あるいは硬直した文体にはなるかもしれませんが、大きな利点があります。それは、先にも述べましたとおり、個々の漢字の読み（訓）、語法の把握と訓読という手持ちの武器があれば、とりあえずどんなジャンルの文章でもアクセスできるということです。荒削りであっても日本語で意味をとれるというのは非常に大きな武器になります。表現や語句が類型化していると、それはそれで意味の把握にかかる時間を圧縮できるからです。訓読の、訓点などの書き込みの物証は平安時代にまで遡りますが（状況証拠でよければ、既に紹介したように、奈良時代以前にも訓読は行われていました）、その初期には、訓読は、現代の私たちに言わせれば、結構揺れています。「将」はマサニ〜ムトスなどとも読まれていましたし、そもそもマサニという副詞訓がないものもありました。ようするに文脈に応じて、いろいろと訳し分けていたようなのです。それが、文字と訓の対応がやがて固定化し、漢字によっては日本語の句とほとんど即応の関係、択一的な関係に仕立て上げられていきました。もちろん全ての漢字がそうではなく、ことに頻出の語法からそうなっていったと考えられます。従って結果的には、漢字と読み、語法の間で非常に固定的な結び付きをもっているものから、必ずしもそうでないものまで、広がりをもつに至ったとみられます。

ただ、こういったメソッド化した語法によった訓読をするのを嫌った人々もいました。その最たる人は江戸時代の荻生徂徠です。この人は中国古典文をそのまま読めることもあり、訓読を難じたのでした。漢学者たちは中国式の音読みに倣って、長崎をわざわざ「崎陽」、函館を「函関」などとも呼びました。徂徠は住居が茅場町にあったので、同じカヤと読む「蘐」字をもって「蘐園（けんえん）」と自らの号をつけました。先に、学校教育の漢文を疑問視するつぶやき（Twitter）があることを紹介しましたが、そのツイートでは、ふつうに中国語で読める漢文を教えてほしかった、とも意見されていました。これは、徂徠が大変喜ぶであろう意見です。中国語のままに理解できるのが一番正確な読解と考えていたからです。*3 徂徠に連なる弟子筋の（ただし、後に、徂徠を批判もしている）太宰春台は、訓読について「顛倒（テントウ）シテ読ム故ニ、文義ヲ害スルコト多シ」（常用漢字にあらためました）と言っています（『倭読要領』上巻）。また、「華語ヲ解セザル故ニ、只（タ）ダカクノ如ク読テ、其（ソノ）義通（ツウ）ズトオモヒテ倭読ノ甚（ハナハダ）義理ヲ害スルコトヲ知ラズ」「倭語顛倒ノ読（ヨミ）ヲ創（ツクリ）ケルハ後ノ学者ニ甘キ毒ヲ啗（クラハ）シメタルニアラズヤ」と辛辣です。訓読はわかった気にさせるが、そこにこそ害があるというわけです。春台は、この骨の髄にまで染みた「毒」を取り除きたかったら中国語を学ぶことだ、と言っています。ところが、ここでよく見てください――この右に挙げた『倭読要領』の文章それ自体は、まるで漢文を訓読したかのような文章ではないでしょうか。つまり、春台は訓読（「倭読」）をそのように難じておきながら、実際自身の綴る日本語は、その漢文訓読という骨組みに拠ったものだったということです。春台の他の代表作『経済録』からも引きましょう（春台は、「経世済民」を縮めた「経済」を初めて書名に据えた人です。天下国家を治めるというような意味です）。

孔子ノ道ハ先王之道也。先王之道ハ天下ヲ治ムル道ナリ。先王ノ道ハ六経ニアリ。（序より）

どう見ても漢文訓読的な文章文体ではないでしょうか。自身が難じる漢文訓読の、その嫡子ともいうべき文章をまさに綴っていたわけで、それほどに（そのことに気づけないほどに）、訓読が作り上げた日本語文章は、当たり前のものにもなっていたとも言えます。訓読は翻訳行為の一種といいましたが、先にも述べたように、その文章が翻って、日本語を書くための文章文体ともなって、日本語の書く行為を支えていたというのが特筆すべき所です。この太宰春台にしても、漢文を読み下すという行為が、自らの綴る日本語文章のＤＮＡになっている……ということは、頭の中で完全に切り離されていたようで、江戸時代をしてこれなのですから、現代人が漢文訓読に意味を見いだせない、日本語の文章のルーツの一つなどとはとても思いが及ばないのも、無理からぬことかもしれません。

さて、訓読というものに問題意識をもった人々に、もう一つ別のグループがあります。少し時代は遡ることになって――中世、漢詩文にハマった人々です。主に、儒学者、禅僧が多くを占めますが、五山文学という禅僧達の作品群などがその代表です。漢詩文は、押韻など様々な決まりごとがあって、彼らも中国語に長じるべく研鑽を積

＊3　近世のこういった訓読観については、金文京『漢文と東アジア　訓読の文化圏』（岩波書店、二〇一〇）や大槻信「古代日本語のうつりかわり―読むことと書くこと―」（『日本語の起源と古代日本語』臨川書店、二〇一五）の指摘が参考になります。

みました。結果、先行する平安時代の訓読はおおざっぱすぎると非難したのでした。それはある種当然のことで、平安時代は訓読がまだまだ発達途上でしたから、それこそ、個別的、臨時的な訳を施していたわけで、それが後世から見れば必ずしもシステマティックではないように映ったのでしょう。中世の彼らは、いかに精緻に読むかにある種血道を上げました。置き字は原音で読んだりと、一字も漏らさないように読む方法を追究したのですが、それは日本語から漢作文するときに必要だったからです。ところで、江戸時代には、一般にはそこまで精緻に読み尽くすような訓法ではなく、置き字などは飛ばしていて、どちらかといえば、現在の私たちが学校で習う漢文はこれに近い訓法となっています。こういった訓読、訓法の歴史や、徂徠ら江戸の訓読観について、さらに興味をお持ちの方は、金文京『漢文と東アジア　訓読の文化圏』（岩波書店）がお勧めです。

以上のように、漢文訓読には長い歴史があり、現代では、相当に決まった語法が提示され、ほとんど代表的な語法を担う漢字とその読みについてのメソッド化は、ほぼ完了しているようなところがあります。先述の通り、「将」は平安時代には必ずしも「マサニ」という副詞訓を伴わないものもありましたが、いま学校の試験で、再読文字の「将」とあるのに、「マサニ」を書かなければ、再読文字をわかっていないということで、おそらく減点か、不正解扱いでしょう。「将」とくれば自動的に「マサニ〜ス」と読むという回路が、すっかりできあがっています。このように個別の文脈から切り離された語法一覧なるものがある時点で、個別的に、文脈ごとに対応せずとも、語法さえマスターすればとりあえず訳出可能な体系的関係性ができあがっていることを示しています。もちろん、漢文の研究者はじめ、深く親しんでいる人は、そういうのにのっとりつつも、それだけには満足せず、独自のこなれた翻訳を施すこともできるでしょう。訓読とは、そういったメソッド化した、文字と言葉の固定的関係にまで到ったものである一方、同時に、その場限りの文脈と言葉同士の張り合い関係におかれた方法もまた、常にありえる（あってよい）と考えねばなりません。それをどれだけチューニングするかは、それこそ、文脈に応じての、訳者の力量とさじ加減によると思われます。再び、さきの節で挙げた「be careful」を思い出してください。あれを、受験単語帳にも載っている「気をつけてください」と訳すのは、メソッド化した固定的対応訳で、「言い過ぎだぞ」は個別的文脈即応型ということになります。漢文訓読にも基本的にはこの両方があり得るわけです。後者は、いま、相当に馴れた人、あるいは漢文読解の達人にできることでしょう。その文脈に沿う、オーダーメイド的要素も強いと言えます。ただ、その達人も、定番の「気をつけてください」というメソッド的訳をも知っている上で、「言い過ぎだぞ」と訳していると思われます。

4　術語を巡る問題──「訓読」とは

文字表記論研究に限らないことですが、術語の規定は大変重要なことです。亀井孝氏は、「学問の歴史と進歩は、ある意味では、術語の歴史と進歩である」（「日本語の現状と術語」（『亀井孝論文集1　日本語学のために』吉川弘文館、一九七一））と言っています。確かに、同じ術語を使っているのに、指すところの意味がブレていては正確な議論が出来ません。研究者同士で語によって定義が細かく違う（ズレている）ことは仕方のないところもありますが、やはり共通認識のもとに使えるに越したことはありません。この本では、主要な術語である文字、表記、書記、字形、字体、書体、表語、表音、表意、表形等については全部、解説します（同時に、術語概念上の問題点も述べたいと思います）。学術研究においては、既存の術語の再検討だけではなく、議論する上でのキーワードや規定の命名ということが、これからの議論のために、提言、提案されています。犬飼隆『文字・表記探究法』（朝倉書店、二〇〇二）において、

　文字に関する研究も言語学の一部門として正当に位置付ける必要があり、そのためには術語や概念的な定義を整備しなくてはならない（一四三ページ）

とあるのはそのとおりです。そして、このように指摘されているということはつまり、文字の研究は言語学の一部

門という点で曖昧な扱いがなされてきていたということを意味してもいます。実際に、後の章で触れますが、欧米の伝統的な言語研究では文字がほとんど相手にされてきませんでした（近年はそういうわけでもありません）。『文字・表記探究法』では、「文字論」「音素論」「字素論」「字態論」「統字論」などとして解説されています。特筆すべきは、単に部門を切り分けて名付けているのではなく、音声言語における部門と名称に並行させること、また英語の術語との対応関係を検討していることです。世界の言語研究者の大半の人は、日本語で書かれた論文を読めないでしょうから、英語で、既存のものとの対応関係を考えつつ術語を検討することは非常に重要でしょう（本書では、様々に術語を規定していきますが、残念ながら筆者の語学力不足により、英語による規定には及びませんでした）。日本語文字表記論を、言語学一般とどう関係づけていくか、あるいは対象化するかまた自立していくかを模索することは、常に今後も顧みられていくべきでしょう。

さて、前節までで取り上げてきた「訓読」という術語も、シンプルな用語にみえて、実はかなり定義が様々です。この言葉を聞けば、前述の通り、ふつうは中高で習った漢文を読み下す（書き下す）ことを指すと思われるでしょう。確かに、これを含まない「訓読」定義はまずありませんが、たとえば、A言語の文字に、別のB言語の読みを与えること、といった、最大限に近いほど世界の言語一般に抽象した使い方をする場合があります。たとえば古代のシュメール文字を別のアッカド語で使用するということがあるのですが、こういう事例も「訓読」が指す範疇に含めるということです。なるほど、ちょうど日本語の漢字の訓読みのような関係になっており、訓読はこのように広く捉えれば、世界でもあり得ることであって、日本語特有ではないとわかります。一方で、ぐっと狭く捉えることも出来ます。たとえば中国古典文である漢文を書き下す行為のうち、特にメソッド化したもの、定式化したものだけを訓読とする、というものです。「be careful」で「言いすぎだぞ」とするような意訳風に、こなれた日本語にするのは訓読の範疇にいれないのです。このとき、たとえば、前者の「訓読」定義の人と、後者の「訓読」定義の人がそのまま申し合わせをせずに「訓読」を巡って議論したら、あるいはそれぞれの定義が表明されないまま書かれた論文を私たちが読むと、どこか議論や理解が行き違い、混乱してしまうと思いませんか。クンドクという言葉自体は共通しているのに、指すところが違うと、そういうことになります。キーワードになるはずの言葉の意味がズレていると、何を議論してもかみ合わない恐れがあります。従って、術語の定義というのは研究や議論の基礎・根幹をなすことになるわけです。以下、そういった観点から、モデル的に、本書の「訓読」の定義をしていきます。

まず筆者は、漢語（字音語）を取り入れるのをも、訓読にいれていいと思っています。漢語ということは音読みのままで取り入れるということなので、これはいきなり、抵抗を覚えられるかも知れません。しかし、漢字を日本語に置き換える行為とはつまり〝取り入れ〟も含むと考え、漢語もここにいれます。少し逃げ道のように、広義・狭義といった下位分類設定をしてもいいのですが、まず大枠を示せば、訓読に含まれると考えます。漢語をも含めるのは、たとえば『論語』学而編のおそらくもっともオーソドックスな訓読でもわかります――「ともあり　エンポウよりきたる　またたのしからずや」、この文章を「訓読文」と呼ぶことに大方異論はないのではないでしょうか。このとき、エンポウはどうなるでしょう。実はエンポウだけは「訓読」からは除外されているのでしょうか。そんなことはないだろうと思います。これを含めて、訓読文と言っているはずです。「トホツカタ」などと和語のようにできなくはないですが、ややこなれないでしょう。他にも「蕭々(しゅうしゅう)と」「皓々(こうこう)と」などの重ね言葉のようになっているものなども、漢詩にはよく出てきますが、大抵そのまま読んでいます。つまり、漢語のままの受容も含めて、訓読といっている事実があるとみられます（字音も和化しています）。また漢字に当てられる訓読みも、メソッド化した、固定化したものだけを指すのではなく、一回性（その場の思いつきのような）から、「未」といえば文脈度外視で自動的に誰もがイマダ～ズと揃って訓じるというような状態まで、幅としての広がりを認めるのがよいと考えています。幅の広がりと、程度の広がりという両方を併せ持つ概念として措定してみます。あらためてまとめると、本書の考える訓読の定義は下記の通りです。

・訓読とは、異言語を自国語に置き換える行為のうちでも、書かれた文章等、文字を媒介とするものについて言う（よって、中国語のほか諸言語における音声言語を、日本語の同じく音声言語に置き換えるという文字表記を一切介さない行為は訓読には含まない）。「訓」「読」ともに、文字に対峙することを指す言葉であることにも鑑みて、このように措定。

・本書では、漢文（中国古典文）や漢字に対する日本語という関係を中心に使用する——諸外国の、シュメール文字とアッカド語のような世界のとある二言語間のことは、ごく広く捉えれば含んでもよいが、本書ではほぼ話題にしない。[*4]

・その内実として、

結果的に漢字（漢語）に対して相応に定着的に日本語が当てられる場合

ある文脈上におけるほぼ一回きりの試みのようなもの

漢語を、日本語訛りのよみ（いわゆる音読みのまま）で受容して、使用するようなものをいずれも「訓読」の範疇に含める。現在の一字多訓、一訓多字の根源的な要因は漢文訓読にあります。また、「見」なら「みる」、「走」なら「はしる」とすぐに即応する訓が思いあたるものから、「見ゆ（まみ）」「走く（おもむ）」など、かなりマイナーなものまで広がりがあるのも、やはり漢文訓読が要因です。

＊4　本書が日本語史を話題の主軸に据えていること、世界でも訓読のようなことはあるが日本ほど体系化して長期に用いた例は稀なので、日本だけを特筆する意義はあると考えます。少し紹介したシュメール文字とアッカド語の関係なども、広く捉えれば「訓読」と言い得ることに異存はありません。それを踏まえた上で、本書は主題とするところに照らして狭く見ておきます。

コラム

1 論理的整合性に安心したい

ドラマ、小説、映画、漫画、アニメ……様々な言葉（＋映像、画像）による創作物が世の中にはあります。そこには物語としてのなんらかの設定や展開、いわゆるストーリーというものがあるわけですが、もしここに矛盾があると（あると気づいてしまうと）、なかなか気になって、時には急に醒めてしまうものではないでしょうか。また、矛盾とまでいかなくても、わたしたちは様々な現実世界での体験を通して、ついつい、些細なことが気になるものです。誰かの会話を盗み聞きしている人がいるのはいいとして、果たしてドアの向こうの会話の声が聞こえるものだろうかといぶかしく思ったり、あるいは反対に、道ばたなどで、すぐそこに盗み聞きしている人がいることに、全く気付いていないなんてあるだろうか、アングル的にどうみても視界にはいっていないか？と思ったり。いろいろ気にする人はしてしまうものでしょう。また、法廷ドラマ、医療ドラマなどでは、専門家の人がみればおかしい描写・展開ということもきっとあるでしょう。細かいことについては人によって評価が分かれるにしても、特に規模の大きい話線上の矛盾、齟齬となると、ちょっとした騒ぎにもなるかもしれません（今日だとSNSで炎上したりなど）。もちろん、フィクションなんだから〝あり得ない〟ものがでてくるとしても、物語自体が〝ありという擁護はあり得ますが、お化けや超人といった〝あり得ない〟展開をすると疲れると思います。それに地の文自体が支離滅裂というのはフィクションかどうかと関係ない問題です。

少し極端な例ですが、よくある2時間程度の刑事物ドラマを想像してください。前半部分で殺されてしまった人が、回想シーンでもないのに後半で平然と出てきて、しかもほかの登場人物もその再登場になんら驚いていないとなったらどうでしょう？どう考えてもおかしいですし、一体どういうことなのか、気になってドラマに没入できません。そして、そもそもそのようなものが放映されるに至るとも思えません。フィクションなんだから、という擁護はやはり的外れでしょう。また、映像ではなくても、文章だけで味わう小説における、このような展開はどうでしょう――あるビルの一室で幾人かの人がお茶を飲んでいると、別の部屋のほうから悲鳴が聞こえてきた。皆びっくりして、ともかくもその声がしたと思しい部屋に駆けつけて中へ。そこではなんと人が殺されている。皆息を呑んで凍り付く中、一人冷静な主人公が一言……「見てください、窓の鍵が掛かっている。これは密室殺人事件ですね……！」。えっ!?どこが密室なんだと、思わず読んでいるこちらが声を上げてしまいそうになります。駆けつけたとき、部屋の扉に鍵が掛かっていたのをこじ開けたといった記述が抜け落ちているのだろうか?などと考え込んでしまいそうです。率直に言って、私たちはこういったことにもう〝我慢できない〟のではないでしょうか。超能力や、透明人間など、現実にあり得ないものが次々に出てくる話をいまや私たちはたくさん知っていて、それを楽しむこともできているのに、断りなく、説明なく、都合良く、超常現象なり、超能力なりが持ち出されるのは嫌なのです。そういうのは、作品それそのものが持っているべき論理性やつじつまが破綻している、とふつうわたしたちは見做すはずです。右の「これは密室殺人事件ですね」が奇妙に思われることについて、おかしいのではないか、主人公はそもそもその殺人現場になった部屋にどうやって入ったの?何も書いてませんよね?などと、読者たちが抗議するとします。すると作者が、「ああ、これですか?これはね、超能力ですよ。鍵はかかっていたのですが、この主人公は鍵がかかっていても、壊さずに開けられるんです」と説明したら、きっと皆あきれて怒るでしょう。ここでだけ、都合良く超能力だと?しかも、主人公が超能力を使うなんてなんの説明も伏線もなかった。おまけに、このあとこの超能力を一回も発揮することがなければ、なおさら我慢ならないでしょう。実際はこんなことになるまえに、修正されるか、最初からそういう路線の話だと説明して進めていくか、ようするに、合理性に配慮して作話されると考えられます。

それから文章や展開の論理性もさることながら、その地の文などで、

悲鳴は、その部屋からその部屋から、きききききき聞こえてきた。その部屋からその部屋から、きききき聞こえてきた。

などとあると、これまた目を疑うでしょう。誰か謎の登場人物が呻いているのか?え?地の文?まさか、これは、何かの誤植……?と。書き言葉の地の文で、韻文のような繰り返しをされても、戸惑うばかりです。はっきりいって読みにくいですし、この調子でその後も続けられるとおおよそ読むに堪えないでしょう。

話筋が論理的かどうか、辻褄があっているかどうかといったことについて、今の私たちは、そこはきっちりしておいてほしい、と思いますが、実はどうやら人間にとって、それは必ずしも大昔からずっと持ち合わせていた価値観ではないようです。（コラム2に続く）

第二章　文字論・表記論・書記論へ

・「作」という字これ一字だけをみて、何と読むかとだけ聞かれれば、音読みに訓読みなど思いつく限り挙げていくだろう。つくる、なす、サク、サ……あるいは中国語かもしれない。実際に使われている用例でなければいかようにも説明され得る。これに対して、「動作」「作業」とあれば「サ」しかない。文字表記研究では、この切り口の違いが即ち研究アプローチの違いとなる。

・文字は様々な形をもって現れる。**このように、太くしたり、大きくしたり。**そして手書きと印刷。文字が言葉をあらわすその「現場」をつぶさに観察するには、どのように術語概念を整理して臨めばいいのか。術語は研究の世界を切り開き、進むための地図であり、道具であり、相棒である。

Ⅰ　文字・表記・書記の違いと研究する視点

1　文字とは

この本では、「文字」というと、まずは一つの単体としての字を指します。「あ」とか「a」とか「安」などです。そして、文字は言語ないし言語音をあらわすので、体系性（それで完結したセット）を有していることが前提です。たとえば「[illegible]」——なんと読むでしょう？　これは「ga」と読みます……といってもわかるはずがないでしょう。なぜ断言出来るかというと勝手に筆者が造ったからです。そして、この発音以外の文字はありません（考えていません）。このようなことは、何か遊びでやることはあっても、単発的、一回的であって全く体系性、組織性がないので、「ga」という言語音に対応しているかのようなことを言いましたが、学術的にはおよそ文字と見做せるものではありません。

文字というのは、そのように体系性、セットを前提とした、その一つ一つを指し、実際どう使われるかという以前の段階を指すときに言います。たとえばaはappleの一部として使われるかも知れないし、akaiというローマ字表記のそれかもしれません。そういう**可能性としての**存在であるわけです。従って文字論とは、静態的な意味での文字単体や、体系としての文字群や、そのセット自体を問う議論になります。次節では、これが表記論というものとどう違うかをさらに詳しく見ていきます。

2　文字論と表記論・書記論

〜論というと、「〜」に当たる部分を巡る研究ということになりますが、文字論・表記論・書記論は何をそれぞ

図1　片仮名「カ」と平仮名「か」の出来方

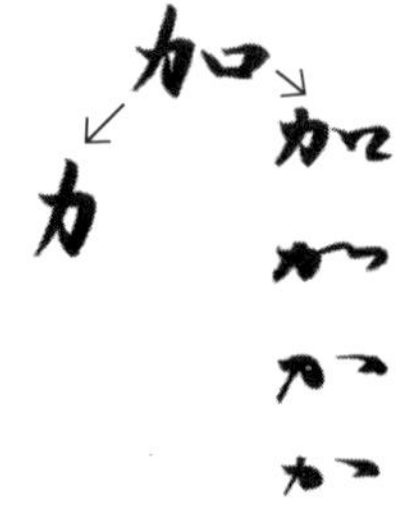

れ研究するのでしょうか。いずれも似たようなことを指していそうな言葉ですが、研究では厳然と区別されます。前節にも述べたように、大きく分けて文字論では、文字一つ一つの形や音韻との対応、また体系性（どういう文字群の集合なのか）を主に議論します。たとえば「枝」という字は「木」と「支」から出来ていて、一方「技」という字は、「手」と「支」でできています。こういう字の構成を論じたり、あるいは**図1**のように、片仮名と平仮名の出来方なども議論に含まれます（「カ」は「加」の一部分、「か」は全体を崩したもの）。右に例に挙げた「木」偏の字はどれくらいあるか、「支」を旁に含む字はどれくらいあるかといった体系性の話も、同じく文字論の範疇です。また、「枝」は、日本語では、「えだ」もしくは「シ」という語をあらわしているので、そういうことも文字論に含まれ、後からみるようにまさにそこで表記論と連続していくのですが、あくまで、静態的、素材的な意味であって、実際にその文字が運用されて、語をあらわしている場合を分析するのと区別します。

では、実際にその文字が運用されて、というのはどういうことか――「大人気」というこの三文字をみてください。とっさに、何と読まれましたか。ダイニンキでしょうか、オトナゲでしょうか。「大人気ないのに大人気」とあると、一瞬戸惑いますが、「――ないのに」とあるので、「オトナゲないのにダイニンキ」と読むとわかります。一方「大人気なのに大人気ない」だと、オトナゲナノニとはいいませんし、ダイニンキナイもおかしいので、「ダイニンキなのにオトナゲナイ」だとわかります。このように、文字表記が、どのような言葉と対応しているのかを巡る議論を表記論といって、文字論と区別します。もちろん、文字を並べて（あるいは時に一文字で）表記はできているので、文字と表記は連続している関係ですが、～論、つまりそれを巡る議論となると、分けて考えないと、筋道が立たないことがあります。たとえば、「ひしめく」という言葉に「犇」という字が当てられることがあります。

なかなかわかりやすい漢字で、牛が三頭、こうも近づいていれば「ひしめく」のもわかる気がしますが、仮に、

牛が三頭集まって密集していることから「犇」は「ひしめく」と読む。

という説明をするとします。これは実は、相当問題がある説明の仕方です。これでは、実は文字論・表記論は立ちゆきません。なぜならば、文字論、それも字源にかかわる見解と、「ひしめく」という日本語にあてられ運用されているという文字論から連携していく表記論が同時に、もう渾然一体となってしまっているからです。確かに、牛が三つ寄せられて「犇」という字を形作ってはいますが、右の説明では、言葉と、文字と、文字の出来方の前後関係、因果関係がごちゃごちゃになっています。これではまるで、牛が三頭寄っているのを見て、「犇」字や「ひしめく」という言葉を思いついたかのようにさえ聞こえます（かなり、それは考えにくいことです）。そこでこの字と読みを巡って、整理してみましょう。

・「ひしめく」という言葉が日本語にある（日本語の問題）。
・この文字は「牛」が三つで構成されている（文字論）。
・中国語に「犇」という漢字とそれであらわされる言葉がある（文字論と表記論）。
・中国語音 bēn で、中国語には中国語の意味がある（中国語の問題）。
・中国語の文字である漢字「犇」を、日本語の「ひしめく」と引き合わせて、「ひしめく」の表記として記す。
　あるいは書かれたそれを「ひしめく」と読む（主に表記論）。

以上のことは全て、とりあえず別々のこととして弁別しつつ、考えなくてはなりません。これが文字論と表記論と、そして語（言葉）を巡る論の違いのごく顕著な例です。

さて、文字の歴史というと、その形の変化などの歴史がまずは浮かびますが、社会的にどういう役割と位置づけにあったのか、ということも同じく重要な〝歴史〟のテーマです。そこで、まずは文字論の一画として、文字のそ

の社会的歴史性から見ていきましょう。

3　社会における文字の始まりとその役割

日本語に限らず、文字の始まりは、単刀直入にいえば、情報を保存、伝達、そして参照可能にする（個別参照性、反復参照性、遠隔伝達性の三つを果たすため）[*1]ところにあります。また、音声による言葉は文字の存在にふつう先行します。単語によってはそうでない場合もありますが、〇〇語と大きく捉えて一言語の単位でいえば、音声の言葉が先立つと言って間違いありません。ということは、文字は、すでにあるはずの音声の言語とは何か違う目的で必要とされたということになるでしょう。全く機能が同じで事足りるのであれば、文字はわざわざ必要とされないはずです。実際、無文字言語は世界に多くあります。

さて、音声言語のやりとりには相手が必要ですが、文字表記は、一人でそれを参照出来る自己完結性をもっています。そして何度も読み返すことができ（音声も録音すれば聞き返せますが、ごく最近の技術であり、なにより、外部からの操作です）、遠く離れた場所でもそれが可能です。たとえば奈良時代に書かれた木簡を一三〇〇年後の東京で、一人の研究者が何度も何度も検分することができる――こういうことを指します。

W．J．オング『声の文化と文字の文化』（桜井直文、林正寛、糟谷啓介訳　藤原書店、一九九一）によれば、文字をもつことで、それを使う人々には客観的、論理的思考が顕著に身につけられたと言います。前述の通り、文字で書かれたものは、一つのテクストとして閉じられ、個人的に、何度も参照され得ます。これはその場その場で発現しては消えていく音声と大きく違う点です。文字を持つということは、単に記録する手段をもったということ以上に、私たちの〝この世界の認知〟ということ自体にもかかわっていることをオング氏は説いていて、同書では無文字社会を調査した報告など興味深い指摘が数多くなされています。

デニス・シュマント＝ベッセラ『文字はこうして生まれた』（小口好昭・中田一郎訳　岩波書店、二〇〇八）によれば、楔形文字にさらに先行する形態として使用された「文字」があり、それは、計算のためのものだと言います。ベッセラはこれをトークンと呼んでいます。物を数えたり、会計のために用いられました。「最初は農産物の管理、ついで都市時代には用途が拡大して、工房で作り出された製品の管理など、経済上の必要に応えるために進化した」のだと言います。ある事柄を記して記録するこのトークンの存在は、実に紀元前八千年にも及ぶことになります。

先ほど述べたように、記憶と音声の言語だけではまかないきれない情報を、様々な媒体に刻んで（石や粘土板に）保存したり、それに基づいて処理をします。ただし、一般には、言語と対応していないと文字とは見做せないので、はっきりと文字だということでいえば、紀元前四千年、メソポタミアの楔形文字が、今知られるところの、体系をもった文字として最古に属すということになります。その後、文字の発生は四大文明の、エジプト、インダスなどご存じのところです。もっとも有名な現存の文字資料と言えるものは、シュメール人による粘土板でしょう。シュメールは初期のメソポタミア文明に属します。有名なKushim's tabletとよばれる粘土板では、大麦がまるで絵のように見えます（図2）――つまり、これだけでは、言葉との対応が定かではないわけです――が、クシムという署名があるので、これについては語形（発音表示）であって、

図2　Kushim's tablet（著者スケッチ、抜粋）

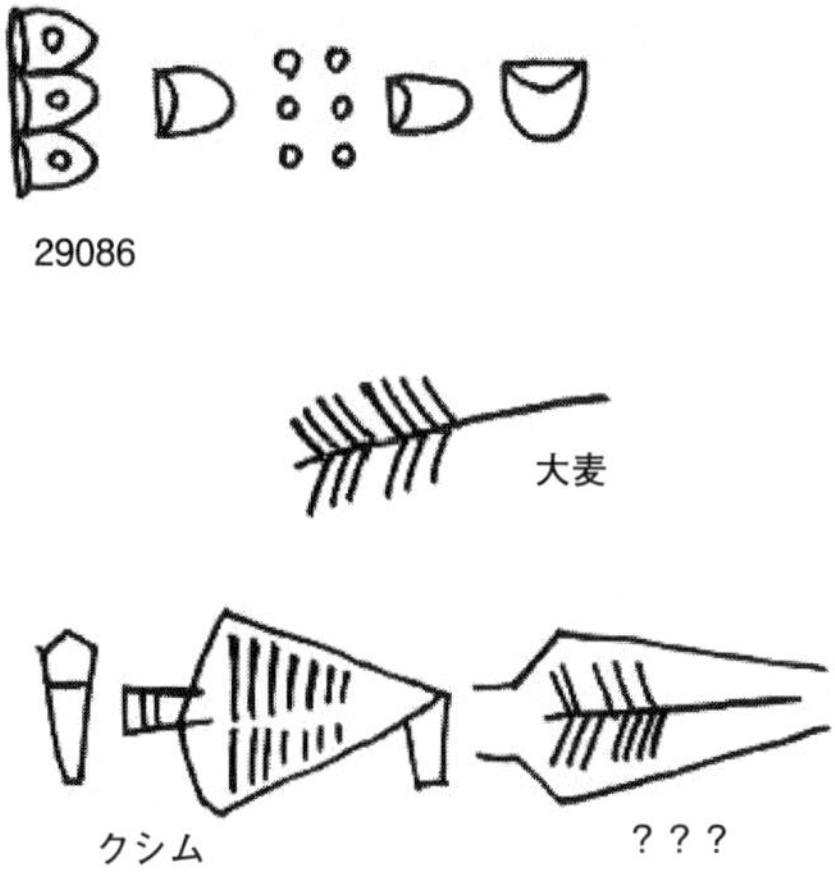

29086
大麦
クシム
???

＊1　『古代日本文字の来た道』（大修館書店、二〇〇五）収録、川田順造「声と文字と歴史と―「文字を必要としなかった社会」からの視点」で、このことについて詳細な記述があります。

つまり、言葉を記していると見てよいことになり、まさにこの粘土板は少なくとも記名部分は文字資料ということになります。大麦とその量を記しているらしく、いわば古代日本でいう木簡に相当する、いわば行政文書です。このあたりも、たしかにベッセラが指摘するトークンの存在意義と経脈を通じると首肯できます。

ところで、このクシムの粘土板に刻まれた一部が文字だとしても、私たちがいう文章ではないと言わねばなりません。現在で言うならば、事柄だけ列挙されたメモ書きのようです。文字や文字による記録は、音声の言葉の、まさにそのままの記録、保存というわけではなく、いわばそぎ落とされた情報というところから始まっています。換言すれば、レコーダーのように、音声をつぶさに記録するのが目的ではなかったということです。それは本来、文字の役割ではありませんでした。現代、私たちが当たり前に手にする小説などの長大な文章、あるいはさらに精密に文字起こしされた講演会録などは、まさに音声の録音装置のようで、文字をつかって可能な限り細かく言葉を記そうとするものに見えます。ゆえに、〝情報〟だけを記したような古代日本の木簡の荷札や、シュメールの粘土板に対して、今の私たちが持つ文字表記とはかなり対照的なところがあります。ただ、メモ書きなどでは依然、通じ合うものがあります。

現在、文字や記号を利用して限りなく音声の言葉に近づける方法は、学術的には音声にまつわる情報を表示するトランスクリプト記号を使う方法（**例文1**）、通俗的には文字の大きさや、絵文字、記号を駆使して表情音を付す方法（**例文2**）、そして、「しわがれた声だが、しかしはっきりと、抑揚を抑え気味に、かみ砕くように彼は言った」のように、地の文で音声的な特徴を説明するという小説的手法の三つのいずれかになります。第三の方法は文学的文章の度合いが強く、実際の音声に比してどうかは解釈と想像の世界になります。第一番目の方法が、純粋に自然会話（談話）の研究等で学術的に採られる方法ですが、普段用いることはないでしょう。例文2は、これ自体が別の文字コミュニケーション方法になっていて、もはや音声の言葉の再現というより、文字による表現の充実化といったほうがいいかもしれません（本書第六章参照）。いずれにせよこのあたりが、文字、記号を使って到達できる限界であろうと思われます。

古代ギリシアのプラトン『パイドロス』に文字について言及する箇所があります――「彼らは書いたものを信頼して、ものを思い出すのに、自分以外のものに彫りつけられたしるしによって外から思い出すようになり、自分で自分の力によって内から思い出すことをしないようになるからである。じじつ、あなたが発明したのは、記憶の秘訣ではなくて、想起の秘訣なのだ。」（藤沢令夫訳、岩波書店、一九六七）と。文字は話し言葉の代用にはなり得ず、記憶の助けでしかないというのです。これが本来の文字で書かれたものの本質という見方です。なお、この考えに深く関わっているのが、中島敦の小説『文字禍（もじか）』です（本書コラム4参照）。

文字や記号を利用して音声の言葉に近づける方法

例文１（トランスクリプト記号）

こ↑の↓も↑のの＜りゅ↑うど::せえ:を↓.hhつ↑く↓る＞

こ↑と¿で＜世界のけ::ざ↓い↑＞

記号の意味

↑文字	直後の音が高くなっている。
↓文字	直後の音が低くなっている。
＜文字＞	ゆっくりと発話されている。
文字::	直前の音が延びている。「:」の数が多いほど長く延びている。
.hh	息を吸う音。hの数が多いほど長い。笑いの場合もある。
文字¿	やや尻上がりの抑揚。

この他、¥文字¥だと、笑っているような声の調子で発話している、など、様々な記号があります

例文２（絵文字、フォント、大きさ変更など）

めちゃ！おいしかった(^O^)ありがとう(^_^)b

4　表記論・書記論

「大人気」の例で紹介したように、表記というのは、何らかの言葉を記すために書いて並べられた状態を指します。「あかい」とか「赤い」とか「red」

図３

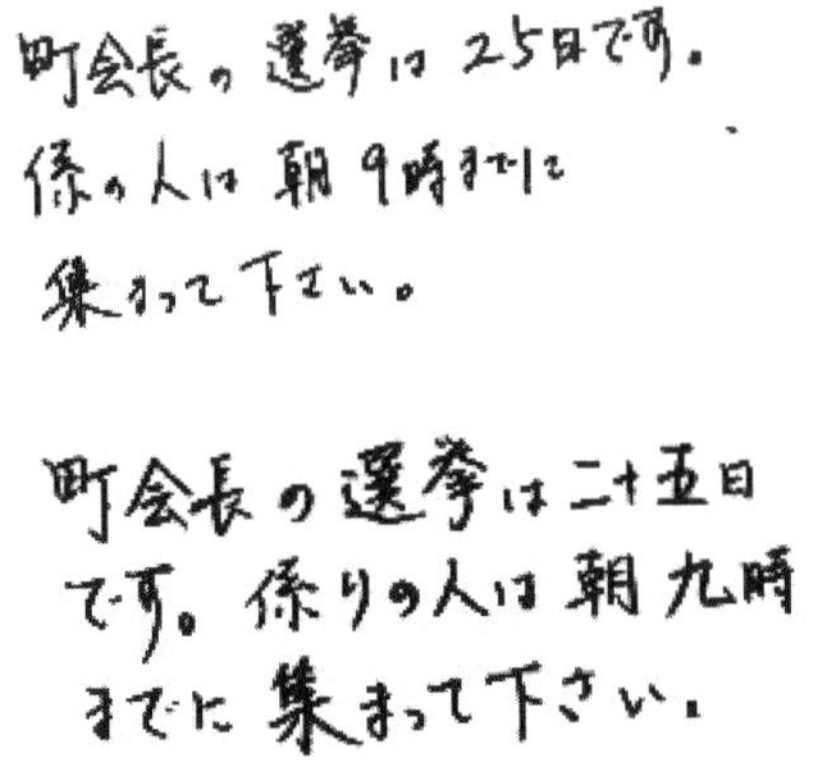

町会長の選挙は25日です。
係の人は朝9時までに
集まって下さい。

町会長の選挙は二十五日
です。係りの人は朝九時
までに集まって下さい。

といったのが表記です。表記は、書くという行為の結果の産物を指します。「a boy」のような場合の「a」は一文字だけれども、文章中で定冠詞の役割を担ったれっきとした語なので、これは表記ということになります。文字とは、静態的な個々を、あるいはその体系を指すとすでに述べましたが、対して表記とは動態（言葉を記すために、並べられた状態）という区別をします。

次いで、この研究領域で使われる術語に書記というのがあります。一般にはこの言葉を聞くと、何かの政治的役職名のイメージが先立ちますが、表記と並び立つ概念としてよく使用されます。研究者によっていろいろ定義が異なるところもあるので、本書ではどういう使い方をするか、以下に説明しておきます。**図３**の二種類の手書き文章を人に見せ、そして「書かれている内容に違いはありますか？」と質問すると、同じだと誰しも答えるでしょう。事実、そうです。しかし、「両者に何か違いはありますか？」というぼかした聞き方で質問すると、送り仮名が違う、数字が違うなどの他、改行位置が違うとか、字の大きさが違うとか、太さが違うということにも気付くことでしょう。この着目点の違いは、表記論と書記論といわれる二種類の研究の切り口に、実は集約されます。表記論は、まずもって書かれている言語内容と、書かれている文字との関係についての情報を問い、個別的な事情はできるだけ除外します。ここでいえば、表記論は、漢字と平仮名とアラビア数字が使われているとか、「25」が漢字かアラビア数字か、「係」か「係り」かといったことだけを抜き出して議論することを、主たる考察のステージとします。よって、改行がどこで行われているか、とか、上の文はやや走っている筆跡だとか、一方はペンだが、一方は鉛筆だろう……といったことには表記論は関知しません。正確に言えば関知しないことにする、という〝方法論的立場〟です。ちょうどこれは、「おはようございます」という言葉が、一〇人いたら一〇人とも声が違うというのは事実でも、その一々の音の個人差には関知しない――せずとも「オハヨウゴザイマス」とわかるというのと似ています。一方、書記論では、そういった肉筆に関わる特徴をも研究対象にします。上段のほうは、各行の末尾に空白があるのをあまり気にしていないようだ、などということさえもが考察の要件になります。これは、「おはようございます」の肉声が一人ずつ違うこと――大きい声だとか、伸ばし気味だとか、そういうところまで考察範疇に含めて、特に物理的に測定して研究する「音声学」の立場に似ています。書記論はこのように紙面上の空間的なことにまで及んで考究するので、調査する視野や射程はかなり広いことになります。なお、図3の手書き文章では両者ともに横書きですが、日本語は縦書きと横書きが比較的自由自在です。新聞の紙面でも、縦書き横書きが踊っていますが、同じ漢字をつかう中国では、たとえば新聞などは横書きばかりです。日本語の横書きは実はそれほど古い歴史をもってはおらず、江戸時代に芸術家の実験的試みなどの他、本格的には蘭学関係の領域から出てきたと言われています。歴史的な詳細は、この問題について論じた決定版とも言える屋名池誠氏の『横書き登場　日本語表記の近代』（岩波書店、二〇〇九）があります。

ということで、表記論と書記論は、いわば視点の置き所、対象とすることの切り取り方の違いであって、どちらかが上位とか、一方がより高度な研究というわけではありません。いま引き合いに、音に関する研究の立場を例示しましたが、このように言語研究は、個別的で実際的、物理的な情報をかなり重視して研究する立場と、個別的なことはさしおいて抽象される構造的、システム的なことを研究する立場とが、大きく分けてあります。先にいったように、どちらが上位というわけではないので、共存、併存している、いわば研究の両輪ないし開かれた選択肢のようなものだと言えます。

5　表記論のある一例

表記は文字の羅列でできているので、そこにある文字をどう読むか、ということを当然問います。一つ一つの文字がどういう読みと結びついているのか、というのは文字のシステム的な問題なので、文字論への重心が強いともいえますが、それだけでは表記を読み解いたり位置づけることは出来ません。そのことを顕著に教えてくれる事例を一つ紹介しましょう。地名の「信濃」はシナノと読みます。あるいはシナノを「信濃」と書きます。しかし、あらためて、この二文字表記は、シナノと読めるものでしょうか。一端知ってしまうと何も難しくないですが、「信」「濃」それぞれの字は知っていても、初見では「信濃」でシナノという読みは出てきそうにありません。たとえば、そのまま読めばシンノウですが、実はそのシンノウこそ本来で、それが訛ってシナノになったのだ、という想定はどうでしょう。それもそうかもしれない、と思えるでしょうか。実は、この見立てに、真っ向から反対した人がずいぶん前に既にいます。江戸時代の国学者、本居宣長（一七三〇―一八〇一）です。

サガミ シナノトハ、後ニ訛レル也トヤウニサヘ思フメリ、是レイミジキヒガコトナリ、サガミ シナノハ、本ヨリノ名ナルニ、相模信濃ナドノ字ハ、後ニ填(アテ)タルモノ

（『地名字音転用例』）

訛ってそうなったのではなく、もともと、シナノはシナノで、そこに「信濃」という表記を当てたに過ぎないのだというわけです。結論からいうとこれは、至って正しい見解です。奈良時代に、地名を、二文字の音読みにせよという法令がでています。地名は色々あるので、いつも、どれも、都合良く二文字に置き換えられるとは限りません。従って、少々無理があるものもでてくる道理です。「信濃」もその一つです。ちなみに公的には採用されませんでしたが、同地名には「科野」という表記もあります。もし、もともとがシンノウなのだったら、奈良時代の時点で「科野」表記があるのはかなり苦しい反証になってしまいます。またそもそもシンノウと確実によめる物証も、ありません。ところで、なぜ「科野」表記が正式採用されていないかというと、おそらく訓読みによっているからで

す。音読みであることが大事だったようです。

右のように、表記は、文字の集合ですが、一つ一つの文字の読み（「信（シン）」・「濃（ノウ）」）がわかっていればそれで解決かというとそうではないことがおわかりいただけると思います。ある言葉——語形に対して、どういう文字列（表記）が引き当てられ、またそれがどう読まれ得るかという観点での分析が、文字論とはまた別個に、表記論として必要なのです。

6 読み手・書き手・分析者

■読み手と書き手

図4

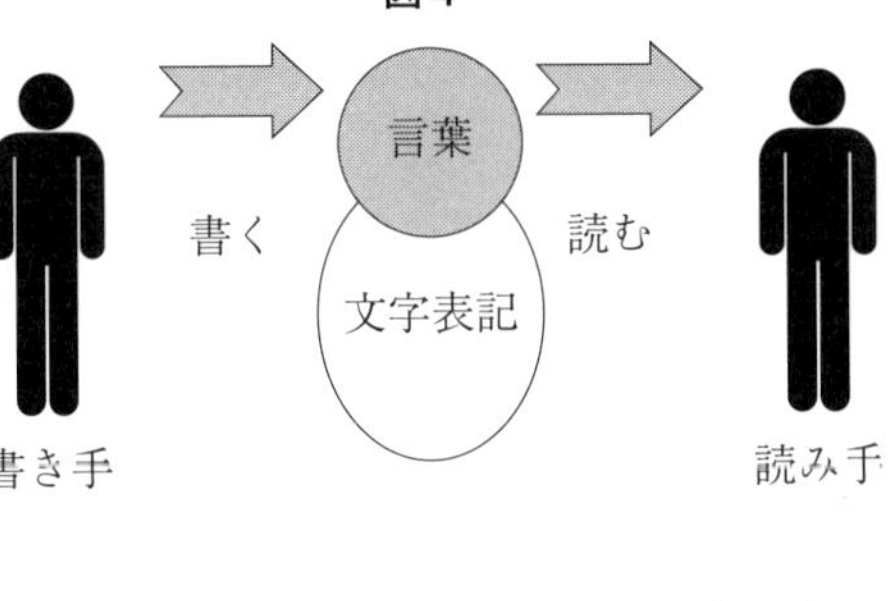

表記論や書記論というのは、言葉を記すために書かれたそれを研究するものですが、当然、人が介在しないのにひとりでに表記（書記）ができあがることはあり得ません。必ず、書いた誰かがいます。そして読み手も必ず存在します——というと、書いたまま誰にも見せない文書もあるのでは？と思われるでしょうか。確かにありますが、それでも、本当に誰も見ない、ということはあり得ません。なぜなら、書き手がその第一番目の読み手でもあるからです。そうすると、とりあえず、読み手と書き手とそして文字・表記（概念図なので、書記ということはいまおきます）を図示すると**図4**のようになるでしょうか。書き手は「言葉」を文字表記に託して、読み手は、その文字表記を通して「言葉」を取り出すという構図です。これで何も問題なさそうにみえますが、この図4だと、読み手は必ず書き手が書こうとした言葉を過不足なく適切に読み取るということになっています。モデル図なのだからそれでいいとも言えますが、たとえ

ば、「於奈良女子大学」という表記を巡っては少々不都合が出てくると思われます。この七文字は「おいてならじょしだいがく」「ならじょしだいがくにおいて」「ならじょしだいがくで」「ならじょしだいがくにて」などのほか、読み方が複数同時に浮かぶとか、そもそも「於」字を読まない（が意味はわかる）といったこともあるでしょう。これを踏まえて図4を見ると、書き手から伸びている向かって左側の一本の矢印と、言葉から引き出されている右側の一本の矢印のそれぞれが、どうも、この事象をうまく説明し得ていないとわかってきます。この「於奈良女子大学」からは、いろんな言葉が引き出され得ますし、そもそも書いた人はどのような言葉をここに込めたのでしょうか。このあたりのことに、この図4は答えられていないと言えます。そこで、書き手が想定した文章（言葉）と、読み手が表記から取り出した文章（言葉）とを一旦別物に分けてみましょう。それぞれ前者をX文章、後者をY文章と名付けておきます（**図5**）。

図5

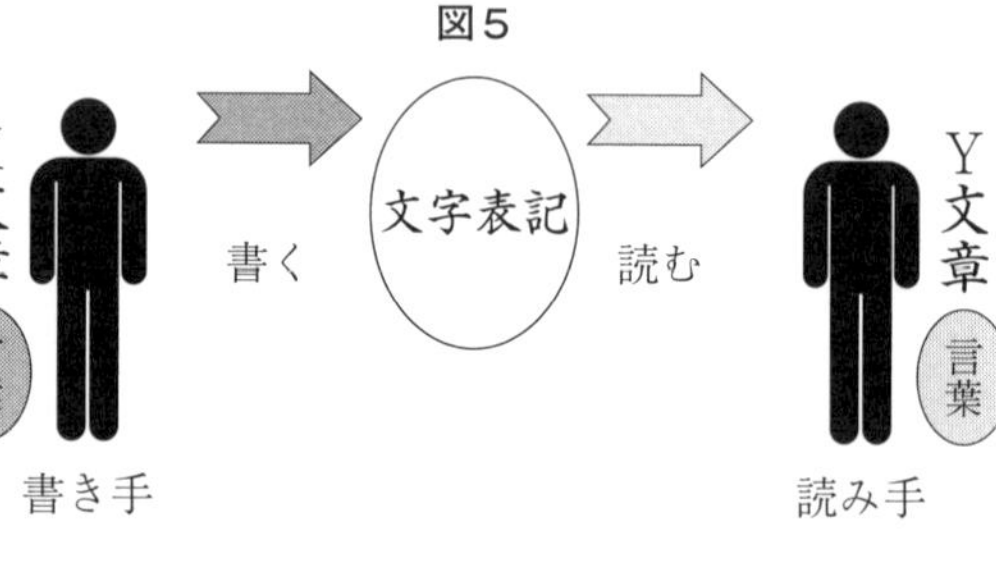

図5のように、書き手はXという文章（言葉）を文字表記として記します。読み手は、この文字表記からYという文章（言葉）を取り出します。現代日本語の場合は、常用漢字や、送り仮名、フリガナを駆使することによって、XとYがズレることがほぼありません。両者は限りなく重なり合うことがほとんどです。そして、限りなく重なると、それらは〝ただ一つのもの〟であるかのように思えてきます。そうすると、先の図4のような発想になるわけですが、実際は図5のように捉えておいたほうが、様々な場面に当てはめることができます。現代語であっても、全てXとYがそれぞれに実はあり、両者が一緒（あるいは唯一であるかのよう）に思えるのは、表記がそれだけ精密に復元出来る装置になっているからに過ぎません。もともと普遍的にただ一つの言葉が表記に格納されているというのは、いわば錯覚です。次の一文を見てください。

あまり人気がないのに下手に出る必要はないよ。

この一文、咄嗟になんと読まれたでしょうか。可能性は四通りあるはずです。

あまり**ひとけ**がないのに、**へた**にでるひつようはないよ

あまり**にんき**がないのに、**へた**にでるひつようはないよ

あまり**ひとけ**がないのに、**したて**にでるひつようはないよ

あまり**にんき**がないのに、**したて**にでるひつようはないよ

文脈が前後にあれば同定も時に可能かとは思いますが、読み手が完全に読み違えたまま進行する可能性もあります。ちなみに筆者は、「あまり**ひとけ**がないのに**へた**にでるひつようはないよ」のつもりで書きました。いま筆者が作文の主なので、Xです。もし、これ以外の読みで読んだとしたら、それこそそれは「あなた」が引き出したY文章であり、このたびは〝ハズレ〟だったということになります。そして一方、別の「あなた」が、筆者の思惑通り（ひとけ／へた）で読んでくれたとしても、それは、このたび表記を介してたまたまXとYが一致した（重なりあった）というだけに過ぎません。なお、右のズレはフリガナという方法で回避することはできます。

■分析する人

筆者は、かつてとある授業で、「保等登芸須」（ホトトギス）のように漢字だけで記された万葉集の表記のことを取り扱っていたとき、受講生に漢字だけで日本語を書くということを実体験してもらおうと試みたことがありました。漢字だけで何か文章を書き、それを互いに匿名で交換して解読してみるというものです。訓読みや当て字などをいかように駆使してもいいとしました。筆者も試しに参加してみたのですが、その中に含んでいた「家にいる」という一文について、「家尓位留」と書き、受講生のものの中にシャッフルして、教室の皆に配りました。解答を経て、

図6

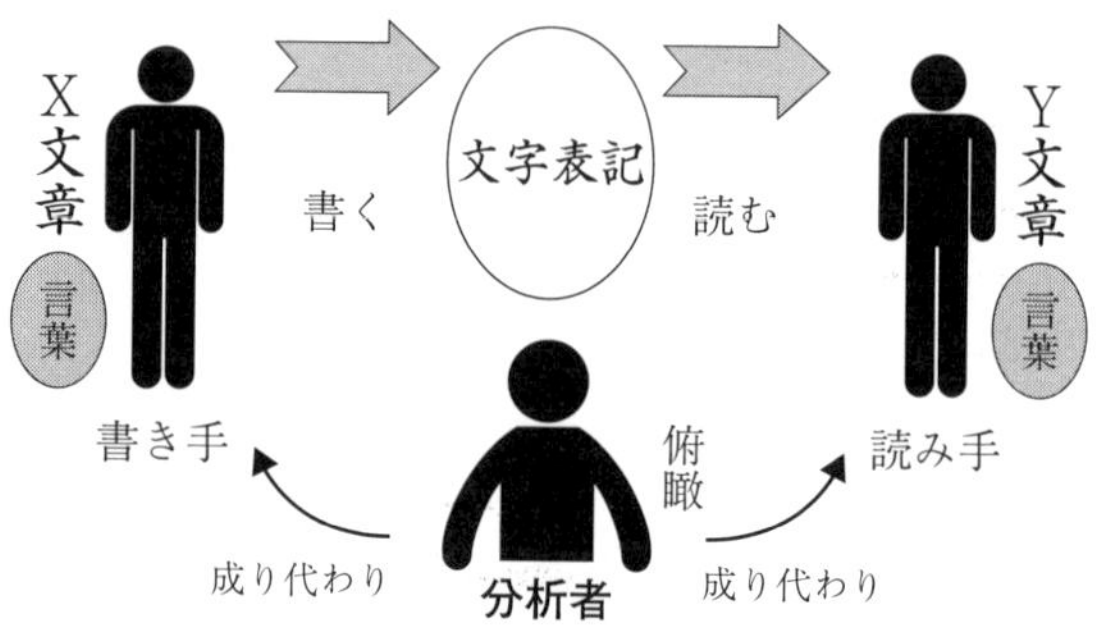

またもとのそれぞれの〝作者〟に戻して採点をさせました。そうすると、筆者が出題した一文も、教室内の誰かに読まれて手元に戻ってきたわけですが、きちんと解読された上、「家に「位置」して「留まる」から「位留」とあるのはよくできているとおもって、感動しました」とコメントが書かれてあり、正直面食らってしまいました。というのは、「位」にしたのは「以」ではつまらないかと思った程度でしたし、「る」に到っては「留」しか咄嗟に思い浮かばなかったからでした。筆者のほうが、なるほどそうなっているなと感心したほどです。このとき、筆者に意見を寄せてくれた某氏は、読み手であると同時に、優れて「分析者」であったと言えるでしょう。ある意味見事な分析ですが、筆者自身が想定してなかったことを見出している点には注意したいところです。言い方を変えれば、受講生某氏は、筆者が、はじめからそう目論んで用字したに違いないと決めてかかっているということでもあります。いわば、分析を通して筆者に成り代わっていることになりますが、これは、研究上時に危険です。

同時に、この構図は、やはり先ほどのX・Yをもって記述できます。某氏は、Yという自ら引き出した読みとそれにまつわる解説を、そのままXとその経緯に読み替えたのです。〈自分が読めた言葉〉がすなわち〈書き手が書いた言葉〉という横滑りを起こしてしまっています。分析する人だって読み手に違いないのに、読み手とわざわざ分離して、**図6**のように示したのは、やはり、分析する人というのは、その読みの行為がかなり特殊な面を有するからです。小説でもなんでもいいのですが、ふつうに読書するとき、たとえば横にPCを開いてEXCELで語彙一覧表を作りながら読む人なんてまずいないはずで、そのようなことをするのは、ふつう、研究者くらいのものです。

読むというのはそのようなあまりに度を過ぎた分析的行為を含めないのがふつうでしょう。それから、分析する人の特徴としては、読み手のみならず書き手に成り代わりをおこす時があるわけですが、時にその両者を俯瞰したりしながら、なぜこのように書くのかとか、なぜこのような文字を使うのか、そこにはこんな理由があるからだろうか、などと文章の内容と関係しないことまで、もう一段高次の視点であちこち飛び回っては追究したりするところにも認められます（図6ではそのこともイメージしつつ分析者が俯瞰しているように示しました）。こういうのはおよそふつうの「読む」という行為には収まらないはずで、別置するのが妥当と思います。言い換えれば、分析する人が、分析観点で見出したことを、単に「読み」と見做したり、「書き手」がそう目論んだことと見做すことには、とりあえず慎重に向き合いたいところです。なんといっても、「位留」のように、当の書き手が面食らうことだってあるのですから。

Ⅱ　文字の種類と記号論

1　表語と表意

■表語文字か、表意文字か

漢字は「表意文字」、あるいは漢字とは意味をあらわす、ということを聞かれたことがあると思います。しかし、漢字が、意味だけを表す、ということが普遍的にあり得るでしょうか。たとえば「鳥」という字は、鳥という意味をあらわしているのでしょうか。そうではなく、〝トリ〟という語をあらわしているというべきです。そして語とは、意味と音の結合体です。ということは、「意味だけをあらわす」というのは、文字通り受け取れば結合体であるはずの音の方が一切関与しないということになります。しかし、とある知っている言葉について、その意味だけを思い出すというのはふつう、不可能です。たとえば「ウサギ」「ゾウ」といわれて（語形を耳にして）、ウサギとゾウという動物を全く想起しないことはまずあり得ません。語であるかぎり、必ず音と意味はセットになっています。そうすると、「兎」にせよ「象」にせよ、これらの漢字は表「意」というより表「語」といったほうがより正確ということになります。実際、近年学界では表語文字と呼ぶべきであるという指摘がなされていると言っていい状況です。

漢字は中国はじめ、いろいろな国で使われており、日本ほど訓読みを発達させたケースは稀ですが、「語」は「語」でも色々あるのも事実です。それに、様々な言語の「語」に対応できるのであれば、漢字の側に、それらに対応出来る性質が備わっているゆえと見ることもできるでしょう。亀井孝氏は、「表意」と「表語」という術語を両方、研究上で使っており、漢字は表語文字だと認める一方で、「自律的に表意」であるとも言っていて、だからこそ漢字を生んだ中国以外の外国（つまり、語としては違うが、意は通じる）でも使われ得た、ということを説いています（「古事記は　よめるか」）。自律的に、というのは少しわかりにくい表現ですが、もともと備わっている性質として、というほどの意味だと思われます。つまり「意味」が共通するから使える、漢字にそういう「表意」という性質を認めるということです。

亀井氏の指摘は首肯できるものですが、筆者は、日本語の漢字という観点でいえば、やはり、結局の所、漢字は表語文字と呼ぶので十分だと考えています。それは、「平」という字、何の脈略もなく突然この字だけを見せられても、結局の所、「へイ」とか「たいら」といった音――ひいては語が浮かぶからです。文脈が決まっていなくても、使う語が決まっていなくても、可能性としての語が浮かびます。意味それだけではなく。意味＋音として、想起されます。とすると、実際に使われる以前の、静態的な状態でも、表語文字と呼んで構わないと思うわけです。亀井氏の言うとおり、中国や朝鮮半島を視野にいれると「表意」としての漢字も想定され得ますが、日本語においては、さしあたり文字として漢字は表語文字であるということで本書は以下進めます。

■術語「表語文字」の限界

表語文字として現役で稼働している代表は漢字ですが、かつては古代のシュメールの文字などが挙げられます。第一章ですでに紹介したように、シュメール文字は他の言語に貸されてもいて、たとえばアッカド語は、シュメール文字の借用によっています（ただし、結果的に両者は差異が大きいものとなっています）。いわゆる訓読みに相当するものや、仮名まであって、ちょうど古代の日本語と漢字の関係にそっくりのことが起きています。こういった事情についてはフロリアン・クルマス『文字の言語学　現代文字論入門』（齋藤伸治訳、大修館書店、二〇一四）や、齋藤伸治「言語と文字」（『二一世紀の言語学』ひつじ書房、二〇一八）などに詳しく論じられています。

さて、こういった日本の歴史などに比しての超古代にまで遡ると、文字があらわす「語」とは何なのか、といったことをあらためて考えさせられます。基本的に、その関係性は**〈事物〉**（抽象概念も含む）、そしてそれに結びついている**〈事物の呼び名〉**、そして**〈文字記号〉**という三者で捉えることができます。既に述べてきたとおり、文字の機能とは、そして表語文字とは、〈事物〉と結び付いた〈事物の呼び名〉つまり語――を文字があらわすという関係性だと、ふつうは見做されます。ただ、この関係が常に成立するためには、物の順序として〈事物の呼び名〉が必ず〈文字記号〉に先行して存在しているという前提が必要になるはずです。ところが超古代となると、これが本当にそうなのかどうか、わからない場合があります。つまり、音声の言葉が必ず先にあったとは限らない可能性です。たとえば言語化はされていない事象を、ある視覚的記号でもってあらわし、後にそれが言語化されて対応するとなると、言葉と記号の結び付きの順序（先後関係）が逆になります。文字がまず〈事物〉を記号化し、次いでそこに語（語形）が発生して、対応したという順序関係ということです。こうなると、文字が「表」す「語」とはどういうものなのか、「語」とは結局何なのか、という問題にぶちあたってしまうことになります。このとき、既に紹介したような、歴史性には関知しない共時態論で考えるなら、どちらが先かというのは度外視してよくなり、ようは〈事物〉〈事物の呼び名〉〈文字記号〉の三者が全て出そろっている状態で考えれば済みます。つまり、〈事物〉と結びついた〈呼び名〉すなわち〈語〉を記す記号（文字）という関係、その結果的な関係性だけを言えば、成立の前後は関知しないという立場があり得ます。しかし、語とは何か、どうやっていつできるのか、文字との関係はいつどう形成されていったのかということまで考慮、勘案してこの表語文字という術語を規定するとなると、表語文字とは、通時的にみたとき、語と文字の先後関係が正反対のものをも、その内に擁する可能性があることになります。結果的には一緒だから問題ないという言い方もできるのですが、いささか表語文字という術語に概念を負わせすぎ（詰め込みすぎ）ではないかという気もします。換言すれば、この術語はやはり、共時的な議論、あるいはそれを旨とする構造主義言語学的な議論になじむものだと言えるようです。

また、語との関係もさることながら、絵との境界線も曖昧になります。第六章でも紹介しますが、絵文字は擬似的に文字のように使えたり、単なる挿絵のように使えたりもします。以下、①が前者の例、②が後者です。

①今日は🚗で出勤です。　※絵文字に読みを与えないと文が完成しない

②今日は車で出勤だ🚗　※絵文字は添え物、挿絵に近い

現代語の場合、絵文字を使用する一方で、すでに体系化された文字を私たちは知っているので、あくまで余剰的に、それとの対比で意識的に使えますが、古代人が、どう思ってその文字あるいは絵を使っていたかはなかなか知り得ません。つまり〈事物〉を直接あらわす〈記号〉あるいは〈絵〉から、〈事物の名前〉をあらわす〈記号〉への移行はどうなっていたのかということですが、いったいどれほど古代に生きた人々が明晰に認知、意識していたかというのは非常に個別的でしょう。まして、先に述べたように、〈事物の名前〉が、先行する〈文字記号〉に次いで生み出されるという順序もあるのなら、なおさら経緯は複雑になります。

語との結び付きが確定していく（まさに文字となっていく）ということは、その二次元記号が、どういう文法的なルールで並ぶのか、という統語的な性格も付帯されるようになっていくということです。そのためには記録する際の配置やどういう読み方を期待（誘導）するのかということも要因になるでしょう。結局の所、以上のような経緯や可能性を考慮しつつ、「表語文字」をどこかご都合主義的に使うことになってしまいます。が、微細な違いごとに、副術語のようなものを次々増やしていくのもあまり意味がないのがまた、悩ましいところです。

2 古代エジプト人と文字——記号の記号か、あるいは〝真実〟か

いきなりですが、何かを描いた絵というのは、モチーフとなった実物から遠ざかっている産物なのでしょうか。言い換えればその実物は、絵や写真よりも、常に「真」なのでしょうか。これは文字表記と、事物、そして事物の名前ということとの関係性を考える上でも、あらためて立ち止まりたいところです。たとえば、ことわざにもなっている通り、「絵に描いた餅」というのは食べることはできないわけだから、それそのものではないという言い方はひとつできるでしょう。同じく「パン」という言葉は、言葉であってパンそのものではないので、この二音節の言葉にバターを塗って齧（かじ）ることはできません。ましてそれを文字を用いて記した「パン」という表記は、あの食べ物という実物から、もはや二段階に遠いと言えるのではないでしょうか。つまり、実物のパン——/pan/という名称——「パン」という表記——という関係です。言語と文字をそれぞれ記号として見ると、右のように把握すべきということになります。

ところが、以上とは正反対に考える人々がかつていました。それは古代エジプトの人たちです。彼らは、ヒエログリフというあの文字の方が〝真実〟だと考えました。[*2] かれらの象形文字とて、言語学的にいえば、事物ないし事物の名称と結びついた記号にすぎないはずです。が、記号は概念化、抽象化され、しかも古代の宗教的国家では、

神聖視され権威化しているだけに、それはその事物の抽象化の極みとも言える〝真実〟なのであって、現実のこの世界にあるもの（実在）の方こそ、その個別的、具体的現れに過ぎないと考えるのでした。つまり、記号の方が先行して存在していると考えるということです。古代エジプト人は、トト神から文字を授けられたと信じており、「まさに神から与えられた霊感」（ジョルジュ・ジャン『文字の歴史』矢島文夫監修、創元社、一九九〇、三三ページ）でした。言語学の記号論は、〈世の中のモノ・コト〉を記号化し（音声）、さらにそれをまた記号化する（文字）という関係性になるので、具象的な、この世に実存するモノ・コトが、記号によって抽象されていくという方向へのステップで捉えますが、それを、いわばまるっきり正反対にみるわけです（左図参照）。

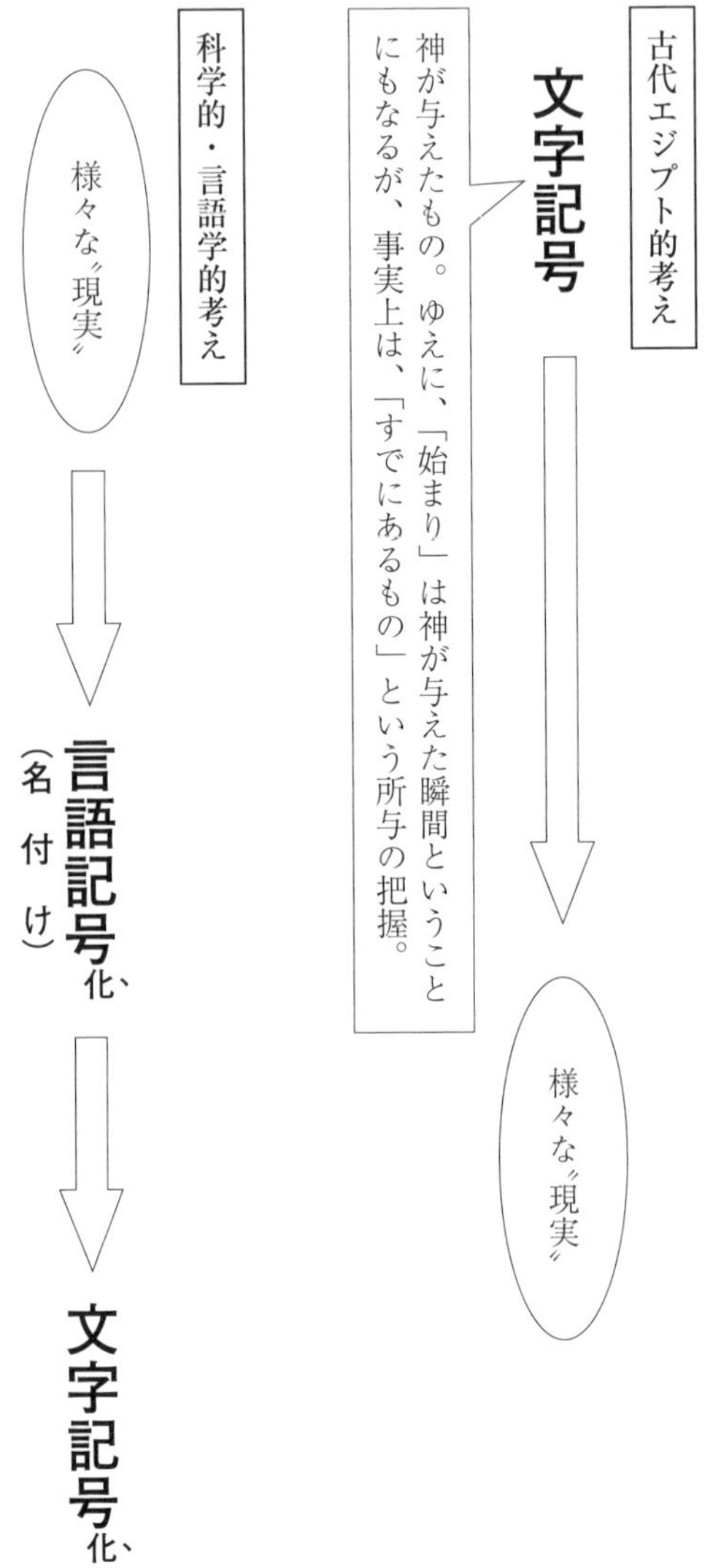

古代エジプト的考え

文字記号

神が与えたもの。ゆえに、「始まり」は神が与えた瞬間ということにもなるが、事実上は、「すでにあるもの」という所与の把握。

↓

様々な〝現実〟

科学的・言語学的考え

様々な〝現実〟

↓

言語記号化（名付け）

↓

文字記号化

ただ、古代エジプト的感覚は、たとえば絵画などに見出される価値や、あるいはもっと情緒的にいえば、肉眼でその実物を見るときには得られなかった感銘やら印象をそれの絵からは得たりする、という体験等を通して、少し、私たちも追体験できるところがあるように思われます（容疑者の写真よりも似顔絵のほうが犯人逮捕に繋がりやすい、という話もあります）。絵の方が実物よりも、本質を湛えている、というような考え方です。しかし、科学的な、記号論的な見地からすれば、この古代エジプト人的な因果関係の捉え方に立つことはやはりできません。なぜなら、その〝真実〟を湛えた記号なるものを、では誰がどの時点で作ったのだという問いを必ず下す宿命にある——つまり、現実の事物に対して、記号が先行して存在するはずがないという立場を、決して崩せないからです。科学は人間が記号を作るというところから絶対に逸脱出来ません。よって、永久に両者の見解は歩み寄れないというか、交わらないと思いますが、古代エジプトは科学的筋道でそう考えたのではなく、いわば宗教的見地でもって位置づけ、把握しているわけなので、そこは全く問題なくクリアということなのでしょう。神の存在と所与の記号ということでそこは済みます。

ところで、構造主義言語学的にいえば、共時論であり、つまり成立論を説かないので、記号がどうやってできてきたか、ということをそもそも語りません（興味の範疇外）。そういう意味では、共時論的に捉えた場合、私たちも、言語や文字記号が先行しているように古代エジプト的に錯覚し、それをもとに「現実の事象」を解釈しようと思えばできてしまいそうです。少なくとも「今」に生きる私たちは日本語と文字がもうすでにあるところに生まれ、育っ

＊2　前掲のフロリアン・クルマス『文字の言語学』一〇ページ～一一ページに、ヒエログリフについて「記号は事物に先行するものであり、記号はあるものの像というよりも、そのモデルである。創造とは、心のなかにおける分節化の行為であり、それはまず文字記号に表現され、続いて話し言葉に表現される。したがって、外に現れた文字は、発明というより、発見とみたほうがより適切なのだ」とあります。

てきたわけで、その記号が発生する瞬間や現場に立ち会っていない（立ち会うように考える必要がない）ので、そのようにも思えてしまうわけです。つまり、現代私たちにも文字を〝所与〟と考える素地は十分あります。

3　記号論とデザイン性を巡る評価のズレ

スポーツ用品メーカーの世界的企業ナイキをご存じと思います。スウッシュとよばれるナイキのマーク（図7）は、一般公募で、当時のアメリカの大学生によるものだったそうです。賞金は、現在の日本円にしておよそ四二〇〇円。驚くような話です。このマークを巡って、次のようなTwitterの呟き（ツイート）がありました。

ロゴのデザインについて調べていたら「NIKEのロゴはデザイナーの憧れ」という話を聞いたので、なぜ憧れになるかを調べてみました。確かに文字でもアイコンでもないのに誰でもNIKEと理解されるのはすごい…

pic.twitter.com/Z1zeo0VGOe（最終閲覧日は、二〇二一年一月二九日）

デザイナーが憧れる理由には、アレンジがききやすい、などもあり、そういったことには本書は立ち入ることができませんが、注目したいのは、「文字でもアイコンでもないのに誰でもNIKEと理解されるのはすごい」とある部分です。これは記号論的にいえば、少し補足・修正しておきたい意見です。対象と記号とが結びついているということについて、それが抽象的なものであるほど、デザインの優秀さとか、優美さ、流麗さというのは、実は直接にはあまり関係がありません。ある記号が、対象とどれほど強く結びついているか、ということは、基本的に社会的な取り決めや慣習性（あるいはその両方）による要素が濃いからです。つまり、周知の度合ということです。この場合は世界的企業なので、企業の宣伝と営業による努力、そして何より需要があっての結果と考えられます。このナイキのマーク（右のツイートではロゴといわれていますが、ロゴというと文字を含むのが一般的

図7　ナイキのマーク　スウッシュ

なので、本書ではマークとよびます）をすごいというのは、言語情報が提示されているわけでもなく、ディフォルメしたイラストでもないのに（たとえば、とあるところでジュースを売っているなど）、ナイキだとわかるというところを賞賛したものとみられます。このナイキのマークは、生み出され、公式マークとなって以降、ナイキの様々な商品とともに常にセットで示され（あれこれ手を変え品を変えて宣伝され）、また当然「NIKE」と文字を添えて表示されることもあり、その紐帯は企業とその製品の認知・普及度とともに、強固になっていったという経緯が考えられます。そして、それが強固になっていくほどに、説明不要になるので、文字などの言語情報も不要になります。こういうことは、実は社会にあふれかえっています。たとえば同じことはスターバックスコーヒーでも知られます。**図8**は古いものから順にマークを並べたものです。

二〇一一年からは一番下の文字がないマークに変わりました（店には、別の場所に文字で書かれていることが多いようですが）。これはナイキと同じことが起きていると言えます。そして「人魚」は、そもそもコーヒーとは全く関係がないでしょう。たまたま、この会社が採用し、結びつけただけのことです。同時に、記号論的には、指し示す対象との関係性が、デザインの優劣だけで決まるわけではないということがわかります。文字などの助けもないのにわかる、というのは、それとわかる知識・情報を自分がもっている、社会が共有しているということです。よって、ナイキなる会社やスニーカーなどを知らない人にこのスウッシュマークを見せても、スターバックスコーヒーを知らない人にこの緑の人魚マークを見せても、全くわからないはずです。このマークは、ナイキを知らない人に、ナイキであることを喚起はできません。つまり、そういう社会から超

図8　スターバックスコーヒーのマーク

越した形で、このデザインの記号性は発揮されないのです。従って、本当に、NIKEなどと文字が記されていないのに「わかる」わけではなく、それらの助けがなくても、記号と対象の関係を知っている、広く知られ得るほどに、その記号が有名になっているということです。もっとも、そういう意味でデザイナーが憧れる――誰もが知る大企業のマークをデザインしたい、というのはもちろん、理解出来ることではあります。

実は、文字でもこういうことは錯覚してしまいかねません。たとえば「話」という漢字。小学校二年生で習います。ふつう、瞬時に読みが浮かびます。一方、「嫩」という漢字、ご存じでしょうか。ドン、ノンが音読み。訓読みなら「わかい」です。明らかに「話」より知らない人が多いでしょう。しかし「話」は見てすぐわかるから「嫩」より文字としてのデザインが優れている……ということにはならないはずです。社会的に、認知度、使用頻度が高いか低いかということによる実用面で生じている差に過ぎません。

Ⅲ　字の形を定義する

1　字形と字体を巡る諸問題――書体・書風・フォント

■字形・字体の一般的な概念規定

この節では、「字体」「字形」という、この領域で必須とも思える術語について述べますが、実はいろいろ問題も多く、いくつかの問題提起自体をして本書での新たな定義も試みます。あわせて、必ず関係してくる「書体」や「フォント」についても触れます。

まず、次に掲げる五種類の文字を見てください。

全て「表」という字だと読めるでしょう。一番下の五文字目はだいぶ粗いですが、さしあたり五文字とも読めると思います。この五種類は、ある一つの同じ文字をあらわしていると見做していいでしょう。五種類というのは筆跡の違いであって、文字の種類ではない、と言えるはずです。既に挙げた例ですが、別々の五人の人がする挨拶「おはようございます」の事情と似ています。五人いれば五通りの「おはようございます」があるのは、右の、五種類の「表」字と同じ事であると言えます。また一方、五人と交わした挨拶が全て「おはようございます」だと理解できるのは、五種類の筆跡の違う文字が、ただ一つ「表」字であるとわかることと同じであると説明できます。

日本語学では、口に出し、耳で聴く音の世界を研究するにあたって、肉声を「音声」、そこから抽象される概念のことを「音韻」と呼んで区別しています（あるいは、音声の出力、あるいは言語音としての認識の根拠となる概念と言ってもいいのですが）。そこで、文字の世界を研究するに当たってはこれに並行させて、人によって、場合によって筆跡が違って、その実際に書かれた文字の具体的な形を「字形」とよび、抽象されているイメージとしての形を「字体」とふつうよびます。言語研究において、実際の実現形（個々人、時と場合によって千差万別）の事象と、抽象される概念とを分けて研究するという方法論が、音声の言語と文字による言語の両方に並行的に適用されており、大変わかりやすいと思います。この字体というのは個別文字が抱える、形の構成概念のようなものです。だから、字体は書くことができません。書くというのは実現形なので、それは字形ということになります。

未

末

図の「未」と「末」のように、似ていても違う、と判断出来るのは、字体の違いが概念として脳内に備わっているからで、「未」と「末」字であれば、二本の横画の相対的な長さの違いという対立関係によって、それぞれが存立しています（なお、図に示したのは概念として比べるためですが、実際にはこのようにプリントアウトしているので、これも厳密には、あくまで「字形」と言うべきことになります）。

〝現実のあらわれ〟と〝抽象的概念〟はいずれも重要な研究対象ですが、一緒にはできないので弁別します。先にも挙げた「おはようございます」の例、たとえば音声（肉声）は千差万別なので、物理的に測定したり、数値化したりする研究対象となります（音声学）。それに対して、AさんやBさんという個人の発音の違いではなく、ごく一般的な議論として、日本語の「かき」と「さき」などは、/ka/と/sa/の違いで、厳密にいえば/k/と/s/が違うといったステージで論じられる研究があります（音韻論）。いずれも必要な研究方法です。どこまで個別的な情報（一つ一つの実現形——人によって、個性があって違うということ）を取り入れて研究するか、あるいは抽象してしまうかというのは、研究の目的と方法によってケースバイケースです。字体と字形というのも、先述の通り、この音声と音韻の弁別に準えてふつうは措定されています。「表」の字の実例で見たように、実際、それは説明としても納得出来ると思います。ただし、やはり音声の言語と違って、文字には文字特有の事情があります。それはある文字とある文字とを同じと見做すかどうか、というのが直感的、感覚的なことだけには拠らない場合があることによります。その顕著な例が、篆書・隷書・楷書・行書・草書の五体（あるいは、後章で扱う金文や甲骨文字も）を巡る問題です。このことを、次に考えてみましょう。

■学習による紐付け

先ほど挙げた5つの「表」という字での例は、同じ字の揺れとして許容されるものだと思いますので、概念（字体）としては一つだと説明されてもすんなり納得出来ると思います。日本語の「ア」という発音も、人によったり、あるいは同じ人でも場合によったりと、現実の物理的な音では日本語の「ア」として許容される範囲内でバリエーションが出来ます（これを「異音」といいます）。しかし、概念としては「ア」は一つです。とはいえ、あまりにぞんざいに発音されると聞きとれなかったり、誤解することもあり得るでしょう。これもやはり、同じ「表」という字でも、あまりにぞんざいに、乱雑に書くと、同定出来ず、何と書いているかわからないということと同様に捉え得ます――やはり、発音を巡る事情と文字のそれが並行的に考えられ、何も問題なさそうです。

図9

さて、そこでですが、**図9**に挙げた字、何という字かご存じでしょうか。

これは「春」の草書体です。漢字には、楷書、行書、草書、篆書・隷書等がありますが、書道などで学んでいる人でもない限り、現代日本では、母語話者であっても漢字によっては草書は読めない場合が少なくないと思われます。というより、〝母語話者だから〟というのが必ずしも直接関係ない事情だとも言えます。そして、ここここそが音声の言語とは違うところです。少なくとも、義務教育（つまり、日本において、母語話者全員が学習する）で「春」字の草書の〝この形〟はわざわざ教育はされないのがふつうでしょう。では、このとき、先程来取り上げている字体という概念は、どう置かれるべきでしょうか。書道の楷行草篆隷の知識のある方であれば、次に挙げる5つを一瞥して、いずれも「春」字ですねと即答すると思います。

楷書

行書

隷書

草書

篆書

この五種の文字、まず一番上は楷書なので、小学生でもわかります（「春」は小学校二年生で習います）。また、二番目の行書もまず問題ないと思われます。子供でも、この程度走って書かれたものは日常目にしている可能性が高いからです。隷書については、正答率が割れる可能性もありますが、「「春」字です」と説明すれば納得はしてもらえそうです。しかし、おそらく間違いなく、草書と篆書は「春」字とは読めないのではないでしょうか。楷書の「春」字を知っている子供からも「なんでこれが「春」なの？」と反問されるように思います（実は、筆者の実体験なのですが）。そしてそれはたとえ大人であっても、十分考え得ることです。このとき、筆で書かれている、筆のはね、とめという筆法が、認識をブロックしているという要素はあまりないでしょう。なぜなら次のように、フェルトペンで書いても、結局は同じ事だろうと思えるからです。

春 春 春 𦥑 萅

図 10

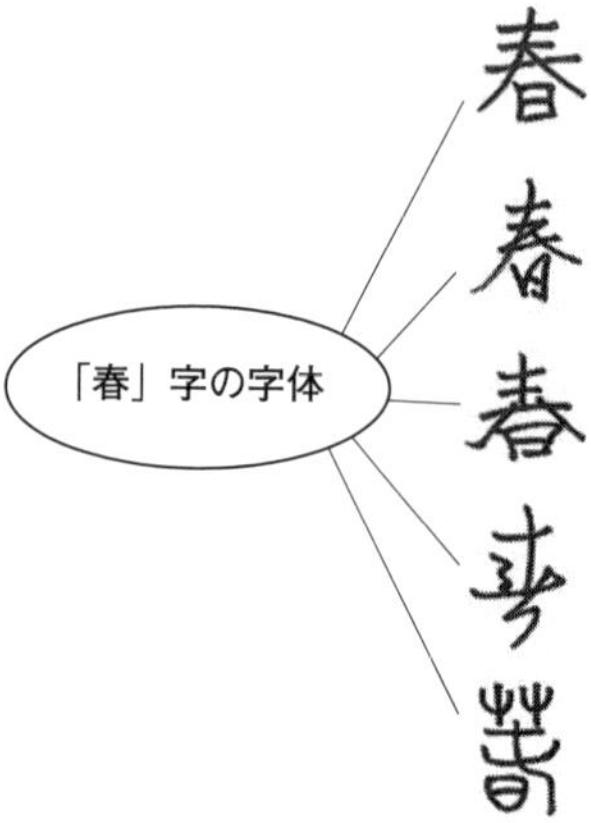

字体の定義に基づいて、この5つの字をそれぞれ配置すると、理論上は**図10**のようになっています。

字体は概念であってここには記せないので、（「春」字の字体）と表示していますが、現代の場合はおおよそ、楷書に近い形で構成されて（認識されて）いると思われます。しかし、これには少々疑問も出てくるところでしょう。字形は現実に紙に記されるなどする〝実現形〟ですが、書かれる限り、なんらかの書体を伴っています。ならば、五種いずれもが字体と字形の関係におかれるはずなのですが、なんだか納得いかないように思えないでしょうか。つまり、先に「表」字五種類で示した例や、「おはようございます」という音声の言葉で例示したこととズレるように思えます。それは、先の五種類の「表」という字形があっても概念として字体は一つ……という説明に、この「春」についても納得出来るかどうか、ということです。もし、これが認められるなら草書の「春」も篆書の「春」も「春」さえ知っていれば、五種類ともすんなり「春」だと認知できてしかるべきではないでしょうか。

図10で「春」字の字体というところから、五本の線をのばして記した形は、実は、大きく二つの問題点を無視しています。漢字の字体概念とは「現代の場合はおおよそ、楷書に近い形で構成」と述べたことを思い出してください。いまは全員が義務教育を受け、小学校の教科書の教科書字体および、担任の先生の板書などを規範に漢字を練習するので、字体概念は、おそらくほぼ楷書のような字画構成によって構築されています。そしてそれはつまり、個々人の脳内に、字体の「形成、成立過程」があること意味します。これがまず問題の第一点目です。次に第二点目は、漢字の五体の成立のほうにも、歴史上順序があって、楷書は一番最後で、右に挙げた中では篆書が一番先立つのにもかかわらず、字体と字形、書体という術語をもって把握するとき、それらの先後関係は無視されて、同一次元、一平面上に置かれているということです。もちろん、言語研究では既述の通り、時系列に関知しない共時論という立場もあるので、これ自体は、そういうものだと割り切ることはできます。しかし、問題は、個人における字体概念自体が、先述の通り成立過程をもっていて、かつ、おそらく草書と篆書（時に隷書）は、その楷書によって字体を脳内に確立した次の段階としてあらたに紐付けするならするというプロセスがないと、成立し難いという点が見逃せません。つまり、そもそもの通常読み書きするための字体獲得に次ぐ、第二ステップとしての「獲得過程」が実はあるはずなのです（ゆえに、獲得しないままの人も少なくないと思われます。「春」字の草書や篆書は、大人だから読める、とは限らないと言ったのはそういうことです）。

先の図10では、篆書、隷書、行書……といったそれぞれの成立の前後関係等を無視している点にまず注意が必要ですが、言語学的な理論化として見れば、そこまで摩訶不思議な処理でもありません（共時態論）。もう一点、自覚的な、字体観念との紐付けというプロセスがないと、特に草書と篆書は認識されない可能性が高いと述べた点についても、図10は、不問にしているのであって、いわば〝すでに全て知っている〟といった前提でこの張り合い関係を描いているということになります。これも、理論的研究では、ある言語事象に対する読解力の、個別的な能力的程度差などは不問に付すので、無視することはただちにおかしいことでは必ずしもありません――と、このように一応は説明をつけることはできるのですが、受け取りようによっては、あちこち扉を閉めてまわるが如き「門前払い」をされた気分にもなります。そこで、では、この術語を使うに当たってどういうことに留意すればいいかを考えてみましょう。右のことは、全部裏返してみると、字体という概念において形成論や成立論を加味すると、矛盾したり、破綻したりする可能性を含むということがまず挙げられます。また音声の言語の音韻（概念）と音声（実現形）との関係に対して、完全に文字のほうの字体（概念）と字形（実現形）という概念の関係性がそのままぴったりと重なるわけではないということも、わかると思います。

やはり、「字形」、「字体」とは、歴史的な変化に感知しない共時論的、理論的・構造論的に把握する立場になじむ術語ということがわかります。この立場に立てば、徐々に獲得されていく過程などというのは想定されないし、よく知っている人とあまり知らない人、という広がりも無視です。この処置ないし設定は、現代語の音声言語研究では有効な面が多いですが、こと文字になると、一種の割り切りであるとはわかっていても、無理が滲んでくるところだと言えます。文字は、自然にいつのまにか獲得されているということばかりではない、むしろ教育されてこそ、という性質を持っているので、共時論的な術語がかかえるひずみがこのように露出してしまうのだと考えられます。

とはいえ、字形・字体という概念の区別が重要であることは間違いありません。仮にこの区別を全くなくして不問に付すと、先の五種類の「表」の字を、全部読める人、一字だけ読めない人、全部読めるが全部違うと言い出す人など、それこそ考究を進める上で収拾が付かなくなってしまいます。よって概念的な設定、抽象化する視点は重要であり、右に挙げたところに気をつけつつ引き続き術語としては使っていくことにせざるを得ません。

では次に、強い関連をもつ、書体や、印刷のフォントという概念等を確認しておきましょう。

■書体とは

書体とは、字形（実現形）の現れに伴うものです。書体は、様々な文字に形を取って現れるので、そういう意味で文字同士に共通する筆致上の特徴だということができます。たとえば、

わたし　わたし　**わたし**

の三者の、筆致や筆法にまつわる特徴の違いを指すものとしていう場合に使います。一つ一つの字形に張り付いている特徴であると同時に、その特徴は、「わ」「た」「し」三文字においてそれぞれ共通している、とも認識できるはずです。この共通特徴としていう場合は、印刷物の場合「フォント」と呼びます。これは基本的に、同じサイズで、さらに「**わたし**　わたし　**わたし**」で例示したような意味での、それぞれの字における書体の、その共通の特徴をもつ一揃い（セット）を指す言葉です。つまり、

わたし

とあるとき、一文字一文字が書体をもっており、その特徴は/wa//ta//si/三文字の間で、共通しているとみなされます。

この場合はＭＳゴシック体という名称で、この共通特徴をもつセットとしてフォントといいます。一文字単位で個別に言うなら、ＭＳゴシックという書体ということになります。そして、三文字に共通しているのがＭＳゴシックフォントです。このように書体とフォントを区別します。同じことですが、もう一例挙げておきましょう。

わたしは大阪出身です。

といったときに、「で」だけ書体が違う、とまずは指摘できます。さらに「で」は、ここでは、この字だけ目立つので、異端のようですが、「ＤＦ平成明朝体Ｗ７」というフォントを背景にもつわけですから、それを使って、**このように「で」以外のほかの字でも存在しえます。**つまり、この書体が抽象されるセットが、「で」の背景（あるいは前提）には存在していて、これがフォントです。セットなのでこのようにＰＣで打ち出せる文字のどれでも出力できます。「で」は、「ＤＦ平成明朝体Ｗ７」フォントの、ある一例（一字）における出力例ということになります。

さて、いま、いずれも印刷での事例を示したため、「明朝体」といった分類的命名が当てられていますが、理論上は、手書きにもあってもいいものです。たとえば

あした　あした　あした

のような場合――それぞれ、鉛筆、フェルトペン、毛筆で書いてあります。言葉は同じです。このとき、一般には、やはり書体という言葉が、まず使われ得るでしょう。実際、この三種のことを指して「書体が違う」といって、大きな問題はなさそうです。では、その書体の出力元である印刷でいう「フォント」に相当するレベルのものを認定したり、あるいはまたいっそ「フォント」と呼べるかどうか、という点についてはどうでしょうか。三種それぞれ

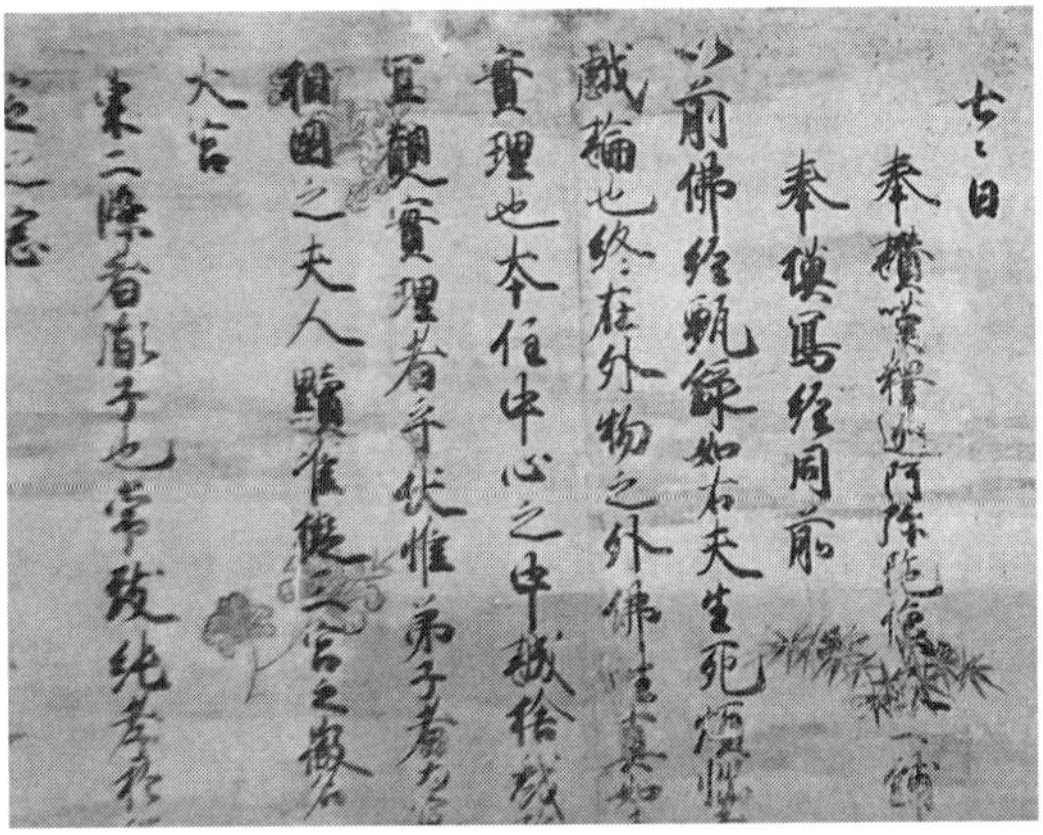

筆記用具によって、とめはねや線の太さなどに意識が払われ、各々の三文字における特徴は貫かれているということができるかと思います。つまり、これはフォントに近い概念と言えるでしょう。むろん、フォントというのは、やはり印刷にまつわる術語なので、手書きのそれにも適用するのは不用意な概念拡大です。ここで、確認を兼ねて見ておきたいのは、世尊寺（せそんじ）流とか、法性寺（ほっしょうじ）流といったような、書道の流派で言われるものです（図11、12）。ここではある文字一字レベル、つまり個別に備わる書体というレベルのみならず、それを覆う、印刷で言うところのフォントレベルの次元のことをも指しているという点で、手書きの場合もやはり並行的に把握できる面があります。個別的な字体を、字形として出力するにあたって、それを覆う書体の特徴があり、かつその文字ごとを貫く特徴とし

図 11　世尊寺流 伝・世尊寺経尹筆
西園寺實氏夫人願文（『日本名跡叢刊』44、二玄社、1980 より）

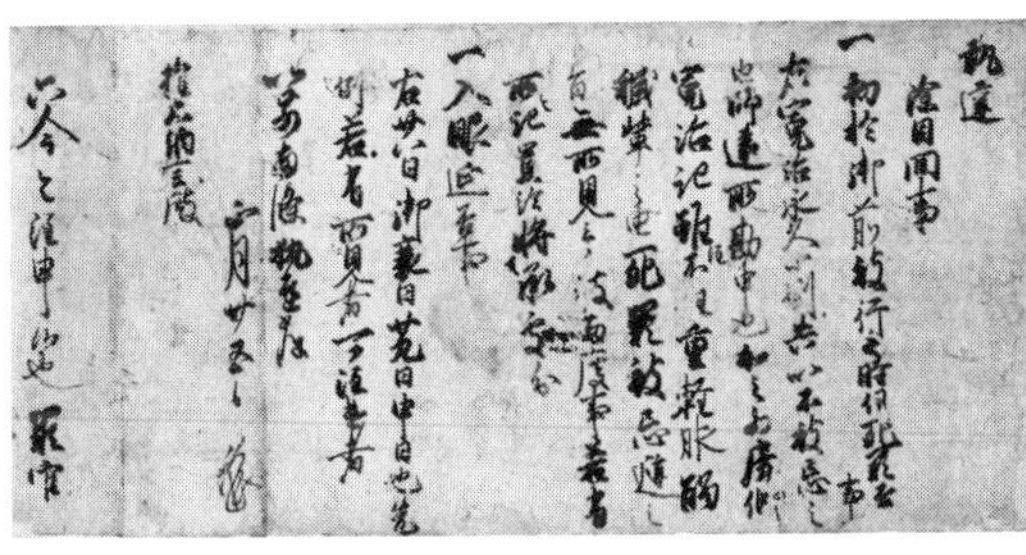

図 12　法性寺流 藤原忠通筆書状案
（『日本の国宝』48 号、朝日新聞出版、1998 より）

て抽象したのをフォントと呼ぶわけなので、理屈上は世尊字流とは、フォントに相当する概念に通じるところがあると言えます（あくまで、通じる、ですが）。

実際の研究では、世尊寺流と法性寺流の違いを「フォントの違い」という術語でもって言うことはまずなく、もし言うなら、書体の違いなどと言われることが多いと思われます。ということは、この場合、書体という言葉が、一字レベル（字に張り付いてる特徴）から、セットとして、印刷でいうところのフォントのレベルまで抽象化されたところまでをも広く担当していることになります。ただ、せっかく書体〜フォントでは個別〜セットという分別をしているので、これを生かすべく本書では手書きの方で、セットの方に対して「書風」という言葉を使うことにします（「風」に実はそういう意味があった、というわけではなくて、ショタイという言葉と区別するための便宜的な要素が大きいものです）。実際にこの使い方をする研究者、書家の方もおられるかもしれませんが、体系的にその方が他の術語とどういう関係で使っているかわからない場合もあるので、いま、あくまで引用などには拠らず、本書の定義としておきます。「書風」は一般にも時々聞く言葉ですが、ここでは書体と区別するというその目的のために持ち出し、弁別を図ります。

先程来例にしている世尊寺流などは、まさにそういうところまで抽象化され、認知されているものといえます（実状としては、「世尊寺」という名前を知って、そのつもりで世尊寺流と認定することもありえたかもしれませんが、そのことはいまはおきます）。世尊寺流はもともとは藤原行成（九七二―一〇二八）を祖とするわけですが、彼自身の筆跡から抽象され、伝統が受け継がれつつ、特徴として見出される共通点を継承していったという点で、まさしく、印刷字体におけるフォントレベルにまで抽象が近づいたと見做せます（もちろん、肉筆であるかぎり、印刷物ほど脱個性ではありえませんが）。また、印刷の方にも、厳密には印刷機や、インクの質、紙の質で、打ち出したものごとに、微妙な違いはあるわけですが、少なくとも手書きよりははるかに抽象化されているので、プリントアウトされたその一枚一枚の間に存する、個～一般の幅は事実上無視していいと思われます（専門家、メーカーの人など、専門職なら、canon のインクジェットプリンタ、EPSON のレーザープリンタ、輪転機と、それぞれで打ち出したり、刷りあがった文字をみて、仮に同フォントでも、見分けるかもしれません。このとき、それは、MS明朝というフォントが、各プリンタごとの個別的現れとして扱われ得る場面だということができます）。以上のことを図示します。

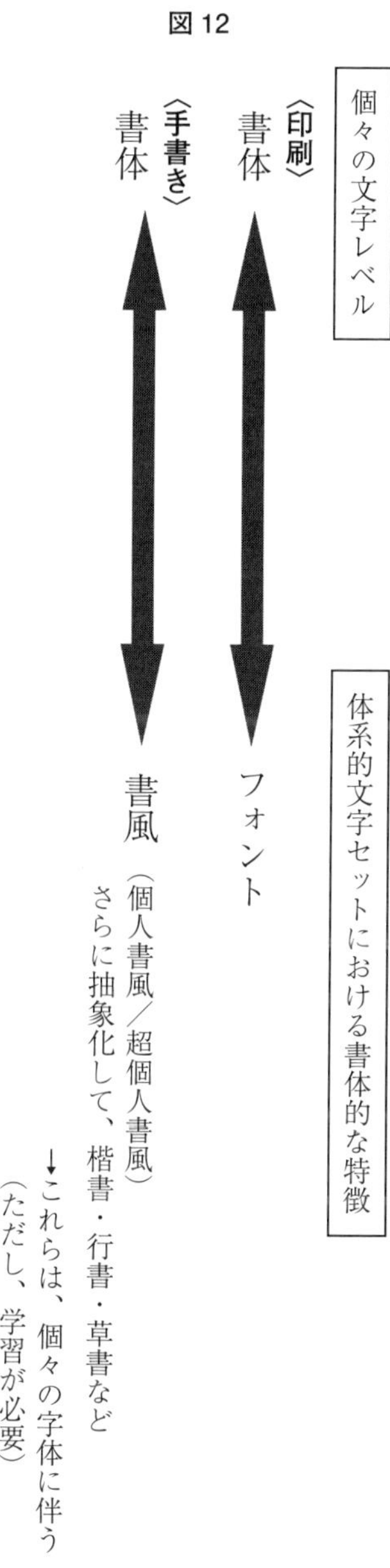

図 12

図12で、両矢印を使って連続的にしているのは、印刷の書体（個別文字）とフォント（セット）が、〈個〉とそれによって構成される〈セット〉という相互の形成・構成関係にあることを示すためです。また、手書きのほうの、下方は、印刷で言うセットレベルのエリアですが、人の書いたものから抽象される特徴と、それをも超えてさらに抽象されるものという段階的広がりを想定しています。これはたとえば藤原定家個人と定家様（よう）とか、藤原行成その人の手と、世尊寺流などという関係で把捉されます。手書きの方は、印刷でいうフォントのレベルでも、なおこのように個と一般（藤原行成その人自身／世尊寺流）の揺れ幅があろうと思われます。手で書かれたものを本当に抽象化すると、それこそ書記論的見地は抜け落ち、対応する言葉と文字の関係性だけに抽象されますが、筆なら筆で書かれ

ていること、そのぎりぎりまで迫って抽象化するとどうなるでしょう。筆者はこの抽象化の先では、楷書、行書、草書などというところにいきつくと考えます（その直前には、〝誰かの草書〟というレベルもあります。〝世尊寺経尹の草書〟など）。書体は、字体が、現実世界に出力されるときに伴うものといいましたが、逆方向から言えば、書体を通して字形を、そしてその背後にある字体を認知するともいえます。先ほど挙げた楷書の「春」字と、草書の「春」字などの問題は、字体、字形、書体がもっとも近づいて、交錯しあうところだといえます。同時に、これは印刷のフォントに準えてもよく対応するレベルとみられます。手書きなので、実際にはもちろん個別差がありますから、完全にフォントと言い換えることはできませんが。

　さて、以上のことの検算を兼ねて今度は逆方向に辿ってみましょう。楷行草隷篆といったところから、その個別性を少しずつ露出していくと、世尊寺流といった、個人は越えているが、あるまとまりの特徴というところへ行きつきます。それは、行書か、草書かというよりは、もう少し個別的なものです。さらにこれがさらに個別レベルになると、今度は藤原行成の書風などというところへ行きつきます。もうこれは個人です。ただし、一作品なりの個々の文字それ一字についてではなく、一書、一作品（つまり文字列）を貫いているので、「個人書風」ということになります。対して、世代も越えている世尊寺流というのは「超個人書風」と呼べます。

　さらに、以上のことを今度は書道の展覧会に訪れたという設定で確認してみます。ある作品あるいは作品群を指して、「ここからは行書作品の展示コーナーですよ。いやぁどれも見事な行書ですねぇ」と、ガイドの方が言うとすれば、これは、楷行草というレベルでの書風のうちの一つという判定です（一字一字は、〝行書という書体〟）。次いで、ある先生の作品の前に立って、「これはA先生らしい作品ですね」という感想は、まず行書作品という括りの下位でありつつも、その一作品中の個々の文字の特徴を超えて捉えて「A先生らしい」ということなので、個人書風といえます。また、「A先生は◎◎流をずっと学ばれていて、その伝統を見事に受け継がれていますね」などということになると、◎◎流についてはA先生以外にも受け継いでいる人もいると思われるので、超個人書風というわけです。三つのありようがあって、いずれも書風が連続的に内包している側面だということで説明できます（術語として設定するとはっきり切り分けられそうにも思えますが、実際にはデジタルな切り分けは難しいです）。矢印を両方向にむけて細長く連続で示したとおり、「セット」レベルのことは、結局個別のほうにも背景のように張り付いている、そういう意味で連続性があるということを示します。「セット」は、「個別」によって構成され、その「セット」は、「個別」を総括するものとしてある、という相互包摂、相互往還の関係にあります。ある作品全体をして「行書作品」というのは、一つ一つのこの漢字は行書である、と文字ごとの書体として認識が出来ていることを示すし、同時にその総合（書風）を認知していることでもあります。また「行書作品・□□」という題名が付けられている作品であれば、予め「行書」がかかれているのだなと知って、そのつもりで、鑑賞することもあるでしょう。実際の字形は様々ですから、前後との関係性や、作品一体として、行書という位置を与えられているとも言えます。「個」と、「個の集合」との相互包摂のような関係性になっていると言いましたが、この連続を、鑑賞する側も、自由にまさに「個」〜「個の集合」という連続のなかで行きつ戻りつ、鑑賞していると考えられます。

さて、術語のバランスからいうと、図12でも示している通り、印刷字体の場合の個別文字における特徴を「書体」と呼び、なおかつ手書きも「書体」とあって、術語を共有していることになります。別の命名をしてもいいのですが、本書では、このまま共通させたまま、必要あれば「手書き書体」、「印刷書体」と呼べばいいということにしておきます。

■**漢字の五体とフォント**

前節で見たとおり、漢字の楷行草篆隷の五体はセットレベルでいえば書風（のもっとも抽象的なところ）に属し、書

図13

HG正楷書体-PRO
MS Pゴシック
BIZ UDPゴシック
HGP行書体
ＤＦ行書体
ＤＦ特太ゴシック体
標準
Arial Unicode MS
Batang
BatangChe
BIZ UDPゴシック
BIZ UDP明朝 Medium
BIZ UDゴシック
BIZ UD明朝 Medium

く時に、個別にも字形の現れとして、随伴して出力される書体でもあるわけですが、これはそのまま印刷のフォント（セット）と印刷書体（各字）との関係に並行して把握出来ます。**図13**は、筆者の使う、一太郎にインストールされているフォント候補を表示したところです。楷書、行書などという用語がでています。標準は、ＭＳ明朝ですが、ご存じのとおり、ある字を入力してその部分を「フォント変更」することが可能です。**実際にやってみるとこのとおりです**（ＨＧＰ行書体）。**隷書**にもできます。このように、楷行草篆隷などは、印刷でもフォント＝一揃いのセットとしての扱いです。ゆえに、手書きでいう書風に相当するところへ位置づけられることがわかります。そして一文字一文字はそれを背景にした書体として字形に伴って現れ、私たちはその「形」に字体を認識する、ということです。

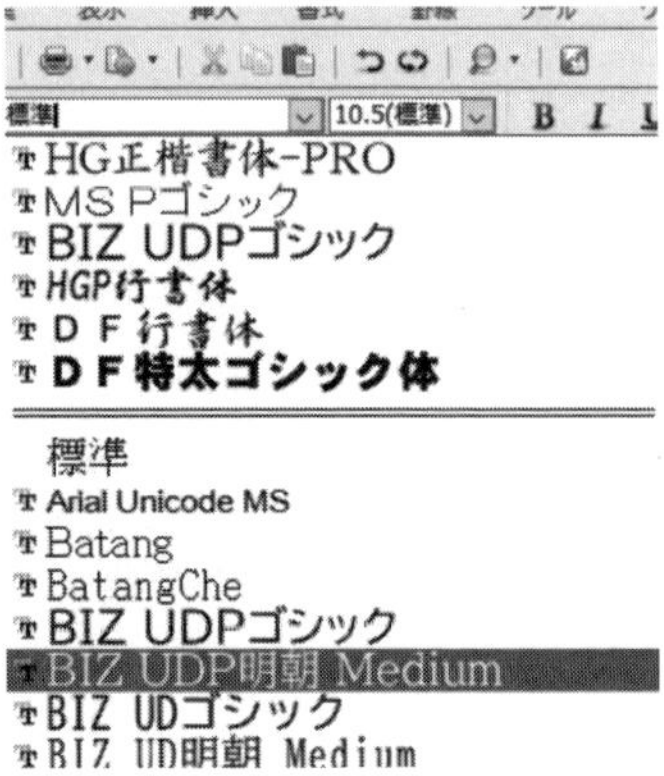

コラム

2『声の文化と文字の文化』（W・J・オング）

「あっ、さかなが　おちている」
「さかなだ　さかなだ」
ニャゴ　ニャゴ　ニャゴ　ニャゴ

（馬場のぼる『11ぴきのねこ』こぐま社　より）

絵本『11ぴきのねこ』シリーズでは、リーダー格の「とらねこたいしょう」が「しょくん！」と改まった話し方を時々しますが、基本的にかなり自由気ままに猫たちが行動します。その際、シリーズ全般を通して、（11ぴきもいるというのもありますが）反復的なセリフや、「ニャゴニャゴ」という鳴き声が、よく繰り返されます。こういった同じフレーズを繰り返したり、擬音語、擬態語を多用したりということは、子供向けの絵本、あるいは音楽（歌）の世界でもごく当たり前のものとして存在します。言い方をかえれば、通常の書き言葉の文章には、ふつう、出てきにくいものです。たとえば法律を解説している文章で、「ふむふむ」「ほほう」「ジャジャーン」などといちいち末尾にあると浮き上がってしまいますし、そもそも、こういった言葉は邪魔でしかないでしょう。

さらにまた、話し言葉では、話線が行きつ戻りつしたり、いわゆる〝脱線〟というのを起こすことがしばしばあり得ます。二度と戻らないまま違う話題へと横滑りしていくことも、家族や友人との会話で誰しも経験があることでしょう。むしろ、それこそがまさに会話、談話だとも言えます。話し言葉は、録音などして聞いてもらうとわかるように、受け答えが嚙み合っていなかったり、相手の言葉の終わりかけに重ねるように話し始めたり、さっきの話題にふと戻ったりと本当に様々です。ドラマや小説の会話は、会話風に整えられているので、無駄なくテンポ良く、ストーリー展開の邪魔にならないようにしてあるわけです。実際の会話では、たとえばかなり大事な仕事に行く（小説だとメインストーリーのイベントとなるような）その前に、立ち上がりつつ、「よし、行こか、あ、ちょっとこのジュースだけ飲まして」「もう、はよせんと……」「ゴホッ！……焦らすから……もう……ゲホッゲホッ」「ちょっと！こぼれてる、ほらティッシュ」「ありがとう、あ、ティッシュもうないな、今日帰りに買って帰らんとな」、（これに返事せずもう一人が）「やっぱりもういっかいトイレ行っとこ」などと、会話とも独り言ともつかないことも含めて本当に様々です。こういうことは、創作物の中で話線に直接関係しないので、そぎ落とされるのがふつうです。このように、小説等では文法的に整えられて整然とした文章で、しかも無駄をできるだけ省いた展開をもったものが期待されるのがふつうでしょう。私たち（少なくとも、書き言葉で書かれたこの本の読者であるみなさん）はいま、そういう世界に生きています。それはつまり、文字がなく音だけの言葉だけで生きる世界とは、いろいろと違う世界にいるということでもあります。

右のことについて、本編でも紹介したW・J・オングによれば、文字や書き言葉の存在が、客観的で論理的な思考をする基盤になっているといいます（『声の文化と文字の文化』藤原書店、一九九一。本書では40ページで紹介）。では音声の言葉が、非論理的なのかというとただちにそういうわけでもないはずですが、そもそも筆者も、すでに文字を知ってしまっているので、純粋に音声の言葉だけしか存在しないという世界が、厳密には追体験できません。文字（書き言葉）をもっている人々は、音声の言葉をももってはいますが、それも文字による書き言葉の影響を様々に受けているので、たとえ口だけでする音声の話でも、もはや書き言葉的な整合性や論理性が要求される（それが一つの規範）ということが考えられます。それはおそらく、TPOのフォーマル度が上がれば上がるほどに、です。また、たとえば、自身の意見をよどみなく整然と演説できる人、仕事や勉強について、人に説明するのが上手な人、混み入ったことを整理して解説するのに長けた人――「話し上手」とも言われますが、これはつまり、書き言葉的な構成力と整理を、口で話しながらもできてしまう人なのでしょう。

作文の指導などでは、構成が大事にされると思います。何について、どう述べるのか、結びはどのようにするか――書かれたものは、それで一つの完結性をもっている必要があり、当然、整えられた構造性をもっているのが望ましいです。文字化されて可視的なので、推敲という作業とは、まさにその何度も何度もあらゆる角度から観察して、表現を手直しすることを通して、構造性と論理性を磨き上げ高めていく作業といえます。こういった、言葉で述べられたことが、洗練され、整頓されて、論理性と客観性を高めるほどよしとされるのが書き言葉ですから、これに慣らされ、言語による思考と表明はかくあるべしということが奉られていくと、やはり言語表現の規範に据えられやすいことになります。そして、規範におく経験が長ければ長くなるほど、言葉で語られることは論理性、客観性が高いに越したことはない、と思うようになるのも頷けることです。たとえ、非論理的な行動をする主人公がいても、それを地の文は論理的に語ってほしい（コラム1）、と思うものです。それが、〝安心〟できるからです。

第三章　言語学的なアプローチと方法論

言葉の働きとは？と聞かれたら、まず、人と人とのコミュニケーションと答える人がほとんどだろう。もちろんそうに違いない。しかし、もうひとつ、言葉には大きな役割がある。それは、「この世界」にあるものを、名付け、分類、整理するということ——つまり、自身の知識体系を裏づけるその手段である。

犬と鳥という生き物について、仮に「いぬ」「とり」という言葉がなくても身近な実物をみれば、その違いがわかるし、区別もできると言われるかもしれない。しかし、言葉なくして、チワワとドーベルマンと秋田犬が仲間で、ハトとスズメとカラスとが仲間だということを体系的に整理・把握することはおそらくできない。そして、ハトとイヌも、サクラやウメと比べれば仲間になるという括り方も、人間には可能である。こういった抽象的な、それも種々の階層をもった可変的なグルーピングには、どうしても、言葉が必要なのである。

では、文字はどうなのか。文字はそのような言葉を、さらに視覚的な記号として刻み、記録、保存するものだ。言語研究は文字をどのように取り扱うのか、見ていこう。

I　言葉の基本的な特徴と文字・表記

1　言葉の働きとその研究

■言葉とは、対象のパッキング

言語の主たる働きは、ある対象について、それに名付けを施して、世界を「それ」と「それ以外」に分けるということです。従って、差異の体系などとも呼ばれたりします。ただ、わざわざ呼称するまでもなく、命名することがすでに〝差異〟を付ける行為なのですが。ちょうど、ある対象を食品保存パックにいれて封をし、中身をペンなどで注釈しておく（＝名付け）ようなイメージです。たとえば「ネコ」と書かれたそのパックには、この世のネコが（概念として）切り出されて収められ、結果、この世は、ネコ（と呼ばれるもの）とネコ以外にわけられます。以下、これの繰り返しです。一方、身の回りに、〈名前がないもの〉はいくらでもあるでしょう。それはパッキングとパッキングとの隙間のようなものです。そういう場合は文章にした説明などで対応することになります（例：「ネコのしっぽの付け根の所」）。

パッケージ化されたそれを人間は頭の中へとため込んでいき、必要に応じて取り出したり、参照したりします。言葉そして文字は、人間の行動や認識とともに、常に影のようについてくる、まさに肌身離さない道具と化しています（無文字社会の場合も、音声のみでそれを果たしている点では同じ）。言葉は、この世界を切り取り、パッキングしては、「しる」ための道具――「しる」とあえていま平仮名で書いたのは、「しる」は「知る」「識る」などとも書けるからです。あわせて「知識」――よく当てられたものです。また興味深いことに、古代日本語では、世界を統治することをも「しる」といいます。もしあえて漢字を当てるなら「治る」となります。万葉集に「たかしらす」という言い回しが出てきます。

やすみしし　わご大君の　高知らす　吉野の宮は　たたなづく　青垣ごもり　川なみの　清き河内そ　春へには　花咲きををり……（巻六・九二三　山部赤人）

大意は、「広く天下を支配されているわが天皇が、造り治められている吉野の宮は、幾重にも重なる青い垣のような山々に囲まれ、川の流れの清らかな河内である。春には山に花が枝もたわわに咲き乱れ……」といったところです。「高知らす」とは、「高い知識を有している」というのではなく、治める、支配すると解釈するのがふさわしいです。統治、つまり「しる」とは、自らの内に、その言葉や文字でマーカーされたものを内在化させてしまう、ということです。私たちが「知る」というとき、それは「知（ち）」を支配する行為と言ってもいいでしょう。「知っている」、というのは、「それ」を自分の内にパッキングして支配しているということです。

■「近代言語学の父」と一般言語学

近代言語学の父と呼ばれるフェルディナン・ド・ソシュールは、スイスの言語学者で、一九世紀生まれの人です（一八五七―一九一三）。当時、ヨーロッパは、比較言語学の最盛でした。比較言語学とは、A言語とB言語を比較しつつ、その祖先にあたるC言語あるいはさらにそれ以前の姿を再構築していくような学問です。このとき主に、言語の音の体系性（ルールや法則性）を研究するのがメインに据えられます。ソシュールもまた、自身の学問の基盤をここで練り上げました。ある程度同系統が見込まれる二つの言語を比べるので、比較言語学といいます。なお、中国語と日本語などはお互いに全く違うタイプの言語だというのが自明ですので、古代の漢詩文などをテーマに両言語を比べるのは、厳密には「比較言語学」というより、「対照――」とでもいったほうが正確になります。

さて、比較言語学のもっとも大きな成果はインド・ヨーロッパ語族（印欧祖語）の発見です。ウィリアム・ジョーンズ卿（一七四六―一七九四）の指摘を端緒として、後々これが実証されています。インドの古典語であるサンスクリットと、ヨーロッパの諸語の直接祖先にあたるラテン語、そして古典ギリシア語との間に、共通する祖先があると見通されたのでした。仏教語で、清浄な水のことを閼伽（あか）と言いますが、これは今、英語で言うaquaに相当します。お寺のお坊さんがきたら渡す「お布施」は、施しという意味ですが、サンスクリットの原語ではdanaといい、音訳（当て字）すると檀那――つまり、施しをする人です（店の檀那（旦那）は奉公人に給金を渡す、と考えればつじつまがあいます）。これは英語で言う、danner――臓器移植のドナーという言葉とも通じます。数千キロ離れた土地の言葉が数千年前に繋がっていた可能性が高いとわかったのでした。この共通祖先から印・欧へと派生した最大の理由は人の移動でしょう。移動そして離合集散を繰り返して、言葉もまた交流したのです。言葉は使い手がいないのにひとりでに変化したり移動したりはしません。

さて、こういった言語の系統、親疎関係を明らかにしていく上では、先程も少し触れた通り、基本的に音の対応を研究していくことから詰めていきます。つまり言語学の王道的入りぐちはまず、音の研究です。仮に、比較したい二者が規則的な対応をみせると、両者に言語の体系というレベルで関係があると推測されます。ドイツ語と英語ではたとえば父親father（英語）――vater（ドイツ語）で、このfとvが「父親」以外でも規則的に対応します（そもそも、発音も似ていますが）。実際、両言語は兄弟と比喩されるほど似ています。これは、別の観点からいうと、似たような言い回しがあるからとか、似た発音があるからという単語ごとの個別的な共通や類似だけでは、言語の親疎関係とは直ちには認められません。たとえばアラビア語でanta（أنتَ）は「あなた（男性名詞、女性だと「アンティ」）」のことを言います。まさに日本語の「アンタ」に意味も音も似ていますが、これは個別的な全くの偶然に過ぎません。日本語とアラビア語は個別言語として系統的に関係がないと言い切れます。一方、これと正反対の例があります。フィクションなのですが、『仮面ライダー鎧武（ガイム）』という特撮番組における例です。物語後半に、いわゆるラスボスとその周辺キャラが登場するのですが、それらの敵は「オーバーロード」と呼ばれ、日本語ではない特有の言葉をしゃべります。番組中、これが視聴者によって解読され、事実上、番組から公式にも認められたのですが、たとえば、「デェフションガエ」だと「死ぬがよい」といった具合です。いかにも訳のわからない未知の言葉という感じで敵キャラの知性とその不気味さの演出に一役買っているのですが、解読によって、日本語の五〇音を組み替えているということも明らかにされました。ア・イ・ウ・エ・オはオーバーロード語で、オ・エ・ウ・イ・アに転倒して対応します。カ行だとちょっと複雑で、ショ・シェ・シュ・シュイ・シャと対応します。しかし、いずれにせよ、完璧に日本語音韻と規則的に対応しているので、言語学的には、日本語とこの「オーバーロード語」は極めて近い縁戚関係ということになってしまうのです。

余談はさておき、ソシュールは、比較言語学の研究を通じ、言語の普遍的性質を明らかにすることに力を注ぎました。普遍的ということは、〇〇語や△△語という枠組みを超えた、言語の本質的な特徴のことです。現在の言語学の基本的な事項が次々と述べられており、大変重要なものですが、その考え方、捉え方の基本は次項に譲るとして、ここでは彼が文字・表記について述べている箇所を抜粋してみます（厳密には彼の講義を受けた学生によるノートに基づけば、ということになるのですが）。

> 言語と文字表記は二つの異なる記号システムで、後者は、前者を表現するためだけにあります。それぞれのお互いにおける価値は、誤解の余地のないように思われます。一方は他方の召使いあるいはイメージ［image］にすぎません。（F．ソシュール『ソシュール一般言語学講義　コンスタンタンのノート』影浦峡・田中久美子氏訳）

これはつまり、文字・表記は言語学の研究対象外と言っているに等しいことです。ソシュールはフランス語を使用していたので、たしかに表音文字（アルファベット）を使っています。アルファベットは文字単体で言えば音をあらわすだけの文字ですから、音声の言葉が再構築できるかぎり、文字による情報はそれ以上の意味はもたない、ということなのでしょう。厳密には、英語でも knight と night のように、発音に関与しないのに綴られている文字があり、それがまた区別に役に立っている例があります。つまり、knight と night はいわば語の表記として弁別性をもっています。従って、個々の文字は表音文字ですが、表記としては単なる表音ではない、ともいえます（第二章参照）。しかし、いずれであっても、騎士のナイト、夜のナイトとわかった時点で、これら文字による綴りはそれ以上議論する余地がない――そういうことが宣言されています。そもそも、一般言語学とは、歴史的経緯や変遷には言及しない、まさに共時態論、〝現代語〟研究なので、文字表記という支え（資料的裏付け等）がなくとも内省が効くわけで、なおさら文字は関係ないと言ってしまえるのでしょう。

■文字は即ち言葉……か？――字音・字義・字訓

前節でみた、文字は言葉の召使いに過ぎないという考えに必ずしも沿わないのが、漢字と言葉の関係を巡っての東洋側の認識です。漢字は言葉をあらわす――これは間違っていません。文字は、あるモノ・コトを示す記号（＝言葉）の、その記号ですから、まさしく正しいです。ところが、字義・字音などといって、〝漢字という文字が直接意味と音とをあらわしている、と、そのままイコールでつなげてしまうといささかおかしいことになってきます。現行の漢和辞典はこの点、よく踏まえられていて、掲出字に続いて実例などとともに意味の解説が加えられる時に、「語義」とあって、「字義」とはふつう、されていません。確かに俗に字義・字音と言いますが、漢和辞典はそこに厳密であって、これは実に正しいと言えます。

もし、漢字という文字それ自体が直接意味をあらわし、漢字という文字が直接音をあらわしているのであれば、その音と意味の結合体である語を知るということは、即ち、その瞬間漢字をも知ることに同じという理屈になりますが、無論、これは、必ずしもそうとは限りません。幼児の言語運用を思い浮かべれば明らかです。幼児でなくとも、文字を必要としない人や、無文字言語の説明が付かなくなります。音声の語の学習はふつう文字の学習に先行します。日本語でも、漢字を習う前に、相当な日常的漢語を音声の言葉として幼児も知っており、しかる後に、漢字を習うわけです。私的な例で恐縮ですが、筆者の息子が二歳頃、しゃべりはじめに発した漢語として、「ケツロ（結露）」というのがありました。冬場、家の窓の結露を拭いているときに、興味深そうにそれはなんだと聞くので、そのまま「ケツロ」と言ったら、水滴のついた窓をケツロ、ケツロと言うようになりました。漢字「結」は小学校四年生で習い、「露」については小学校では習いません。しかし、表記と関係なく、語は存在していますから、使用上全く問題がありません。事実、二歳児であっても、指す対象と概念を正しく使用しているようでした。後に、漢字を一旦知ってしまえば、「結」字をみれば「ケツ」という音が浮かぶわけで、字音と言いたくなるのは、繰り返すようにもちろん理解できることです。これはしかし、その漢字が、その語をあらわすという結び付きが堅くできあがっているので、そう見えるだけのことで、言ってしまえば錯覚です。よって、やはり、学術的、理論的に位置づけるのであれば、漢字は語をあらわす、とみるべきであり、字音と言っているのは語の音であり、字義と言っているのは語の意味であるとして、ここに位置づけておかねばなりません。

　ところで、字訓という言葉もありますが、これも右に述べたのと同じことで、字に直接訓が備わっているのではなく、あくまで語（日本語訓）のもつ語形と言うべきです。たとえば、「彼（あのひと）は仕事一途だから」（作例）という振り仮名を伴う例を挙げてみます。「彼」と書いて「あのひと」と読ませている場合、これを「字訓」と呼べるでしょうか。ちょっと抵抗がないでしょうか。「あのひと」という発音も、その指すところの意味も、あくまで語の方に備わっているのであって、「彼」字それ自体があらわしているわけではない、とみるのが穏やかです。ということは、裏返せば、字義・字音・字訓と言ってしまってどこか抵抗を覚えないのは、もう密接に結びついているように見えるから、と言えそうです。つまり、「彼」字ですと、「カレ」というのは見慣れているので、たしかに字訓と言いたくなります。そもそも漢字と語が堅く結びつくには、理論上、両者の出会い、引き合わせ、定着化という過程がなければなりません。その点、どんな字でも最初に引き合わされた瞬間があるとすれば、その字とその語の間にも「彼(あのひと)」のような、その場限りの臨時的な付会が、かつてあったのかもしれません。ならば、結局は、やはり字義・字音あるいは字訓という呼称は、普遍的な分類には使えないということにもなります。これらの用語は一般にもかなり浸透しているので、使用停止には今さらできませんが、以上のように、注意したい術語です。

■意味とは

言葉の「意味」とは何なのでしょうか。たとえば「うれしい」の意味は何でしょうか。意味を知りたいときにはふつう辞書を引くでしょう。そこで、あえて手軽に、ネットから引いてみます。

　物事が自分の望みどおりになって満足であり、喜ばしい。自分にとってよいことが起き、愉快で、楽しい。

（goo辞書　https://dictionary.goo.ne.jp/）

実は、これは意味ではありません。ここで記述されているのは「モノゴトガジブンノ……」(monogotoga jibuNno……)で、これ自体、複数の「意味＋音」でできた語の、その集合になっています。つまり、意味ではなく、別の語の置き換え、言い換えです。では、意味、「uresiï」という語形で表象される概念とは何なのか——これは、〈「uresiï」という音節によってあらわされるところのもの〉ということになります。これでは、全く何の説明にもなっていないように思えますが、実はこれが正当な示し方です。もちろん、このままでは人に言葉の説明ができないし、未知の語の意味を知ることができないので、結果、右に挙げたような言い換えという方法に拠っているわけです。辞書というのは、意味が説明されているのではなく、たくさんの言い換えが載っている書物ということになります。どのように言い換えて説明するかは人によるので、同じ言葉でも辞書によって記述が違うのです。たとえ

図1

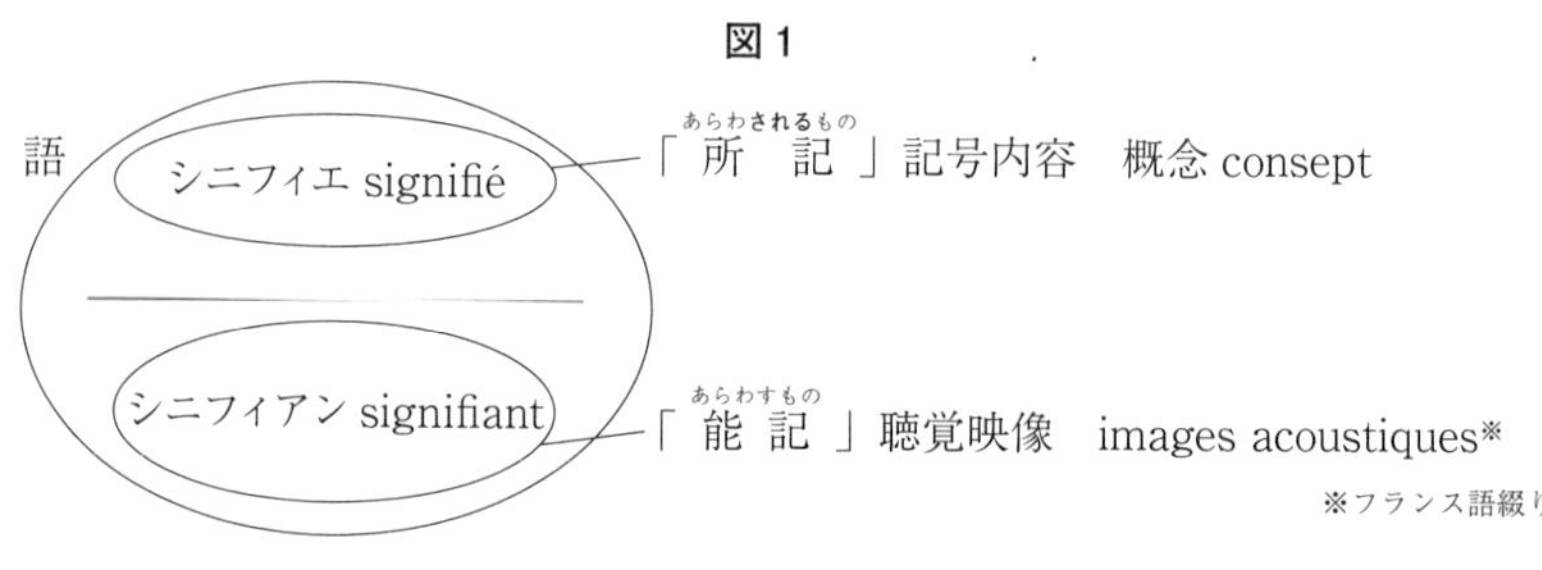

ば「右」——これの意味を説明するのは、言葉を使う限り意味それそのものではないことがよくわかる例です。もし説明したい相手が目の前にいれば、無言で、こちら側ですよ、というように腕などにトントンと触れるなども有効でしょう。相対的な方向であること、北に向いているときの東側とか、この辞書の偶数ページ側とか、多くの人が箸やペンをもつ手の方——などと、実に様々な説明がなされていて面白いので、是非手近な辞書のいくつかを御覧になって下さい。そして、いずれも、それは意味そのものではないわけです。まさに、言い換え説明です。

さて、先ほど、「～あらわされるところのもの」と傍線を引いて強調した言い方をしましたが、ソシュールは、シニフィアン（signifiant）とシニフィエ（signifié）という言葉でこれを示しました。あらためて図示しておくと上の通りです（**図1**）。シニフィアンは「あらわす」と訳すことができ、シニフィエは、その受け身形で「あらわされるもの」と訳せます。この言葉を示したソシュールの『一般言語学講義』を、世界でも相当早い時期に訳した小林英夫の訳語によれば「能記」「所記」となります。前者が「シニフィアン」、後者が「シニフィエ」です。「能」は能動態の能、「所」は漢文の受け身（つまり、「～される」）表現に使われる「所」字とイメージすればわかりやすいかも知れません。が、近時は、やはりこれではすぐピンとこないからか、「記号表現（シニフィアン）」＝能記のこと、「記号内容（シニフィエ）」＝所記のこと——などともいわれます。先ほどすでに述べた通り、ソシュールは文字をシニフィアンとシニフィエの関係性の考慮にいれていません。記号表現にあたるのは、「聴覚映像 images acoustiques」といわれ、これは、言葉のもつ〝音〟のことです。〝音〟と言っても通常は音韻と音声という区別をします。音韻というのは音の観念、日本語なら日本語のモデルのような音だということはすでに紹介しました（61ページ）。つまり、私たちの頭にインプットされているものです。実際に話す時には、それは空気の振動という物理的なもので、さらには個人差などがあるので、それは「音声」と呼んで「音韻」と区別されます。

ところで、この図は、すでに語として成立している状態を図式化したもので、こういう関係がいつ、どうやって結ばれたかということには全く関知していません。つまり、まさしく共時論的な意味での図です。よって、成立や変化を論じる通時論で考えようとするといささかおかしなところがでてきます。図1ではすでに、シニフィアンによってシニフィエが枠づけられていて、もう、タグ付けされたパックにシニフィエが入ってしまっています。だからこそこの二つが結びついているのが語だと説明するわけです。しかし、考えてみればシニフィエなるものが予め、名付けられるべく既に切り取られているとすれば、おかしな話になってしまいます。なぜならばシニフィアンという「聴覚映像」に補足されて（マーカーされて）初めて語となるのだから、結合する前の、しかも切り取られた状態というのはそもそもあり得ないはずだからです。つまり、結合する前というのは、すなわち、まだ切り取られていない、一続きの、のっぺりとした〝世界の一部〟であるはずです。たしかに、結合というからには、結合前があるはずですが、しかし、その結合前に、〝切り取られた概念〟がすでにあるとなると、まるで矛盾のように聞こえます。が、これはシニフィアンとシニフィエの関係性を、成立論的——つまり通時論で見ようとすることによる不具合であって、図1はそもそもが共時論での説明図なので、語の生まれる瞬間だとか、できあがっていくプロセスなどには関知していないと見るのがふさわしいと言えます。このように、ある共時論的見解に対して、通時論で切り込むことは時に不毛ですが、見方を変えれば、共時態という設定は、かなり大胆に時間軸や変化からの昇華という操作を加えているとも言えます。通時論の立場からの不満の根源はそのへんにもあるのでしょう。

さて、ソシュールは、このシニフィアンがシニフィエと結びつくことを「恣意性」によるとしています。絶対的な、客観的な根拠があるわけではないということです。「雪（ゆき）」は英語では snow で、韓国語では「눈（ヌン）」と言うのですが、どれが、あの気象現象を言いあらわすにもっともふさわしいとか、もっとも根拠ある命名か、といったような優劣があるわけではありません。語源は突き詰めていくとたいていそれ以上わからないので、深入りしない（できない）という意味でもあります。なぜ日本語ではあれを「ゆき」と言い、韓国語は「ヌン」と言うのか？と問うても仕方ないというわけです。「なぜ」という問い方がなじまないとも言えます。こういった捉え方は、英語、ドイツ語、日本語……という個別言語同士に優劣はないという、今日の言語学の発想の根元的な支えともなっているものです。なお、ネコの鳴き声の擬声語で「ニャーニャー」とか、手を叩く音を「パチパチ」と言ったり書いたりする類いは、その音になっている根拠が全くないわけではありませんが、言語一般に均（なら）した場合は、恣意性――結び付きに絶対的根拠があるわけではない――という位置づけでおおよそ了解されています。

■文字とシニフィアン・シニフィエ

さて、ここで再び、文字を言語学の検証対象から外したということに目を向けてみましょう。「言葉の召使い」というこのソシュールの考え方は、どこまで普遍的なのでしょうか。たとえば日本語には当てはまるでしょうか――実は、様々な異論が出されています。杉本つとむ氏の次の指摘を引きます（『文字史の構想』萱書房、一九九二）。

書記体系の単純なヨーロッパ語の表記体系は中国と日本の場合とは別世界なのである。聴覚映像のオトメを〈未通女、処女、少女、乙女、阿嬢子〉などと表記する視覚映像の多様さを問題にし、それをヨーロッパ言語学的に検討することなどをソシュールに求めることは不可能だろう。

確かに、日本語表記は多様です。杉本氏は、ようするにソシュールは、漢字で、しかも多様に書く世界のことを考慮に入れていない、ということを言っているわけですが、少なくともここで挙がっているオトメの例は、実はソシュールの言うことと同じだとも見なせます。なぜかというと、未通女、処女、少女、乙女、阿嬢子と様々に書かれても、結局オトメという一語に回収されるのであれば、多様性は単なる多様性——譬えを借りれば、ただ、〝召使い〟が五人いるだけのことだと言えるからです。しかし、実は、文字表記が「召し使い」だとして切り捨てられない場合が、確かに日本語には存在します（後に、漢字の表意用法を解説する場所で触れます）。そして、それこそが、日本語表記のかかえる大きな特徴であり、また漢字という異国語の文字の獲得経緯を考えるカギにもなるのです。さらにそれはもとを正せば漢文訓読という営為に行きつきます（**第一章**）。

Ⅱ　個別と一般、歴史と現在

1　抽象と具象

■抽象と具象という認知の両輪

具体的、抽象的という二項対立があります。「あの人の話は抽象的だ」などと言うと、まるで話がわかりにくいと文句を言っているかのように聞こえます。では、具体こそ至上で、そうやって常に、具体的に物事を捉えたり、表明したりすることを目指すべきなのでしょうか。実は、必ずしもそうではありません。具象と抽象の両者を適切に往還することこそが、人間の知を支えています。たとえば、ずいぶん散らかった部屋を片づけるように言われることがあります。このとき、「綺麗にしなさい」「整理しなさい」「片づけなさい」とふつう言われるでしょう。一々「この本はその本棚に、この紙はゴミ箱に、このペンはペン立てに……」と延々続け、部屋に散らばっているもの全てについて「……しなさい」と指示を出すということは、考えられません。その前に、おそらく途中で聞いていられなくなって、「片づけろってことね！」と遮ってしまうことでしょう。「片づける」というのは、そういった一々の行動をひとくくりにしてしまう言葉です。散らかっている状態によっては紙屑を処理する作業が多いかもしれないし、別の散らかった部屋ではひたすら本棚に収納することを繰り返すかもしれません。そういった具体的な個別事例を全部ひっくるめて、「片づける」という言葉が抽象的にまとめ上げています。言葉はこういうところに活躍しているのです。何でも「具体的に」がよいと思えてしまうのは、次のような場面の方が、経験的に印象として強いからではないでしょうか。

Aさん「この出してくれた書類、もうちょっとしっかりやっといて」

わたし「ええっ⁉　しっかりって……」

もう少し具体的に書類のどこをどう修正するのか教えて欲しいと思うのがふつうでしょう。「もっと具体的に」という言葉、指示を聞く機会のほうが相対的に多いのは、多分直観としては当たっているでしょうが、実は抽象も同じく知識の整理やコミュニケーション上必須です。

私たちは、認識上の具象と抽象を、言葉を用いて往還しつつ、活動しています。また、文字は音声である言葉という記号の、それを記す記号と言えるので、抽象度はより高まっています。何度も例に出している「おはようございます」も、個別的な肉声を抽象して意味理解をしていると言いましたが、もちろん、同時に肉声を情報としても取っているのであって、知ってる声かそうでないか、丁寧か、ぞんざいか、といったニュアンスも判断しています。これをしかし、文字化すると、肉声は必然的に消え去るので、抽象度が高くなります。よって、文字上でそこに〝表情〟を載せる工夫が行われたりするわけです。これは後章の「絵文字」を扱うところで再び詳しく触れたいと思います（**第六章**）。

この、モノ・コトへの名付けと、グルーピングという知識体系において、それぞれがどのように整理されているのかというと、典型的なものから希少なものへと同心円のグラデーションのように知識が分布して体系立てられていると捉えられています。一つ一つが均等に散らばっているのではなく、典型と呼べるようなものが中枢にあって、そこに準じるものから遠いものまでが距離をなして分布しているとされます（こういうのは主に認知言語学という領域の研究で唱えられる説明です）。

図２

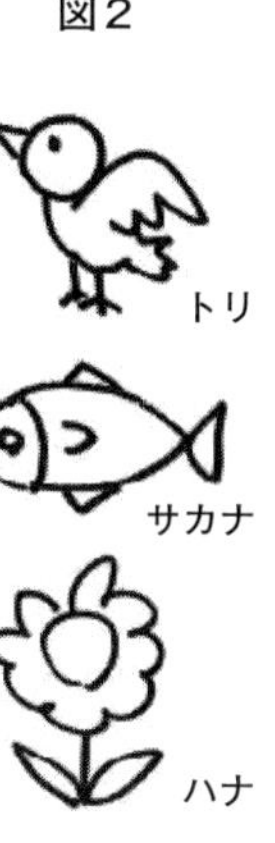

図2は、鳥、魚、花のイラストです。実存する何か個別種を模写したものではありません。全く精細ではないので、そんなことは言われなくてもわかりますが、言い方をかえれば、全く精細な絵ではないのに、鳥、魚、花などと認定し得ています。これらは、概念としての鳥、魚、花（のイメージ出力形）です。だから、現実にはかえってこういうのは実在しないという言い方もできるわけですが、こういうイラストは、現代でもSNSなどの絵文字で見ることができます。そして、文字の出来方もこういうことよるところがかなり認められます。具体性をそぎ落として抽象化し、そしてカテゴライズやグルーピングのマーカーにするというのは、人間の認知のごく素朴なこととしてあるわけで、こういう〝能力〟は言語や文字の発達にも大きく関わっています。あるいは、言葉がそういう認知・認識の仕方を支えています。「鳥」字、「魚」字はまさに、象形を発端としていますが、何か具体的な鳥の一種を描いたものではなく、ディフォルメされ、トリというグループ、カテゴリーの象徴として当てます。グループのシンボルのようなものであり、冒頭に述べた通り言葉や文字は、まさに、知識を整理するための記号なのです。言葉というとコミュニケーションの手段というのが一番にくるイメージかもしれませんが、自身の知識体系の構築と、内

省にも非常に重要な役割を果たしています。

■ラングとパロール

言語学では、様々な研究の切り口がありますが、どこかの誰かという個人の癖や話しぶりというのはあまり研究対象にはなりません。それはその人物個人の研究になってしまうところがあるからです。そこで言語学は、言語に、ラング（langue）とパロール（parole）という二面を設定します。ラングというのは抽象的な体系としての言語で、理論的な設定です。どのようなものか、実際に見たり聞いたり話したりはできませんが、日本語なら日本語母語話者の間で通じ合っている、その概念上に想定される「日本語」です。これに対してAさんの日本語、Bさんの日本語、筆者尾山の日本語などというのは個別なものとしてパロールと呼びます（哲学では、パロールを音声の言葉、文字をエクリチュールとして対置したりもしますが、ここでは、あくまで言語学のパロールを指すことにします）。具体的、個別的、現実的なそれに対して、ラングは抽象的、理想的概念です。そんなものがどこにあるのだと異論を唱える人もいますが、このラングは、設定される概念なので、いわば、社会的に共有されているものだと考えます。エーミール・デュルケームという社会学者も同様に、ラングに相当する概念の存在に言及しています。

さて、このラングとパロールというのは文字表記論にも適用されるのか、ということを考えてみます。文字表記というのは言葉を写すためにあるわけだから、当然、言語のありようを規定したラング・パロールという術語も適用されそうに思えます。が、筆者は、パロールはさておき、日本語の文字表記にはラングという概念は適用しにくいと思っています。なぜならば、表記に、概念的、理想的様態というのを規定し難いからです。ラングはすぐれて理論的、構造的なものとして設定、想定されるので、表記のように、選択が曖昧で、かつ曖昧でも許容されたりということにそぐわないと考えることによります。ことに日本語の表記にはいくつもの選択肢があり、たとえば「私」

を「わたし」と書いても、「ワタシ」と書いても間違いではありません。使用頻度の傾斜はあるかもしれませんが、少なくとも漢字で「私」と書くのを、理想的な概念などと措定するのは無理があります。では、ラングではなければパロールということになるのでしょうか――それはそれで極端でもあります。全ては個人の業に過ぎない、ということになると、「彼はオオサカニスムダンセイデス」の片仮名部分を別の表記で示して下さいといったとき、おそらく多くの日本語話者が「彼は**大阪に住む男性です**」と書くであろうことは、一回一回、全くの偶然の一致と言うしかなくなります――が、それはそれでおかしいことです。個々を貫く、習慣なりなんらかの規範があることは、やはり間違いありません。とすると、ラングとパロールの間に、もうひとつ段階が設定されるとわかりやすいのではないかと思われます。幾多のパロールの間に概ね共通する習慣や傾向のようなものを、措定するわけです。これは、音声の言語においても有効と思われ、実際、エウジェニオ・コセリウ（ルーマニア 一九二一―二〇〇二）という人は、この、パロールとラングの間に措かれるようなものを「ノルマ」と呼んでいます。それは、ラングとパロールの間が一足飛びすぎるということでもあります。言語学では入門的概説などでもよくラング、パロールというのがまずは説明されますが、個別的現象（パロール）と抽象概念（ラング）というのでは、いささか懸隔が大きすぎるというのも事実であって、「ノルマ」なるものを中間地点に措定するのは穏当なことだろうと思います。このことを、よりクリアに示すのは音声言語よりも、むしろラングという概念がそもそもそぐわない文字表記のほうと考えられます。文字表記は、そもそも文化的、習慣的な性質があることにもよります。換言すれば、文字表記の論が議論として音声の言語研究とその方法にまるっきり重ねられてしまうわけではないことも示唆されています。ところで、このノルマは、ラングとパロールという術語概念ありきで想定されたものですから、このノルマという術語だけをつまみ食いのように使うのも問題があるかもしれません。よって、ここでは、研究史の紹介としてとどめておくことにし、この本では単に、表記の慣習とか、傾向と言っておきます。

■あらためて、共時態論と通時態論

ソシュールの一般言語学は、構造主義言語学ともいわれます（ただしソシュール自身は「構造主義」と名のりを上げたわけではないとされます）。構造主義というのは他のジャンルでも聞かれる言葉ですが、たとえば構造主義で有名な文化人類学者、レヴィ・ストロース（フランス 一九〇八―二〇〇九）は、考え方のフレームを、亡命先のニューヨークでヤコブソン（ロシア 一八九六―一九八二）という構造主義言語学者から学び取ったと言われます。言語学での特に音韻論の考え方のフレームについて、文化人類学者のレヴィ・ストロースがすっかり理解して、体得してしまいました。

この構造主義言語学というのは、言語の体系面を理論的に研究するので、方言とか、歴史的変化にはあまり関知しません（つまり、共時態論）。そして、個人の癖とか、そのとき限りの言い回しなども、興味の対象外となります。ようするに、パロールは基本的に眼中にありません。もちろん、言語は個々人が操るものだし、言葉には様々な変異形があるし、歴史がありますが、それらを方法論として度外視するのです。ようするに言葉をできる限り抽象物として対象化してしまうことになります。さらに、既に紹介したように、そのソシュールからはじまる構造主義言語学では文字表記をまず相手にしません。一方で、日本語の歴史的資料（つまり文字表記の集積物）を扱うとき、それはつまり言語研究でもあるわけなので、やはり言語学的な知見が研究上強力な武器になります。同時に、資料がせっかくあるのに、言語学の〝伝統〟にのっとって文字表記を相手にしない、と捨て置くのは大変もったいないことです。そうでなくても、古典文学研究や歴史研究では文献学的アプローチは必須ですから、そういうところで必然的に文字表記は重要な意味を持ちます。よって、ここに、研究の方法論としてハイブリッドが期待されるということが浮かびあがってきます。すなわち言語学的に、普遍的、一般的な記述が目指される一方、文献学的に、資料上に残された貴重な手がかり一つ一つ個別的なものをも丹念に見ていく、ということです。文字表記論は、理論の一般化を目指しつつも、通時的議論も展開していきたいと考えるのが本書の大きな構想です。従って構造主義というより、構造的に（論理的体系性、という程度の意味）考えていくというくらいの緩さを基本に、共時論にとらわれすぎない発想と許容性が必要だと思います。詳細は終章で本書全体を振り返る形であらためて考えます。

■通時的研究に立ちはだかる壁

筆者は自己紹介するとき、奈良時代の文字表記を研究していますなどと言っているのですが、ではこれは通時論ということになるのでしょうか。実は、通時論というより時系列からの切り出しに近いところがあると自覚しています。奈良時代だけすぽっと取り出して研究しているような感じです。これはもちろん故なきことではなくて、まず一つに、通時論——日本語の歴史千数百年を一気に通して論じるのはなかなか大変で、実際それに挑むような優れた研究書はありますが、そうそうできることではないということと、また、致し方ないことのひとつに、資料が様々なジャンルに散らばっているという問題があります。しかもそれがすなわち別の難点をかかえてもいます。たとえば位相、つまりその資料を生み出した、あるいはその資料を必要とした場面が異なるという問題と、もうひとつに時系列を埋め得るかどうかという問題です。たとえば万葉集は歌集で、日本書紀は漢文で書かれた歴史書、木簡は日常の行政文書で、しかも、万葉集と日本書紀は奈良時代に記された現物がありません。現代は、コーパス（膨大な言語集積資料）などがあったり、法律用語、医学関係用語などと専門の辞書もあったりして、用例収集には事欠きません。むしろ、どう用例群をそぎ落として適切な調査対象の集合と設定して調査するかというその枠組み決めや選抜をしなければならないほどです。ところが、時代が遡っていくと、同じように資料に恵まれるとは限りません。現状、七世紀あたりが多くの文献上遡れる最も古い時代ですが、六世紀は空白の時代とも言われ、ほとんど資料がありません。五世紀は、鉄剣に刻まれた銘などいわゆる金石文（きんせきぶん）がありますが、紙媒体の資料は見いだせません。資料がないと、文字表記の研究はあっさりと、そして実にあっけなく、たちゆかなくなってしまいます。想像することはやめられませんし、ある意味自由ですが、物証がないというのは致命的です。七世紀後半から八世紀にかけては木簡があるので、個々の資料の点数はぐっと増え、書かれた時代の特定も可能なものが少なくありませんが、今度は行政文書や納税に用いられた荷札等に位相が偏る為に、広く当時の人の言語生活一般を見渡すということが難しくなります。

たとえば新聞を例にとってみましょう。一〇〇年前、いまと状況が通じるところもあるスペイン風邪の猛威について触れた記事の見出しを抜き書きしてみます。

電車で咳を避けよ　感冒の死者毎日二〇〇名を越ゆ　警視庁で研究した病原と北里研究所と同様なり

（一九一八年十一月八日付　東京日日新聞　第七面　漢字は現行常用のものにあらためました）

「越ゆ」は下二段活用の古語ですし、「同様なり」も硬いなという印象です。東京日日新聞は、もともと大新聞と呼ばれる、リテラシーが高めの人たちに向けたものでした。

では、この約一〇〇年後を見てみましょう（図3）。

図3　朝日新聞朝刊1面より抜粋（2021年10月5日付）

1人1社→何社でも

全国初 ミスマッ

和歌山から変わる 高校生の就活

違う魅力の2社 足を運んで選択

大阪も来年度から導

教員から紹介のまま ■ 条件だけ注目

主体的な職業選択に課題

現代の朝日新聞を見ると、「1人1社→何社でも」のように、矢印も使ってわかりやすい表現が使われ、横書きの主見出し「和歌山から変わる　高校生の就活」を補足説明しています。縦書きの白抜きになっているのも視覚的な効果があると言えます。このように、当然ですが、百年前の新聞とはずいぶん違いがあります。一九一八年の人々が百年後の未来のこの新聞をどう読むか興味がありますが、もちろんそんなことは不可能です。従って、後世にいる側（この場合私たち）が振り返るしかないのですけれども、やはり、こうして、「新聞」「一面」というように、条件を揃えて、しかも一〇〇年を越えて比較できるというのは、研究上相当に有利です。社会の変化のスピードは一定ではないので、一九一八〜二〇二一の変化と、六一八〜七二一の変化が一緒であるとは到底言えませんが、それでも、変化があったのは事実に違いありません。そうすると、通時的にそれを追いかけるためには、同じジャンルの資料で、できるかぎり、時代順に並ぶ資料群が欲しいところです。しかし、なかなかこれが叶いません。そう都合良く資料が存在しないのです。無い物ねだりのようになりますが、東大寺や比叡山が、歴史上全焼に近い憂き目に遭っていることも、無関係ではないでしょう。いずれも、現在の大学とその総合図書館のような存在でもありましたから、紙媒体の資料類は相当に失われたと想像できます。もちろん、太平洋戦争の空襲等によるものもあるでしょう。筆者の実家は寺（大阪市）なのですが、この戦争でほぼ灰燼に帰しました。

歴史上、様々な理由で資料が失われてしまった上、昔に遡るほど、文字を書ける人口は減っていきます。さらに、そもそも書いて残す価値があるもの、ということになると必然的に数は限られていきます。こういった種々の要素をもって、過去に遡るほど、文字資料は限られていく理屈です。木簡は書いて残すためではなく、書いては棄てるメディアですが、そのゴミ捨て場ごと見つかり、現在にまで伝わって、幸いにも研究することができています。歴史的に非常に価値のあるものですが、言葉の様態とその研究という点では、たとえば万葉集と直接比較が難しい側面もあります。現代でも、歌の歌詞と、宅配便の伝票に書かれた文字とをいきなり比べても、なかなか有益な考察が難しいはずです。しかし、先述のとおり、奈良時代では資料があらゆるジャンルに潤沢に残っているわけではないので、ある面では、致し方なく、木簡にでてくる文言と、他の文献資料とを比べたりすることがあります。また反対に、その比較が思わぬ発見につながることもあります。たとえば木簡に、万葉集にも載る歌が発見されたのですが（紫香楽宮（しがらきのみや）木簡など）書き方が万葉集とは違いました。本当に奈良時代以前に書かれたものしか使ってはいけないとなると、木簡、正倉院文書、金石文くらいしかなくなってしまい（万葉集は平安時代のものがごく一部、全二〇巻揃いだと鎌倉時代以降の写本等のみ現存）、通時的研究といってもさらに難しいことになります。現代語だと、〝これは五〇年前にはなかった表現や語彙（たとえば「ググる」「ねむみ」「ブラック企業」など）だ〟といったことを特定出来たりしますが、古代ではそのように短い区切りでの変化を追跡するのはかなり難しいでしょう。そこで、だいたい、平安時代、鎌倉時代といった一般には政治的な年代の切れ目で変化をもう少し広く捉えて追跡するのが定石になっています。

コラム 3 科学の申し子達と宗教リテラシー

この本は、文字表記を巡る学術研究とその方法を解説するものなので、人文科学領域におかれるものです。この、科学なるものに対して、宗教とはどういう位置づけにあるものでしょうか。人間の歴史からいうと、付き合いが長いのは遙かに後者です。しかし、特に日本では、宗教というのは科学に取って代わられた〝過去の遺物〟と考える人が多いかも知れません。物理現象や医学など、自然科学が明らかにしてきたことを代表にとれば、ある面ではそうだと言えるかもしれませんが、何から何までまるきり上書きされてしまったものでは、決してありません。

宗教の役割の一つに、この世界の説明と、意味づけと、その根拠を示すという機能があります。そしてもちろんそれらを通した人々の団結や統合という働きもあります。天地創造説話などがそうであるように、宗教は、この世界とはどういうものなのか？という問いに対する答えを用意しています。したがって、宗教の言うそれだけが理解の礎であり、認知され得る世界であると思っている——と、このようなことは、地球上にこれまで生きてきた人々の間で、実に長らくありました。よって、今もそういう意味で言っても、世界のあちらこちらで、現役であるわけです。それぞれの宗教的世界観や価値観に浴する人々は、その枠組みの中で、この世界を知るし、種々の答えやら解やらを求めてきたのでした。一方で、もちろんこうも言えるでしょう——私たちが生きているのは仏教で言う須弥山ではなく、地球という惑星であり、宇宙であり、その宇宙はビッグバンから始まったと。そして私たちの肉体を構成するのは細胞であり、DNAによって種をつないでいる——いずれも、現在の少なくとも日本における教育のシステムで組み込まれている基礎教養であるわけですが、これはいわば、科学が施す方の〝この世界の説明〟ということになります。言ってしまえば説明の一種です。現代日本の学校教育などに鑑みれば[*1]、聖書のアダムとイブや禁断の実などの話、釈迦が出家を決意した四門出遊はもはや伝記、歴史として語られることはあっても、この今の21世紀の〈世界の説明〉には使われないと思うかも知れません。だからこそ、もう〝とっくに終わってる説明〟とも言われそうです。しかし、いつでも、だれでもそれを持ち出してきて説明、納得しても構わないし、現にいまもその宗教の説明を採用している人たちは世界中に数多くいます（後にも述べるように、この価値観の違いを見誤ると、国際交流で大失敗してしまうかもしれません）。そして当然、この「世界の説明」同士がぶつかり、軋轢を起こすことがあるのも、ご承知の通りです。

今私たちは、それらの「説明」が複数の選択肢として開かれており、どれを採用するかということになっています（個人的には〝二刀流〟でも別にいいでしょう――（例）ＤＮＡというものを認めつつも、それはもともとは神が設計したのかもしれない、など）。古代日本にも、様々な〈世界の説明〉はあったと思われますが、たとえば四書五経の類いは、東アジアの儒教的世界観として、まさに〈この世界の説明書〉だったし、これを直接、あるいは訓読して学び取ったのでした（本書第一章参照）。なお、それぞれの説明がどこを際立たせて、どこに注力するかは多様です。たとえば仏教は、天地創世や人類の誕生は積極的には説いていません。

さてこの〈世界の説明〉は〝説明〟だけあって、言語と文字がつきものです。よって、宗教を成り立たせているのは、まずもって言語、あるいは文字という存在であり、当然宗教はそのことを自覚し、これらに様々な位置づけを与えてきました。そこには、現在の言語研究に通じる点が実は多々あります。抽象と具象――ラング（全・抽象）とパロール（個・具象）（本書92ページ参照）のような対比など、フレームとして同じような発想をしているところが少なくありません。同時に、仏教では、「不立文字」と述べ、記号論に通じるような、非常に冷静に言語を見定める態度をも、もっています（コラム5参照）。

現代においても、世情や社会の理解において、宗教への理解は非常に大きな位置をしめています。「宗教なんて生きていく上で無関係だ」と思うのは、この地球における多様な人間文化理解、共生にあって、結構危うい了見かもしれないのです。橋爪大三郎氏の次の言葉を引いておきましょう（『世界は宗教で動いてる』光文社新書、二〇一三）。

世界のどの文明も、宗教を核にして、その社会のまとまりをつくった。そのつくり方にはいろいろ違いがあるが、人類の知的遺産とはすなわち、宗教のことだと言っていい。「宗教のリテラシー」は、だから、複数の文明圏が並びたつ現代世界を生きるわれわれにとって、不可欠のものなのである。

＊1　学校教育における宗教については藤原聖子『教科書の中の宗教――この奇妙な実態』（岩波新書、二〇一一）が参考になります。

第四章　漢字の使い道と日本語、そして社会

・漢字を生んだ国、中国。音声で話す言葉が先行して存在したことからすれば、人々は、そして社会は、何を要請して漢字を必要としたのか。漢字は、社会においてどういう役割と位置づけにあったのか。文字は宗教的、神秘的な役割から、統治すなわち人と人との関わりへと展開していく。現代日本では、文字は教育され、一定の目安の元に社会に通行しているが、そういったかつての経緯を今、どれほど引き継いでいるのだろうか。

・書かれたものは、一人一人が対峙するもので、いわば個別的だが、一〇〇人が〝同じもの〟を手にしつつも一〇〇通りの「個」の読み書きの世界をもつことを可能にしたのが印刷だった。印刷は人間の言語生活の、重大なイノベーションだった。それは、文字の始まりの役割に大きく関係した宗教世界にも多大な影響をもたらした。広く複製されるものは規格を獲得し、規格は規範を形成していく。文字と社会という関係性を決定づけていったのだった。

Ⅰ　漢字の始まりとその特性

1　古代中国の漢字事情

漢字の起源に近いものとして、殷代の甲骨文字が挙げられます。私たちからして絵文字（ピクトグラム）のように見えるものもありますが、言葉を綴っているものなので、やはり文字と見ておくべきでしょう。起源に近い、という言い方をしたのは、漢字の本当の起源そのものは、甲骨文字よりさらに以前だろうと思われるからです（それが、どのようなものであったかはなかなか知ることができません）。言葉にせよ、文字にせよ、ある日突然にできたわけではないので、起源といってもそのように緩く、幅を持って考えるしかありません。

さて、中国にこんな伝説があります。かつて蒼頡（そうけつ）という超人のような、仙人のような人がいました（図1）。この人が漢字を作ったというのです。色々なものを観察して漢字を作ったので、その優れた観察眼に鑑みて、図像では目が四つになっています（中には六つ描かれているものも）。所詮伝説の類いと一笑に付されるかもしれませんが、存外、記号論の真理を突いている逸話があるので一つ紹介しましょう。この蒼頡は、様々な鳥の種類について、足跡でそれぞれの鳥を区別できることを悟り、漢字を作ったのだと言います。これが漢字の発明のきっかけというわけですが、説話ではあっても、足跡で区別できるというのは首肯させられます――つまりこれは概念化、ディフォルメであって、絵文字の出来方にたしかに合っています（↓第六章）。たとえば鷹と雀の全身を、それぞれ精密に、緻密にかき分けなくても、象徴的な一部分で弁別は果

図1　蒼頡（鄭振鐸編『歴代古人像贊』中國古代版畫叢刊、上海古籍出版社、1988より）

たせるというわけです。

漢字にはいくつか出来方の由来があります。その中でも一番イメージされやすいのが「象形」、つまりそのまま対象を象った字ですが、「山」「川」「鳥」「目」などが挙げられます。「山」は甲骨文字で「[illegible]」ですが、このとき、これはどこの山なんだとか、こんな尾根が三つある山ばかりだとは限らないと不満を漏らしたりはしないでしょう。そもそもリアルな絵を描いているわけではなく、あくまでこれは象徴であって、また概念を呼び起こす共通の記号のようなものだからです。先にも挙げたとおり、概念的な魚や花のイラストを、ぱぱっと描いてみて、というと皆だいたい同じような絵になります。いきなりマンボウのような形を書く人は少ないでしょうし、花のイラストといわれて、彼岸花を精細に書く人もそういないはずです。鳥や花は、この世界に実在するものですが、その知識としての体系の中心にいるようなイメージの、その「らしさ」をさらに抽象化すると、ディフォルメされたデザインのようになってイメージされるようです。これが実際に記号化されて言葉と結びついているのが文字です（もちろんそれ以外の出来方もあります）。

さて、古代の甲骨文字の資料は現物が残っています。[*1] それらは基本的に簡潔で、事柄を並べたに近いものですが、概ね占いの内容を記した文章です。王や国の吉凶など占いたいことを神様に尋ねるのですが、それだけに文字は必然的に神秘的であり、秘匿されるべきものであり、何より権威性がありました。そもそも扱える人は政治的、宗教的に支配者層であって、そういう意味でも権威と表裏でありました。宗教と政治統治は一体であって、その〝一体〟を支えていたのが他でもない、文字表記なのでした。しかもこれらの占いは、事実上当たったら持ち出されるので、益々神秘性と権威性は高まりました。この段階では、漢字は、人と人とのコミュニケーションの道具などではなく、神秘的存在との交信用だったと言えます。

甲骨文字に次いで、青銅器に刻まれた金文が登場します。見た目は依然として甲骨文字に近いものですが、金属に彫り込まれているので良質の保存状態のものが多く残っています。日本では、泉屋博古館（京都市）に多くのものが保存されていて、貴重な実物をいくつも見ることができます。写真は、金文が記された青銅器として最も著名なものの一つ、『毛公鼎』です（図2）。

青銅器は祭祀に使うものが多いのですが、そこに刻まれたのは、たとえば祖先神との交信であり、これもいわば甲骨文字の使用意義を引き継ぐものといえます。秘匿すべきものということがよく伺えるのは、その文字が刻まれる場所です。写真の通り、内側に刻まれています。もし人に見せるためなら外に刻むはずでしょう。漢字はまだまだ神秘的存在でありました。一方、これらの青銅器は戦功をあげた臣下などに下賜されることもありました。そこには、自身の武功、戦功を内外に示したいわけですから、外側に刻まれるようになっていきます。[*2] 漢字は、いよい

図2　毛公鼎（『二十件非看不可的故宮金文』台湾國立故宮博物院刊、2013より）

＊1　甲骨文字については、落合淳志『甲骨文字の読み方』（講談社現代新書　二〇〇七）がおすすめです。

＊2　こういった古代中国の文字と社会については、阿辻哲次「人は何のために文字を書いたか―中国での文字の発生―」（『古代日本 文字の来た道―古代中国・朝鮮から列島へ』大修館書店、二〇〇五）が参考になります。

よ秘匿されたものから、表――つまり人間相手に見せるものになっていきました。同時に、支配者から臣下への下賜という構造からみれば、文字が、支配・統治に関わっているという言い方も出来ます。神様との交信用だったものが、人間同士の関係に降りてきたのです。こののち、秦の始皇帝が篆書・隷書などと文字を整備するに到りますが、始皇帝の時代ともなると、文字は明らかに支配、統治を裏付ける重要な道具となります。実はこれは後々までずっと続き、現代日本とて、文字は相変わらず支配の道具でもあります。支配とは大仰に聞こえますが、文書で様々な辞令をうけることは現代社会でも日常にあることでしょう。また、ふと身の回りを見渡すだけで、「入口」「出口」「関係者専用」「進入禁止」「使用停止」「禁煙」……いたるところに書かれている文字は、行動を制限したり、促したりする、支配・統治の道具と言えます。では、現代には、殷代・周代のような文字による神様との交信はあるでしょうか――もちろんあります。神社の絵馬がそうです。あれはまさに文字をつかった神様との交信で、ふつうは人に見せないものでもあります。よく神社に行くとあっけらかんと多くの人の絵馬が、内容を読めてしまうような形で掛かっていますが、大量だけに却って個々を細かく見ようとしないという、そういう意味での秘匿効果があるのでしょうか。神社によっては個人情報保護としてシールを貼るところもあるようです（これを「神のみぞシール」と言うらしいですが、見事な命名です）。

すでに先の節で紹介したとおり、四大文明の一つ、メソポタミアの文字の起源は、食べ物をはじめとする経済的な管理という実用にありました。誰か一人の頭の中だけで覚えたり処理し得る容量を超えると、文字の出番です。それからすると黄河文明――中国は、事情が違うようにも見えますが、実際のところは、個別参照・反復参照・遠隔伝達を満たすという点でかわりません。つまり占いとして刻むことで、それは神様への問いかけなのだから、占い師なり宗教的支配者の頭の中だけでなく、外側に出して保存する必要があり、それでこそ、その人以外にも参照され得るわけです。たとえば占いの結果がわかる期限が迫ってきたら、再び参照しなくてはならないし、ものによってはその後も保存される必要がありました。いずれも、その場その場で消えてしまう音声の言葉では担当出来ないことを担当するものとして、甲骨文字にもまた、同じ機能が認められます。

2　日本の漢字の使用実態と諸問題

■漢字の伝統的分類

漢字は、「形」「音」「義」という三要素に分けられます。それぞれ、形、発音、意味のことです。これのうちどれかが欠けるようなものは漢字ではありません。当たり前ですが、形がないというのはそもそもあり得ないし、もし意味や発音がないかのようなものがあるとしても、それは知られていない（あるいは不明）だけのことです。なお、すでに紹介したように、言語学では、音と意味は結合していると見做すので、このように三つがバラバラに鼎立しているかのように「形・音・義」というのは誤解を招くようなところもあるのですが、いま、伝統的分類に沿っておくことにします。伝統的といったのは、中国そして日本でも、古代から、漢字の辞書は、このいずれかの基準でソートされて編纂されてきたからです。たとえば「音」によるものでは有名なところでは『韻鏡』というものがあります。日本でも盛んに利用されました（**図3**）。漢詩文では押韻のルールがあるので、漢字音を調べるためにも需要は高かったのです。

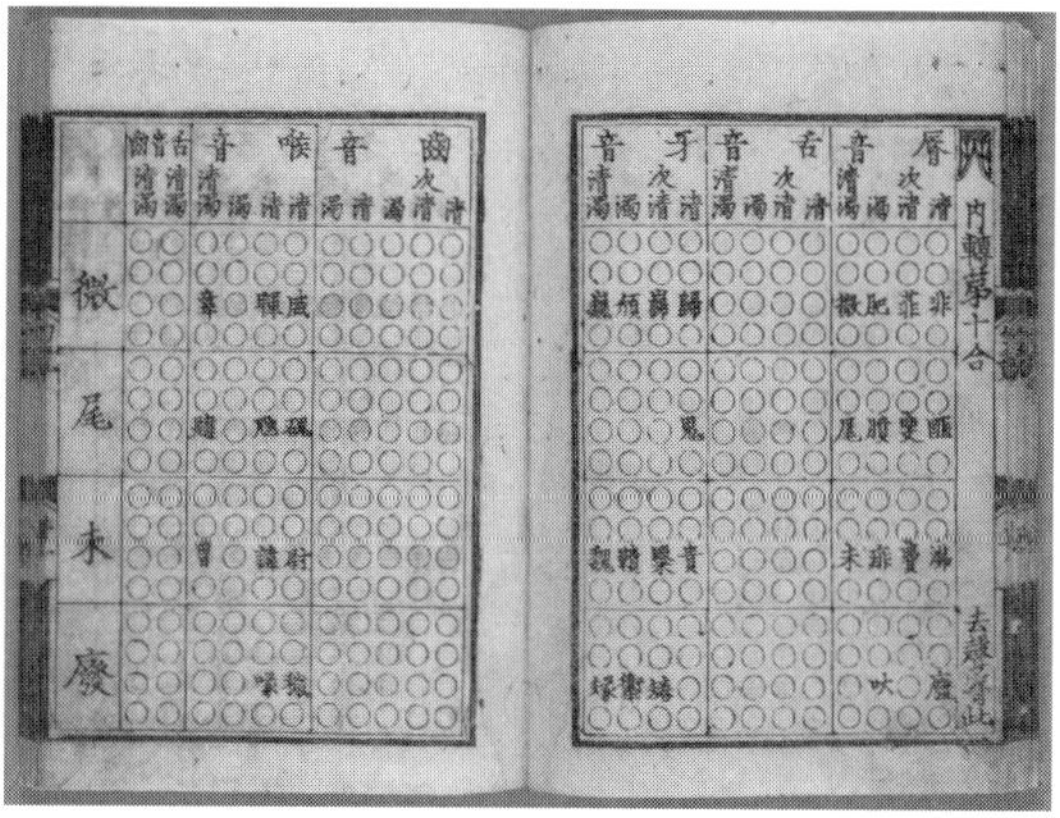

図3　韻鏡（国文学研究資料館蔵）
https://kotenseki.nijl.ac.jp/biblio/200015109

現在、一般に私たちが手にする漢和辞典は、排列が形に拠っています。もちろん、訓や音からも引けるようにはなっていますが、あくまで基準は部首分類されているので、漢字の形による分類ということになります。筆者は学生時代に、先生から、漢和辞典を引くときに、総画や訓読み音読みで引かないようにしたほうがいいとよく言われました。なぜかというと、それらに頼っていると、古辞書を引けないからでした。古辞書には、総画や訓読み・音読み索引などはふつう備わっていません。それどころか、部首も「阜」「辵」などと書かれていて、これらを理解しないと、目的の字にたどり着くこともできないのです。ちなみに前者は「阝」（こざと偏）、後者は「辶」（しんにょう）です。『説文解字』という後漢時代の字書（辞書ではなく）が本格的にこの部首分類によっています。たとえばさんずい篇の字だけ集めて、「水部」というのを立てます。木篇の字だけをあつめて「木部」というのを立てる……という具合です。水部のトップは何かというと当然「水」なので、これを「部首」というわけです。部首は実は歴史上一定していません。時代によって変わってきました。『説文解字』は、約九〇〇〇字を収めているのですが、部首も五〇〇以上立てられており、これは後代に比べて多いといわれます。単純計算しても一つの部首あたりの所属字がさほど多くなく、これでは部首分類している意義がいま一つ得られません。この点、整理されて後代へと、更新、改新が繰り返されていきます。

■表語の用法

さて、すでに述べましたように、漢字という文字それ自体に意味と音が直接それぞれ備わっているとみるのは、実は錯覚であって、正確ではありませんが、一方で実際に、たしかに、漢字という文字は、音だけ、意味だけ、形だけという使い方も、普遍的ではなく臨時的（これを「用法」と呼んでいます）には可能なので、それを見ていきましょう。漢字はどのように使えるのかというその可能性と、歩んできた歴史をこれら三要素に基づいて概観します。

ふつう、漢字を使うというとこれに当たります。表語文字をまさにその表語の用法で使うというわけです。このとき、なじみのあるものから、滅多に見ないものまで様々に広がりがあるのは古代も現代も代わりません。ただ、現代は、振り仮名があるので、これを駆使して様々な表現に用いられています。なじみがあるところでは、「理由」と書いて「わけ」というのはかなりよく知られているのではないでしょうか。少なくとも一九八〇年代からすでにあるようです。いわゆるハウツー本に多いようで、題名にもよくつかわれています。一方、「理由」と書いて、「どうしてそんなことをしたのかを聞かせてくれよ」と読ませるとします――「理由（どうしてそんなことをしたのか）を聞かせてくれよ」。ずいぶんと詰め込んだように見えますが、できなくはありません。「理由」という文字面は同じで、よく知られた「わけ」という訓があることも承知の上での挑戦的なやり方です。ゆえに、なじみは全くありませんが、「理由（リユウ）」と「どうしてそんなことしたのか」を摺り合わせて理解してみれば、納得はできると思います。見慣れているか、そうでないかというより、この場でこの文脈で文字列と振り仮名を同時に走らせて、理解させるということです。笹原宏之編『当て字当て読み漢字表現辞典』（三省堂、二〇一〇）はこういった実例を博捜したもので、大変便利であり、また、何か目的の語の検索のためのみならず、ふつうに冒頭から読んでいってもとても面白い本です。漢字表現の多様さと可能性の広大さを知ることができます。たとえば、有名なバスケットボール漫画『SLAM DUNK』での台詞のやりとり「おまえがその桜木（バカ）を連れてきな」「桜木と書いてバカと読みやがったな」というような例も収録されています。このように振り仮名というものをもってすれば、一気に視覚上の表現は多様・多彩になるわけですが、この多彩なありようをもし括るとすれば、結局は「表語」でしょう。語をあらわしているという点では変わりません。

ところで、身近なものでも、漢字一字一字のよみに分割してそれぞれの字に返せない熟語表記があります。たとえば「麦酒」と書いてビールというような類いのものです。決して「麦」が「ビー」で、「酒」が「ル」ではありません。二字一体で「ビール」です。こういうものを熟字訓と言っていますが、明治時代に、西欧の言葉を漢字漢語をもって訳する際に、大量に生まれました。憂鬱（メランコリー）、火酒（ウォッカ）、石鹸（シャボン）、衝撃（ショック）、外廊露台（バルコン（バルコニー））、白金（プラチナ）といった具合です。近代では、漢字（漢語）の左右両方に読み（音読みと訓読みなど）を配置している辞書も珍しくありません。

■表音の用法

表音の用法は古い歴史があります。中国で仏典を翻訳するとき、また歴史書等で外国語の固有名詞を記す時、この方法が採られました。音写（おんしゃ）ともいいます。古くは「卑弥呼」がそうですし、法華経に出てくる仏弟子「舎利弗」はシャーリプトラという名前を記したものです。日本でも、『隅田八幡宮人物画像鏡』（国宝、五～六世紀頃　**図４**）の外縁に「意柴沙加宮」という文言がでてきます。「オシサカ」宮と読むとされます。後章で万葉仮名を紹介しますが、こういった固有名詞表記のものが、一般語にも拡大して使用されて、日本語表記の裾野は広がっていきました。なお、現代日本語は片仮名があるので、漢字を外来語の音写に使うことはまずありませんが、中国では現役です。「的士」はタクシー、「紐約」はニューヨーク、「麦金多什」はマッキントッシュ（パソコンのMac）といっ

図４　隅田八幡宮人物画像鏡
（文化庁『重要文化財』28、毎日新聞社、1976より）

た具合です。日本語では当て字などと呼ばれることも多いですが、「兎に角」のように、漢字の本来あらわす意味が関係がないと比較的判断がつきやすい当て字と、「油断」「冗談」のように、もともと当て字ですが、そのことが忘れられて、もはや語をあらわす漢字（前節でいう表語用法）と思えるものもあります。*3

ところで、表音用法で書かれたものにもかかわらず、過剰に意味が読み取られてしまったという例が中国にあります。それは仏典翻訳で、「悉檀」という言葉を巡ってのことです。この言葉はサンスクリット語 siddahanta の音写であり、教義の立て方といった意味をもちます。『大智度論（だいちどろん）』という書物では「四（種）悉檀」という熟語でもあらわれており、仏が教義を立てるにあたっての四種の方法といった意味になります。しかし、中国の慧思（えし）禅師という人はこの「悉檀」を、当て字にも関わらず、「悉」が「悉く、あまねく」、「檀」が「施す」意だと解しました。後字の「檀」字が「施す」と解されたのは、すでに紹介したように、dana というサンスクリットの音写「檀那」の一部だからでありました。dana は「布施」（施し）に翻訳されるような語なので、ここから意味を引っ張ってきたのでした。「檀那」という、これも音写表記（つまり当て字）であるのに、それぞれの漢字が表語であると見なした上に、しかもそのうち一字だけちぎってここに付会するという、誤解の重ね塗りをしたことになります。しかし、この解釈は受け継がれて、結果、仏があまねく衆生に施す四種のものといった解釈になり、天台宗では重要な教義の一つになりました（よってもはや、間違いという指摘自体は意味がありません）。読みとった意味が経典や仏教の教義にあたかも符合するように見えたために、首肯される要因となったのでしょう。結果、いわば、正しい解釈となったのです。

*3 当て字については、田島優氏の『あて字の日本語史』（風媒社、二〇一七）、『あて字の素性』（風媒社、二〇一九）が参考になります。

■表意の用法

文字通り受け取ると、意味だけあらわす方法ということになりますが、漢字一字一字は必ず語を背負っているのであり、語とは何度もご紹介の通り、〈意味＋発音〉ですから、意味だけあらわすということは発音を棄てるということになります。しかし、そんなことは不可能です。一旦結びついて、すでに知っているものを、音だけ綺麗に忘れるということはできません。よって、音を無視するとか、音のことに関知しないという状態を仮に指すとみれば、表意の用法と呼べるものはいくつかあります。音声化はされませんが、文字のもつ意が、同語（訓）の多義性あるいは同音異義の、その区別を担うという場合です。

悲しいというより哀しいってかんじだ　　http://anond.hatelabo.jp/20130422165529

右記のような、「カナシイトイウヨリカナシイ」は、音声ではまず意味を成しません（そもそも口頭ではこういう表現をふつう選択しないはずで、しても補足説明がいります。化学をさして「バケガクの方のカガク」と言ったりするように）。これは、文字上で、「悲」と「哀」という違いがあって、支えられているものということになります。両方とも語形はカナシイです。ということは、漢字（ヒ／アイ）それぞれが担う語の、その意味の違いがそれを支えているということになるので、これは表意の用法とみていいだろう、ということです。ただしこれは文字列上の二者を比較的に捉えた場合に言えるのであって、単に、「哀しいね」とだけある場合にはそうは呼べないことはもちろんです。その点では、これらが表意的用法というのは、ある場面で、ある文脈で臨時的に現れることがあるという、まさに用法レベル――そういう使い方をする場面がある、というべき性質のものでしょう。

こういった「カナシイ」という言葉が、文字によって多重性を帯びたり、あるいは臨時的に分節されて使い分けられたり（哀のカナシイと、悲のカナシイ）するのは、漢字をもつ日本語ならではです。ラテン文字だけ使う言語ではなかなかこういうことは難しいはずです。フランスの哲学者ジャック・デリダは、ソクラテス以来のパロール（この場合、音声言語のこと）重視、エクリチュール（文字）軽視を批判していて、エクリチュールがパロールを侵食することがあるといっています。デリダが日本語のこういった用例——しかも千数百年まえから当たり前のようにあったということについて、大変興味を引かれたのではと思います（デリダが古代日本語のことをどれくらい知っていたかというのはわかりませんが）。

表意的用法の例には一文字の標識なども関係すると思われます。トラックの後部の「危」の文字、エレベーターの「開」「閉」などです。これらはとくに特定の語形や文への音声化は期待されていません。しかし、意味はあらわしている（理解できる）というわけです。

■表形の用法

以上見てきたことに沿って言えば、表形用法とは形だけを借りる用法ということになります。形をあらわすというより、形を借りているので、「借形用法」とでも言ったほうがいいかもしれませんが、術語間のバランスを重視して「表形用法」と呼んでおくことにします。平仮名であれば伝統的な「へのへのもへじ」というのがありますが、漢字の場合はどうでしょう——電子媒体を中心に、これがあるのです。いわゆるギャル文字といわれる（現在は結構廃れていると思しいですが）では「了」を「ア」の代わりに使うなど、漢字を仮名の代用としている例がよくあります。まさに、形を借りているわけです。

図5①では「工場」の「工」を「え」の「エ」として使っています。「ええええええ」と驚きととまどいをあらわします。カタカナの「エ」のもとは、江の省画なのでちょうどよいとも言えます。②は口を手で押さえて笑いをこらえている顔文字で、草冠の「艸」が使われ、③は怒りの顔の歯の部分が「皿」字です。④の「旦」はお盆に載せたお茶です。

図5

① 工工工ェェ(´д`)ェェ工工工
② (＊´艸`)
③ (`皿´)
④ (^^)_旦~
⑤「囧」

図6　小野篤譃字尽

①

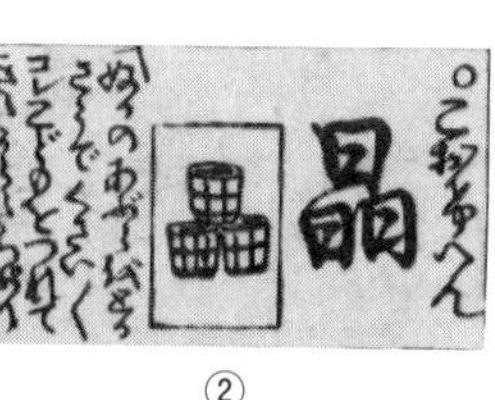

②

③

表形用法は中国でも事例があります。⑤は、困った顔に見えるので、jiǒng君と呼ばれ、顔文字として使われることがあります。

文字の形を借りて絵にするのは、実は歴史が古いです。近世に出版された式亭三馬『小野篤譃字尽』という本では、写真のような、様々な遊びが載っています（図6）。この本は、もともと「小野篁歌字盡」という、似た漢字を和歌で説明するという本の、そのパロディのようなものです。本家は「椿・榎・楸・柊・桐」に対して、「春つばき、夏はえのきに、秋ひさき、冬はひいらぎに、同じくはきり」という具合です。対して、パロディのほうは、「偆⿰亻夏偢佟⿰亻暮」と書いて、「春うわき、夏はげんきで、秋ふざぎ、冬はいんきで、暮れはまごつき」となります（図6①）。なにせ「譃字」ですからこのような字はないのですが。この本には、新しい部首を考えるというコーナー（「偏冠構字盡」）もあって、図6②では、「水晶」の「晶」が、「こおけへん」とあります。こおけとは「小桶」、つまりお風呂のかけ湯でつかうあれです。晶の字を、小桶を三つ重ねているのに見立てており、まさに漢字の表形用法と言えるわけですが、これをさらに別の機能（小桶偏という新たな部首）に転用してもいるという、凝ったことをしています。実に馬鹿馬鹿しいのですが、どこを見ても、楽しい本です。なお、図6③も、新しい部首です。何かおわかりでしょ答え：「つつみがまえ」

うか（ヒントは、「〜構え」という部首です）。

3　喚起性の強さ――二次的表語性

漢字の表音用法（現代でいういわゆる当て字）によって書かれたものなどは、〝表音〟とはいえ語をあらわしていることに変わりないのですが、やはり当て字だけに、文字面からは意味が取りにくいと考えられます。「比流」は「昼（ひる）」に当て字したものですが、一瞬何のことか戸惑うでしょう。ところが、繰り返し使われたり、実質的に専用化すると、その表記を見て即座にわかったりするようになることがあります。これを二次的表語性と呼んでいます。たとえば、万葉集には次のような表記が出てきます。結句だけ、漢字表記にしておきます。

山辺（やまのべ）の　御井（みゐ）を見（み）がてり　神風（かむかぜ）の　伊勢娘子（いせをとめ）ども　相見鶴鴨（あひみつるかも）　（巻1・八一）

結句は「相（あ）ひ見つるかも」です。この「〜つるかも」という表現は万葉集によく出てきます。そこに鳥の「鶴」「鴨」を当てている（＝訓仮名）わけですが、何度も出てくる上、場所も末尾なので、もはや鳥の歌ではないということが即座にわかって、文末の「つるかも」だろうと悟ることができたりします。そもそも歌なので「鶴」は「つる」とは読まれませんし（歌では「たづ」）、明らかに語形だけ借りた万葉仮名ですが、事実上、「つる＋かも」という語表記の指定席のような扱いになり得ているという状態です。他にも現代の卑近な例を挙げると、「珈琲」という表記、これは表音表記です。しかし、「珈」も「琲」も実質的に「珈琲」の表記専用で、もはやコーヒーが即座に想起される状態ではないでしょうか。関西に「珈人」という喫茶店のチェーンがあるのですが、知らなくても「何かのお店です」というわずかなヒントだけで喫茶店かなとわかってしまうほどです。表音表記なのに、固定的な表語性があるという状態になっています。

図7　道路標識

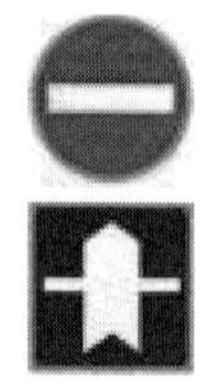

文字と、それがあらわす言葉の関係性にはこのように結び付きの強い弱いがあるように思われます。そして、よく目にするものは喚起度が高いと感じるでしょう。ただ、本質的なことでいうと、静態、つまり記号の機能という本質的な面において、強弱はありません。つまり、素材、素性というレベルでは、それはどんな文字でもフラットであると見做されます。記号は約束事だからです。その上で、実際の運用（表記上）――つまり動態において、その頻度等に応じて強弱があるように見做される（あるいはそう思える）のです。たとえば道路標識を見てみましょう。運転をされる方は特に、ですが、**図7**のいずれが見慣れているでしょうか。おそらく上の「進入禁止」の方だろうと思います。下は「優先道路」という意味です。このとき、上の「進入禁止」のほうが、下の「優先道路」よりも意味の喚起度が強いという気はしますが、それは普遍ではありません。記号としては、対象を指し示すという点で、全く同じです。見慣れていて、すぐさま意味がわかる気がするのは、それだけ目にする機会が多いことによります（これは第二章で挙げた、ナイキのマーク、スターバックスコーヒーのマークが〝すぐわかる〟〝有名〟だと思えるのと同じ理屈です）。実際、「進入禁止」の標識のほうが日本の道路上では絶対数として多いと思われます。喚起度は、実際の使用において獲得されていくものだということがわかります。すなわちこれはまさしく文字論（静態）だけではなく、表記論（実際に語に文字があてられる動態）も視野に入れて研究する必要があることを示唆していると言えるでしょう。

Ⅱ　社会における文字・表記とその実態

1　社会と文字・表記

■社会との関係性

もともと、文字表記は社会の中で要請されてきたものなので、当然ながら、社会と隔絶した文字表記というほうがむしろあり得ないことです。常に背後に「社会」はあります。実際、社会言語学（あるいは言語社会学）という社会と言語を真正面に据えて考える領域があります。本節では、文字表記論ということにおいて、社会との関連性を積極的にクローズアップしてみます。言葉と社会を結びつけて理解しようとしたのは、たとえば、既出の社会学者エーミール・デュルケームであり、またソシュールでありました。もうかれこれ百年以上昔のことになります。彼らが言ったことは、かなり抽象的な位置づけとしての社会——言葉の関係性ですが、政治的なことや教育という面で、より実際的な言語・文字との関係性を見ることも、「社会と文字」という切り口から伺える話です。たとえば常用漢字なるものは、まさに社会に位置づけられる文字のグルーピングです（個人では、どんな難読字、奇字を使っても全くの勝手・自由ですから）。

先の章で、メソポタミアのことに触れ、文字は、音声の言葉で記録、分類、整理しきれないようなことの〝外部保存ツール〟だと述べました。つまり社会における記録、記憶という役目を負っているわけです。誰か、とびぬけたような記憶力を持っている人が全て覚えているというのではなく（その人が亡くなってしまうと一瞬で失われます）、社会で共有するために機能しています。すでに、個別参照性、遠隔伝達性、反復参照性というのを紹介しましたが、これらは個人において、過去の、文字で書かれた歴史資料をもって追体験可能なことです。全ての文字資料が持っている特性であって、それはそのような状態で社会に共有されているということです。そういう意味では、言葉や文字を巡る研究は、やはり社会と関係づけてこそ、ということになるでしょう。

時は流れ、社会も変わります。言葉もおそらくそれに関係して変わっていくでしょう。この本来的なところにあえて、操作をし、時を止め、どこかのだれかがはじめた言い回し、といった時系列的、成立論的な情報は全て切り捨てて、抽象的な対象として議論に持っていく共時態論という研究上の設定がなされ得るということは既に述べました。ただ、そもそも人間の記憶自体が、ふつうは一秒ごとにはたどれないので（一日を記述するのに、本当に一分一秒漏らさず、順番にという辿りかたはできません）、時系列をもって語るにしても、記憶の上で際立っていることでもって事象を実は選抜しています。たとえば、「先週骨折してね、大変だったよ」とか、「二〇一九年、小学校に入学」というような振り返り方です。際立たせて、特筆する。つまり言語化される、あるいは記述されたそれを、歴史と呼ぶわけです（よって「歴史記述」というのは重ね言葉だともいえます）。記述されていないことは、「出来事」とでも呼んでおく方が穏当でしょう（「出来事」も「歴史」と呼び、言語でもって記述したそれも「歴史」と言うと、ややこしいことになります）。

変転、変容から言語は逃れられないと共時論を批判する立場、たとえば通時的を強く主張するにしても、その言い分にも実は弱点があります。それは、ほかでもないその〝歴史と見做しているもの〟自体に宿命的に抱えられています。本当にいわゆるナウタイムとして過ぎ去っていく現実の時系列に対して、研究の方法論としての共時論を論じるなら、たしかにこれは優れて抽象化していると言うしかありませんが、記述される歴史、方法論としての通時論というのもまた、実は共時論と同様、抽象や選抜される側面を大いにもっています。抽象の質や度合いが違うだけで、通時論という分析は、全世界の全時間の全事象を網羅的に観察、記述するというわけでは全くありません（そんなことは不可能です）。だから、実は、真に真正面から反駁し合う関係ではないとも言えるはずです。仮に批判しあっても、お互いに大なり小なり〝扱わずに捨て置くこと〟を抱えているからです。フランスの、ミシェル・フーコー（一九二六―一九八四）は、ニーチェ以来の「系譜学」的思考というのを打ち出したことで有名な人です。私たちが歴史を語るときに、往々にしてそこには選抜が起きていて、自分（現在といういわば最高到達点）へと向かう線として語られますが、フーコーはこういう歴史観に異を唱えました。実は何が語られなかったかが同じくらい重要だというわけです。こういうことを踏まえると、時間を止めてしまう共時論だけが無理筋で、時系列を追いかける通時論が真実である、などとは必ずしも正確とは言えないということを押さえておきたいと思います。つまり歴史記述にあたっても、様々な抽象と選抜は起きており、選抜のうえ、記述されたそれを名付けて「歴史」だと見ているというわけです。だから共時・通時両方ともダメというのではもちろんなく、本書でも、両輪だと繰り返してきたのはその辺に所以があります。そして、こういった方法論や枠組みにあって、社会とはどう位置づけられるものなのかは、当然、問題になってきます。「シャカイ」というのは言葉であって、概念なので、そういう意味ですぐれて抽象的です。この社会を通時論的にみて、そして言葉の歴史をどう記述出来るかという道筋と、いまこの日本社会という観点で共時的に切って、そこに言語と社会の関連を見ることも可能であり、かつまた必要なことでしょう。両方、大切なのです。

■日本社会の変化と文字表記

歴史的な観点で言うときに、単純に過去の日本列島において「社会」という言葉を使って良いのかという問題はありますが、いまここでは、話を前に進めるため、言葉、文字表記を用いる集団としての営みがある状態を、仮に「社会」と呼んでおくことにします。

識字層という言葉があります。なかなか扱いが難しい言葉で、奈良時代の識字層は……などと言うと、そういう一群がくっきりと掬い取れるかのようにも聞こえますが、実際、そのようになんらかの基準で平均的に能力が見定められるようなある集団を想定し、しかも切り取ることには、慎重でなくてはなりません。そもそも識字層というものの中にもグラデーションがあるはずで、それは時代によって様々に予想されます。また、識字というと単に字が読めるかどうか、というようにも聞こえるので、近時よく使われる「リテラシー」という言葉でもって、広げてみましょう。これは書かれたものを読んで理解し、判断したり、整理したり、活用したりする力も含むものです。最上位にいる、リテラシーが著しく高い人たちから、能力を徐々に削いでいく形で下方へ向かうとすると、ある程度は読めるが書くのは難しい、という人々あたりに落ち着く——これを最も下辺と仮説をたてます。なお、読めるなら書けるだろう、というふうに必ずしもならないのがポイントです。これは現代でも幼児、児童を見ていればよくわかるはずです。文字を知っていても文章を書けるかどうかとは別です。

古代の場合は、万葉集などをみると、漢籍の知識がなければおよそあり得ない表記が用いられています。ずいぶんと凝ったものも少なくありません。たとえば「少熱」は、「ぬる」と読みます。字面を見るとなるほどという感じがします。他にも四五〇〇を越える歌々に様々な例があり、枚挙に暇がありません。いずれも漢文訓読の成果と言えるでしょう。それこそ、単に文字として読めるだけではない——漢籍を解釈できるのは当然で、それを十分理解出来た上でさらにそれを内在化し、血肉として、今度は日本語表記として創意工夫して、産出できてもいるわけですから、万葉集で名を残している凝った表記の担い手達とは、当時としてはまさに最高峰に位置するリテラシーをもっていた人々と言えるでしょう。ディビッド・ルーリー氏が、社会とリテラシーについて左記のように述べています（なお、ルーリー氏は、リテラシーを「社会における読み書きの営みの全体を指す概念」としています。筆者は個人の能力にも使っているので、この点少し違いますが、左に引用する箇所の指摘は賛同できるものです）。

ある社会におけるすべての読み書きの営みは、ヒエラルヒー的に統一されているわけではない。社会の各位相や様々なグループには独特のローカルなリテラシーがあるので、社会のレベルでは「不完全」なリテラシーは存在しない。というよりは、すべてのリテラシー（複数形の literacies）は不完全であるので、各社会全体のリテラシーは、その時期におけるその社会にとってのみ「完全」だと考えられる。

（「世界の文字・リテラシーの歴史と古代日本」『文字とことば』岩波書店、二〇二〇）

文字の読み書き能力は、流行などのように、勝手に広がるものではないですから、基本的には「必要性」と「教育（学習）」というものが連動していなくてはなりません。これは当然、時代、社会、もう少し小さなコミュニティで考えても、それぞれで異なるものです。よって、仮に、現代を到達点（ゴール）にして、過去へと遡っていくと、あたかもどんどん未熟、未開になっていくように思えてしまいますが、そもそも、様々な場面があり、要請されるレベルや、裏付けられる教養が違うということを考慮せねばなりません。たとえば令和の日本であれば、義務教育をベースとするリテラシーが期待されて、形成されているわけですが、これを五〇〇年前と比べたとき、読み書きできる人の比率は当然違うでしょう。しかし、両者の五〇〇年の間に対して単線的な発達とか進化という説明を与えて済ませるのではなく、室町時代は室町時代の、しかもそこにおける種々のグループなりコミュニティなりに種々認められるリテラシーなるものがあって、それはそれで一つ閉じられたものと見たほうがいいということです。ルーリー氏の「不完全」でありつつ、その社会にとっては「完全」という説明はまさに正鵠を射ています。

　さて、そのリテラシーの形成は、先述の通り「必要性」と「教育」どちらかだけではなかなか実現しません。つまり、必要性がないのに、教育学習はしないし、してもなかなか効果が見込めません。また必要性があっても教育や指南がなければ能力の獲得、向上は望めません。古代から概ね支配者層――官人が読み書きをするのは、ようするに必要だったからです。業務上必要だったので、ゆえに大学寮を始め教育というものがありました。反対に、読み書きの必要がない人が、教育を受けたり、訓練を受ける必要はなかったわけです。ということは、読み書き能力の裾野が広がったということは、それは、読み書きが必要とされ、教育を受けられるようになる位相や人々が、広がりを持ったということです。社会や、時代の状況が求めるところもあったでしょう。野村剛史氏は『話し言葉の日本史』（吉川弘文館、二〇一一）において、たとえば荘園管理を巡って地頭の横暴を告発する有名なカタカナ訴状などを例として、漢語を駆使したり、文章を書いて訴えるという行為を、普段農業をしている者達がなし得たのは、荘園管理の中間職にあったような、比叡山で学問を修めた大衆（だいじゅ）とか公文（くもん）といった「中インテリ」が指南役を演じたことによると見ています。つまり、必要性と、教育指南ということの二つの要素が揃ったわけです。ふつう、当時の農民は読み書きが必要ありません。しかし、荘園管理と納税のいざこざ（あるいはもはや横暴）を巡って訴訟ということになると、ついに、その「必要」が出たのでありました。

■現代日本社会と文字表記

現在、私たちの読み書き能力の基盤を保証をしているのは義務教育です。就学以前から教育を始める幼稚園・保育園、家庭も少なくはないでしょうが、社会的な定めとしては小学校一年生に始まります。社会全体で、義務化して教育を施すというのは、近代国家的なありようであって、そのようなことが叶わない人々は、ご承知の通り地球上に五万といます。全員一律の教育を施し、そしてそれぞれが一員として所属、参与していく社会にあって、その読み書きスキルは、ふたたび還元されるサイクルを構成しています。社会全体で、社会的に標準とされるコードを、常にいれかわる人々（生まれ、死にゆく）の間で、延々続くパス回しのように保持しているようなもので、結果、現代は日本語の歴史上、かなり文字表記のありようが安定していると言えます。これほどまでに多様な表記が安定していると言えるのか（そうでなくても、本書冒頭に、日本語表記の多様さを強調しました）と驚かれるかも知れませんが、少なくとも表記体はほぼ一種類——自立語がおおよそ漢字と送り仮名、付属語が平仮名、外来語と擬音語の類いが片仮名など——になっており、かつてのように和歌なら平仮名、手紙なら「候」を多用しつつ多く漢字で占める、などと文体やメディアごとにスイッチしたりというかつてのようなこともない上、常用漢字表なども共有されています。国民皆教育がそれなりの年月を経たこともあっての、一つの到達点に今あると言っていいだろうと思います。単純に言えば、〈同じことを習って実践する人〉がひたすら再生産されれば、現状維持が基本的に可能になるわけですが、日本の歴史の中では、上述のように、まず〝全員に同じ教育を施す〟ということ自体なかった歴史のほうが遙かに長かったわけで、必然的に、表記の多様性は、それこそ、社会的事実としてあり続けてきたのでした。

さて、言語活動には、個と社会の二面性があって、現状の文字表記は、社会性に照らして概ね一定に保持されており、小さく、個別的なありようが無数に存しているという状態だといえます。個人は社会的に承認されている規範に従って読み書きをしますが、規範は、そもそも社会がその個人に教育したことを基本としています。それでいてその規範は、いわば目安であって、幅をもってもいます。その幅の範囲内で多少の逸脱が起きたりすることもあるし、また個人の自由に委ねられるところもあります。しかし、先述の通り、その個人の自由も、あまりに規範を大きく逸脱すると他者に読んでもらえないわけで、極端な話「山に登る」と書いて、「うみでおよぐ」と読んでくれと言っても、こんな支離滅裂なものを誰も読んではくれないでしょうから、概ね規範の枠内で書こうとします。文字表記を素材に、凝ったクイズやパズルなどを〝仕込む〟こともありますが、それはそれ自体を目的とした遊びや文学作品の一種で試みられることであって、基本的に、読んですっとわかるというのが、書くということの目的かつ機能です。奇妙奇天烈な当て字をしたり、難読字を連発するのは、よほどの目的があって有標化したいときを除いては、結局回り回って書き手の損にもなるわけで、選択されにくいものです。

現代日本語の場合は、

漢字と平仮名を交ぜる
片仮名は語に応じる
漢字にするのは、漢語を中心とした自立語が概ね
使用する漢字は、おおよそ常用漢字内

といったくらいで運行しています。実際は常用漢字を逸脱しても罪ではないし、「明日がっこうへ行こうとおもってる」と「がっこう」を平仮名にして書いても非難される筋合いは全くありません。ただ、見慣れない（あるいは、違和に気づく）、ということはあるだろうと思います。「がっこう」は多くは漢字で書かれるということが頭にあれば、

「明日」「行」は漢字なのになんで「がっこう」だけ平仮名なんだろう？　くらいの違和感は覚えるかも知れません。しかし、ただその程度のことにすぎないとも言えます。

これらの一方、個人の自由というところからすれば幾分縛りを受けているのが公共性の高い文字表記です。たとえば官公庁が発行するもの、役所の掲示物などは、常用漢字や、表記の規範を個人レベルよりは強く守ろうとします。仮に常用漢字を逸脱する場合は、振り仮名を施すのがふつうです。

> 専門用語等であって、他に言い換える言葉がなく、しかも仮名で表記すると理解することが困難であると認められるようなものについては、その漢字をそのまま用いてこれに振り仮名を付ける
> （平成二十二年十一月三十日に内閣法制局長官の名で出されている法令）

とあって、たとえば「按分（あんぶん）」「瑕疵（かし）」など、法律や条令によく使われるこれらは振り仮名を付して使用することになっています。また、「従って」「恐れ」「他」などは常用内の漢字ですが、「したがって」「おそれ」「ほか」と平仮名で書くのがならいです。近時は外国人の日本語学習者にも配慮して、総振り仮名も珍しくありません。当然のことですが、外国人留学生、労働者等含めての公共性ということです。役所の掲示物一つとっても、実際はそれは誰か個人が書いた（キーボードで打ち込んだ）ものには違いありませんが、書き手は社会性に強く照らされて没個性化し、公共性の高い産物として書かれることになります。義務教育も、大きな目的としては、こういった公共性の高いものにアクセスするための基礎的なリテラシーを授けるために施されています。公共サービスは誰しも等しく受ける権利があるからです。こういったことからして、社会でふつう使わない漢字（常用外、難漢字）を覚える必要は無い、という考え方はどう思われるでしょうか。漢字教育としては熱量が感じられない台詞には聞こえますが、一面で、至って合理的という言い方もできます。「個人」は、「社会」で共通コードとなっている読み書き能力を、ごく基本フォーマットとして義務教育で授けられ、そこに好みや個人で習得した知識などを織り交ぜて、

リテラシーを拡張していきます。それが結果として、学力差、教養差と読み替えられることもあるでしょう。

■常用漢字の概要

常用漢字は現在、二〇一〇年に改訂されたものが施行されています。基本的には一九八一年の内閣告示第一号でのそれを引き継いでおり、文化庁HPでもまずはこれが表示されます。つまり、この表は改新を繰り返してきました。常用漢字は、それこそいつまでも共時的にというわけにはいかず、社会の変容に照らして、見直しが必要になります。特に、一九八一年から二〇一〇年に至るまでには、電子機器類の発達はまさにめざましいものがあったわけで、人々の読み書き行動にも大きな変化が起きたことが明らかであり、そういう意味で見直しが要求されたのでした。

公示の前書きに「この表は、法令、公用文書、新聞、雑誌、放送など、一般の社会生活において、現代の国語を書きあらわす場合の漢字使用の目安を示すものである」ともされています。一方、前書きの2には「個々人の表記にまで及ぼそうとするものではない」ともあります。常用漢字は、決して個人に科す規制のようなものではなく、社会に設けるものです。従って、「個人」の表記は繰り返しになりますがあくまで自由です。ならば、いっそ全員自由=社会的にも自由でいいじゃないか、とも思えてしまうのですが、それでは、公共に於ける表記の目安も失われてしまい、おそらく様々な場面で不均衡が生じます。例示すればこうです――某市役所は難読字を振り仮名なしに連発する一方、同県の県庁では、平仮名を極力多くして、漢字も総振り仮名とする、というような不統一です。不統一という据わりの悪さのみならず、実際に、それを読めない、読みにくいことで理解しにくいからと、読むのを諦めたりする場合が出ては問題です。公共における文字表記と、個々人が好きに書くというのはやはり異なるのです。過去の日本語社会において、社会的に存在する個々人のリテラシーが事実上そのままピラミッド状に分布していたの対し、現代は、社会的には、一定の目安を設けたものとしてあり、リテラシーは個々の能力の問題というところへ別置的に収束する点で大きく違います。古代は個人的な能力がヒエラルキーとして分布して、そのまま社会の実相と見做されていたのが、現代はそれは事実上個人レベルでの広がりになっていて、建前上、常用漢字などが位置づけられる「社会」はそれに関知せずに、一定の枠内のものを提供（教育）、提示するということになっています。凝った文学的な漢字表現や、たとえば瀉血、胼胝、掌蹠、鱗屑（しゃけつ、べんち、しょうせき、りんせつ）などは、社会におかれる枠組みにおいては枠外のものであり、読めるか、読めないかにかかわらず、平仮名で書くか、振り仮名が添えられます。たしかに〝社会的にみてリテラシーが高い〟というイメージや評価を抱くことはあると思われますが、それは実は個人の属性（能力、位相、職業等）を相互に紐付けて、それを通して主観的な意味での〝社会〟に位置づけることで抱かれるイメージであって、常用漢字が措かれている「社会」とはまた別ということになります。〝主観的な意味での社会〟は主観的であるがゆえに、それこそ、人それぞれに、イメージとしては、いろいろとあるでしょう。

右のようなことで、常用漢字の視座はあくまで「現代日本（語）社会」におかれることになりますし、常用や標準なるものを議論するときの社会もこちらの「社会」です。個々人がどのように漢字を使おうが、基本的には、現在も、これからも自由です。特にパソコンなどの力を借りれば、難読字を縦横無尽に使うことも可能だし、使わないこともまた自由です。この行為は既に述べましたように、なんら規制されるものではありません。一方で、無作為、不統一な漢字使用というのは、公共社会における文書による伝達という観点では少なからず問題があるわけで、日記やごく個人的な文章で難読字や奇字を好きに使うことと同じ次元で捉えることはできません。よって、基準となる漢字使用の枠組みを設ける、そういう意味での「社会」を想定しています。

■義務教育と漢字

阿辻哲次氏は、日本ではあなたは漢字を好きか、嫌いかという質問ができてしまうという点を特筆しています（「人は何のために文字を書いたか─中国での文字の発生─」『古代日本 文字の来た道─古代中国・朝鮮から列島へ』大修館書店、二〇〇五）。たしかに、アメリカ人にアルファベットが好きかと聞いてもおそらく怪訝な顔をされるでしょう──そもそもは、母語を記すための文字に好きも嫌いもない、と言えそうです。しかし、漢字は、好きだ嫌いだと言われたりします。嫌い派の主張（不満）は、たいていは、どこまでやっても終わりが見えないという徒労感、漢字を覚えるための無機質な反復練習の記憶、そして平仮名・片仮名があるのに膨大な漢字をも使う不合理（と思える）あたりに集約されるでしょうか。ただ、近年は人間に変わって「書いて」くれる電子機器類の存在もありますし、それこそ、好きも嫌いも別にない、と思えるようになってきていると言えるかもしれません（PC、スマホなどを使えば、うろ覚えや、あるいは全く覚えていなくても語形さえわかっていれば候補となる漢字をいくつも表示して、変換してくれ、さらにはそれぞれの語義の辞書的説明まで提示されたりもしますから、「選択」は気軽かつ身近になりました）。「うろ覚え」を機械があれこれと助けてくれることを、否定的に捉えることもできるし、肯定的に捉える視点もあっていいでしょう。ただ、機械に頼るのを単純に怠惰、努力不足と断じる時代は終わったのではないかと思います。今後、文字表記ということを巡っては、情報機器類の存在感がますますどの場面においても、重いものになっていくはずです。小学校一年生どころか、保育園児でもメールやＬＩＮＥを操作する世の中です。必然的に漢字との付き合いも、連動してそれら機器類と不即不離の関係になっていくでしょう。ただし、概念としての字体認識は、いずれにせよ必要で、電子機器類が増えたから手書き練習をはじめとする、字体を獲得するプロセスがすぐさま不要というわけではありません。

さて、小学校には学習指導要領というものがあります（文部科学省のＨＰで閲覧可能）。文字については「小学校学習指導要領・国語」の項目に記載されています。同項には「学年別漢字配当表」という別表が設けられていて、どの学年でどれだけの漢字を習うかということが定められています。小学校ではのべ一〇二六字を学びます。内訳としては、一年生で八〇字、二年生で一六〇字、三年生で二〇〇字、四年生で二〇二字、五年生で一九三字、六年生で一九一字です。指導要領の一年次においては「読み、漸次書」くとあって、当然のことながら「読み」が先行する手順です。また「漸次」とあるように、書く方は、読みと同時的に（完全に）習得させようとするのではなく、徐々に書けるようにもっていくという方針であって、これは小学校教育六年間で一貫しているものです。ただし、実際の所は、身近に小学生がおられる方はよくご存じの通り、読み書きを一緒に反復練習しています。書く方もほぼ同時にできるようになればそれに越したことはないでしょうから、当然の措置ですが、理念としては読みがまず定着することを見込んでいるというわけです。二年次では、同じく配当漢字を「読む」ことが第一で、それを「漸次書」くのですが、その前に、一年次の配当漢字を書けるようにすることが掲げられています。いわばおさらいといったところで、つまりは、二年次配当漢字を読めるようになり、それと並行して、一年次の配当漢字を確実に書けるようにし、そののち、二年次配当漢字を漸次書けるようにするというように組まれています。前学年の配当漢字を着実に書けるようになることを、学年をまたいで二年ごしで定着させるように組まれています。以降この繰り返しで、三年次に確実に書けるように目標設定されるのは二年次の配当漢字で、当該学年の漢字は同じく「漸次書」くように定められて、書くことをはじめ、着実な習得は次年へ持ち越されます。なお、六年次の場合はそれ以上がもうないので、配当される一九一字は、「漸次書」ける段階に留まる（必然的に中学校に預けられる）という体になっています。

このように、読み／書きでは、やはり設定されている水準が異なっています。日常普段の生活では読むという行為のほうが比重が遥かに高いという実情もさることながら、道理として、まさか読めない（読みをしらないままに）漢字の字形だけを書けるようにしても仕方がないわけで、読めるから書けるという自然な展開に沿っている方針だと言えるでしょう。義務教育における指導要領によるならば、最終的に一〇二六字の読み書きを確実なものとし、そしてそれ以外の残りの常用漢字をきちんと「読める」ようになるという目標でいいことになっています。が、実際には小学校教育漢字一〇二六字以上の「書く」能力のほうも充実を求める――ようするに指導要領以上のことを求め、その教育を施す教師も多いと思われます。つまりは、常用漢字二一三六字のうちの、残り一一一〇字についてもきっちりと書き取り練習を課して定着を図っていく、というものです。

文字社会を考えるためには、教育を知らなくてはなりません。指導要領を見ると、社会が使うことを目安にしている漢字を基軸に、義務教育で授けてその読み書きを保証し、社会に参画する上での不均衡がないように組まれていることがわかります。まさに、前項で紹介した常用漢字というものの存在意義はここにあります。もちろん、どこまでいっても個々人の学力差はあります。漢字検定（財団法人・日本漢字検定協会）の最年少での一級合格記録はなんと六歳だそうです。個別的には能力は多様ですが、社会的に、そしてその教育が、一定の目安を定めて、そこにおける均等を担保しているのは、まずは望ましい状態であろうと思います。義務教育のような保証は必ずしも世界中で果たされているわけではありません。日本は義務教育が憲法で謳われていて、それを裏付けるべく、日本語の膨大かつ〝複雑〟な表記の方法を採っている実情に基づいたプログラミングがなされていると言えるでしょう。

■明日から漢字をやめるとしたら

先に結論からいえば、一朝一夕にそんなことは不可能なのですが、もし漢字をやめるとすればどういうハードルがあるのかを、仮想的にここでは考えてみたいと思います。あくまで、仮想ないしシミュレーションです。なぜこんなことを考えるかと言いますと、漢字廃止は、幕末から議論されてきた実は〝伝統ある議論〟だからです。廃止はできなくとも、制限はたびたび論じられてきました（現在も議論はなくなったわけではありません）。右に見てきたように、漢字を使うか使わないか、というのはまずは社会の問題です。ということは、なくす、あるいは制限するというのは社会がそのように要請するものということになります。そこで、もしこれを実行に移すとしたらどうかということで考えてみます。このシミュレーションを通すことで、社会、教育、文字の関係性もよくわかるところがあります。

まず、「やめる」ということにも二種類ある、というところから考えましょう。一つには、この日本列島からある日を境に一文字も漏らさず、消し去ってしまうことです。つまり、過去に遡ってもやめる、そしてもちろん現在以降未来にわたってもやめる、ということです。もうひとつは、今現にあるものはそのままに、これから使うことについては、やめるというものです。以上二つのうち、前者は甚だしく非現実的で、町中の看板や掲示物、蓄積された膨大な文書類はもちろん、PCやスマホの中身も入れ換え、漢字で書かれたものはともかく全て破却（もしくは漢字以外の表記に書き換え）ということで、文化財の類いも消去ということになり、これはいくら仮想問答だとしてもさすがに荒唐無稽だろうと思われます。お金がかかるのは、何も作ることだけではなく、何かを消し去るにしてもかかるわけで、どれだけ予算があっても足りないであろうその上、作業としてもどれだけ時間があっても足りないことでしょう。最近はインターネット上のものもあるので、世界中で見られるものを本当に〝消し去る〟などまさしく不可能です。また、文化財の破棄などが特にそうですが、心理的抵抗感も高まるにちがいありません（そしてまさに、この心理的側面が重要――後述します）。次に後者の方の「やめる」については、新しく生み出さなければいいということで、少し実現可能な部分も含みますが、それでも、漢字を打ち出してしまわないように細心の注意を払いつつ、しかも、あらたに製造される電子機器類では漢字フォントをいれてはいけないということになります。印鑑なども従来のは使えないので作り替えるか、仮名やローマ字のサイン文化へ変更、書家は漢字の作品を生み出せなくなってしまう……結局、これも不可能であるとしか思えません。しかし、世界を見渡すと、歴史上、漢字の使用を廃止したか、大きく減じさせた国があります。それはベトナムと朝鮮半島（大韓民国、北朝鮮）です。いずれも、今ほど電子機器類が発達していない時期から、ある程度時間を掛けてなされたものではありますが、人口が数千万におよぶ社会でそれを実際可能にしたことは注目に値するでしょう。

ところで、右の、日本においてのシミュレーションでは、実は二点、抜け落ちている重要な観点があります。あえてそのままにここまで述べてきたのですが、それは、一つに、すでに話題にしてきた社会と個という関係性の問題、もう一つに、やめるモチベーションの問題です。右のシミュレーションでは、その〝荒唐無稽さ〟をまず把握するために、漢字廃止の様々な弊害を、ひたすら平面的に並べてみました。しかし、実際は、漢字で書かれたものの〝社会からの〟撤去、ということと、とある書家が漢字の作品を生み出せなくなるかどうかというのは、全く別次元の話です。ある人が、うっかり漢字を書いたり打ち出さないように注意するなどというのは、まるで犯すと秘密警察にでも狙われるかのような与太話にしか聞こえません。つまりこういう方向で廃止が模索されることはまず考えにくいですし、実際、本当に廃止したければそんなことをしていても一向に成果はあがりません。ではどうするか――個人はさておき、社会から変えてしまうほうが確実なのです。

以下、大胆にシミュレーションしていってみます。なお、当然ですが、この問題を考えるときに、漢字をやめるかわりにどんな文字を使うのかということを同時に考える必要があります。平仮名、片仮名、その両方、あるいはローマ字、あるいはそれら以外ということになりますが、いずれ廃止するのであれば、それだけですべて書き切れる文字体系が別途必要ですし、過渡期には、削減中の漢字と交ぜ書きにするのかそうでないのかといった問題もあります。これらこそ漢字廃止案における最大の問題・課題であるといえますし、場当たり的に模索しながら手探りで進めるということはおそらくあり得ないです。が、いま、代替の文字体系とその運用、そしてその議論については脇に置いておいて、仮案で、平仮名をメインに据えておき、片仮名の役割は現行（私たち現実世界）通りという前提で、その上で、漢字をどうやって廃止していくかということだけに焦点を当てて、実験的に話を進めることにします。あくまで一案ですが、まず公共の場、公共性の高い文書、掲示類——たとえば駅とか、市役所の掲示物、文書類には今後漢字を使わないよう漸次変更していきます。いきなりではなく、少しずつ減らしていかねばなりません。憲法や法令の条文ももちろんです。このとき、あくまで個々人では自由、それこそ書家の方が漢字を使った作品を書いても大いに結構というように、社会と個とは分けます。ゆっくりですが休むことなく社会において低減という方向に舵取りをします。そしてそこに、教育を連動させます。こういうようにすると、荒唐無稽としか思えない日本列島漢字廃止計画は途端に現実味を帯びてきます。常用漢字を二一三六から一八〇〇、一三〇〇、九〇〇……と減らしていき、およそ二〇年弱で〇にするとします（もっと早くに可能になりそうですが、念のため（?）じっくり時間をかけておくとしましょう）。全国の官公庁の掲示、文書類、公共性のある媒体で、これに連動して漢字を減らしていくのに、さらに並行して、学校での教育も順次字数を減らし、やめる方向へもっていきます。もちろん、予算もつけないといけないので、行政府・立法府が全面的に主導することになるでしょう。〝草の根活動〟のようなものではなかなか効果や変化は得られないものです。政治的主導、権力による推進はもし遂行するなら必須です。そうやって、教育と社会に連動性を持たせて漢字を社会から消していくわけです。

のべ一八年で、小学校が三サイクルします。〝常用漢字低減計画〟最初の小学校一年生が、この三サイクルを経た時、二五歳になっています。仮にこの人に子どもが生まれて七年後に入学した際には、社会が漢字を順次減らすと宣言して二五年が経過しており、この子どもは、義務教育で（そしてそれ以降も）、全く、一文字も漢字を習わないことになります。しかし、社会に於ける漢字もどんどん減っているので、漢字がない不都合は、教育と連動して、解消され続けていっています。習っていないことによるデメリットが生じない社会を同時に構築していくのです。そうすると、勉強する動機・理由自体が必然的になくなっていきます。初年度世代の親はこのとき三十二歳になっています。さらに、この二十五年後、漢字を生まれてこの方一切学習していない世代が三十二歳になって、その子ども（第一世代の孫にあたる）が小学校一年生になったとき、低減第一世代の祖父は五十七歳、一文字も習わなくなった子世代が三十二歳です。仮に現在の日本の人口に引き当てると、五十七歳以下でおよそ七千万人ということになるようです。漢字低減から廃止という方針が施行されて五〇年たつと、これだけの人が、漢字を順次減らしていく社会と教育に生き、そこには、本当に、全く学習していない世代がかなり含まれます。五十年かければ、社会の公共性が高いものから新聞小説等に至るまで、漢字を消していくのには十分な年数であろうと思われます。なにせ、それらを担う人々も、漢字を習わないし、使わないのだから、当然の筋道だともいえます。私的なもの、個別的なものにもそれは次第に及んでいき、ようするに、〝無事に〟漢字は社会から、そして必然的に個々人から姿を消していくでしょう。先ほども述べたように、このとき、漢字をやめるかわりにどんな文字を使うのかを確立しておく必要があるのは言うまでもありません。

以上のことを裏返せば、社会のありようと連動しない漢字教育改革は意味があまりないし、教育が連動していない社会の漢字改革も同じく効果は薄いといえます。右の仮想計画においては、現代の常用漢字と同じく、あくまで個人への規制は掛けないというものにしてみました。現に今、常用漢字を大いに逸脱した難漢字を連発する人が、実際にどれほどいるでしょう。漢字の知識の充実を趣味にしている人は多いかもしれませんが、普段の生活で隈無くそれらを使尽くす機会はそうないと思います。それに、難漢字の連発はペダンチック（知識のひけらかし）と隣り合わせで、軋轢になることだってあります。そういうこともあって、検定や趣味といった類い――つまり個別的な一面を除いては、結局、多くの人は、この常用漢字を中枢とした付近のエリアで日常普段の読み書きの活動をしているでしょう。

さて、先に、漢字廃止シミュレーションにおいて二つの観点がある、と述べました。一つが、上記の、個と社会という区分けです。これをコントロールすれば、廃止は実現する可能性がありますし、それに近いことをした国が存在します。しかし、まさにその実行においてかかわるもうひとつの観点が――モチベーションです。常用漢字低減から廃止までの二十～五十年計画をシミュレーションしましたが、この、シミュレーションにしても気長な年数に及んで、漢字をやめようというその動機がまずもってどこにあるか、ということに思いを致す必要があります。いま、日本においては、社会から漢字をどうなくすかという困難性や、過去すでにある漢字をどうするかという悩ましさに向きあうこと、また際限なくお金が掛かる変更……これらをいとわず突き進むような、廃止モチベーションがほとんどありません（低減を唱えるモチベーションは常にあると思われますが）。そういう意味において、かなり非現実的です。これは、もはや〝そもそも論〟のようなことになりますが、たとえば、極論的に、過去の文献等を含めた漢字をも全て廃止ということを挙げました。漢字で書かれた文化財の類いも破却というのは、労力云々以前に、通常はかなり心理的抵抗が先立つはずです。もし、それをものともしない、むしろ、積極的に破却へと向かう力、モチベーションがあったとしたら、以上のことはあらためて、一気に現実味を帯びることでしょう。言い方を変えると、モチベーションとか熱意だけでもまた、どうしようもないのです。社会・教育を変革させたいという強力なモチベーションとそれを実行する教育・政策（公権力）という両者が嚙み合わないと実現しません。そしてそのモチベーションにもいろいろあり得て、たとえば外部からの強制的措置ということも考え得ます。日本で、廃止や制限などが検討されたのは、鎖国していたところへ、非漢字圏の欧米からの波、そしてそれに乗っての近代化を遂げていく過中ということもありました。そして戦後にも同じく廃止論として、GHQによるものもありました――結果的にこれは当用漢字の整定につながりました。当用漢字は、目安ではなく制限で、実際に将来的な廃止を見据えたものでした。結局のところ、内発的であれ、外圧的であれ、つまりは、旧態からの脱却というモチベーション（あるいは強制）が必要になります。漢字は、かつては使える人が支配者層に限られていたため、権威性をもっているところがあるので、それが脱すべき旧態の象徴などと読み替えられると、一気に廃止モチベーションの推進力にスイッチされます。ベトナムは西欧の支配が、旧態の象徴であった字喃（チュノム）（漢字をもとにしたベトナム特有の字体）をはじめとする漢字の廃棄へ、朝鮮半島は日帝支配の残存、記憶という旧態からの脱却もモチベーションになったと考えられます。権威や体制の象徴でもあった漢字が、まさにそのこと自体を理由として、廃止モチベーションの原動力に変換されるという構図です。だから、この廃止のモチベーションこそが、全ての方策におけるエンジンかつその燃料になるのであって、そうでなければ、上に挙げたような計画をどれほど綿密に練っても、できないものはできない、画餅に終わると思われます。つまり、止めてしまう理由がないというモチベーションのなさ、というのは、実は何にも勝る変革への強力な抵抗力（ブレーキ）となるわけです。たとえば、突然いま、明日から漢字・平仮名・片仮名の使用を禁じられたり、日本語が急に通じなくなると途方に暮れてしまうと思います。言い換えれば、今日通じていることは、問題なく明日も変わらず通じてくれるとよいわけで、この意識は一種の保守と言えるでしょう。このように、文字や言葉には使用者にとって常に一定の保守が働いているので、そこを本当に、右にみたようなレベルで揺さぶり、変革していくとしたら、それこそ国家の存亡がかかっているとか、民族そのものやそのアイデンティティの死守のためにといったレベルの動機がないと、なかなか変わらないと思われます。あるいはまた、そういったあらゆる保守性をオールキャンセルしてしまうほどの強力な抵抗しがたい外圧による、といったところでしょう。*4

次に、その漢字を、やめるどころか縛られてもいる私たちの現状を、ごく身近な例で振り返ってみましょう。

■漢字に頼っていること、漢字に縛られていること

いきなりですが、「ハンコを押す」という一文、傍線を引いた部分の漢字の当て方は〝正しいか〟〝誤りか〟いず

*4　ここで行ってみた仮想問答ではなく、現実の日本の歴史における漢字廃止の経緯や歴史については安田敏朗氏『漢字廃止の思想史』（平凡社、二〇一六）が参考になります。

れでしょう。あるいは第三の答え〝どちらでもよい〟でしょうか。では「ハンコを推す」はどうでしょう。これは違和感があるという意見が多くなりそうです。たしかにハンコを推薦するのは奇妙です。ハンコか、サインで済ませるかを議論中、「ハンコを推す」ならあり得なくもないですが、状況設定がなかなか苦しいです。こういう文脈なしにシンプルに「ハンコを押す」より「ハンコを捺す」のほうがよい（正しい）と考える方がもしいれば、それは既に〝漢字の支配〟をうけていると言えるかもしれません。

小学校から、異字同訓の使い分けを習います。ほぼ、常識に属するであろうこととして、「早い／速い」「泣く／鳴く」「熱い／暑い」など、すぐにいくつか挙がるでしょう。これらは、日本語としては本来は同じ語の範疇に収まる意味の分布を、漢字を使ってあえて分割しているということになります。つまり、日本語のハヤイは速度がハヤイのも指すし、時間がハヤイのも指せますが、これを文字で細分して区別しているのです。視覚上だけの区別なので、言いようによってはわざわざ労力をかけているということにもなります。つまり、「えらく朝ハヤイですね」と「走るのハヤイですね」を文字にするときは分けることになっていますが、考えてみれば面倒くさくないでしょうか。中には怪しいものもあります。それは「早食い」です。書き分けの基本ルールからいくと、「速食い」ではないのでしょうか。ハヤグイ競争は、いかに早朝に食事するかを競うわけではありません。また、最近の夏の温度の異常さからして、「熱い」と敢えて書いたりすることもありますが、一応正しくは「暑い」でしょう。なお中国語では、「あつくて死にそう」は「熱死了！」です。

「はやい」／「早・速」がそうであるように、もともと、一語の意味の広がりでまかなえるはずのところを漢字を使って、いわば分節しているので、その切り目も、切ったその切り口も曖昧なのです。なお、義務教育では書き分けの説明（根拠）が付くものしか教えないことになっています——人間の「なく（泣）」と動物の「なく（鳴）」などです。説明が付かないものを子どもに教えても、再現性が期待できず、混乱させてしまいます。説明が付かないとはなにかというと――「悲しい」と「哀しい」、「恨み」と「怨み」などです。いま、咄嗟に、これらに使い分けがあるけどなと思った方、是非、ランダムにお知り合いにテストしてみてください。必ず、違う使い分けの感想を述べる人が現れると思います。つまり、きっと「泣く」と「鳴く」のようには明白に分かれないでしょう。筆者も勤務校で、一度アンケートを取ったことがあります。そうすると、「怨み」と「恨み」はどちらがウラミの度合いが強いかでちょうど半々に割れました。また「哀しい」と「悲しい」は、泣き方が激しいのはどちらかとか、涙をどのように流しているか否かということで様々なことを皆考えてくれたのですが、似たような意見が、他方の字で述べられることもあって、一定しませんでした。「暑い／熱い」「速い／早い」のようにはいかなかったのです。

漢字の事細かな書き分けは表現手段の豊かさと捉える向きもあるでしょう。そして、豊かさである一方、面倒だとも言えると思います。豊かかそうでないか、というのは言うなれば、どう解釈するか、どう評価するかということであって、本質的なことではないのですが、日本語表記の多様性を仮に優劣の観点から評価的に捉えると、ごくたやすく、世界の文字表記に対するいわゆる〝マウント〟をとったかのようになりうる点、注意が必要です。どういうことかというと、アルファベットは記号的で、漢字は豊かだとか、平仮名は柔らかくて優美だが、〇〇文字は無機質だといった対比的優位を語る類いです。こういった美醜や好悪といった評価は個人が密かに心の内に持つのは勝手ですが（他人はそれを知り得ないから）、普遍的な位置づけにはやはり使えません。つまり、科学的ではないということです。先に登場したレヴィ・ストロースは、文化とはそのコミュニティの人々に閉じられたものであるから、優劣で語るのは危険であると警鐘をならしました。たとえば、世界には石器時代のような暮らしをいまだにしている人々がいますが、それらを蔑んだり、憐れんだり、あるいは、私たちの文明を教えてあげなくては、といったような態度のことを、間違っているとしました。それは文明人（を自称する人）の傲慢だというわけです。こういった捉え方が、いわゆる構造主義で、第三章でも触れたとおり、言語学の方でもいまや常識的理解となっています（ただしすでに、94ページで述べたようにレヴィ・ストロースのほうが、言語学に発想を得ている経緯があるのですが)。こういうことからすれば、〝漢字のすばらしさ〟なるものが、〝〇〇と比べて〟という対比的な優劣の評価へとスライドしていくと、科学としてはイエローカード、いやもはやレッドカードなのだろうと思います。

2　印刷と文字の社会性

■手書き反復練習の是非

すでに述べた通り、言葉や文字というのは、社会性あってのものです。そして、その社会と文字表記をつなぐ重要な媒介――印刷をここでは取り上げましょう。印刷と一言で言えば方法であり手段ですが、言葉や文字表記研究においては、文字・表記の社会性を映し、そして測る鏡であり秤だとも言えます。

漢字の字体は自分勝手にはできません。使い方にしても、前節で見たように結構いろいろ縛られているものです。そもそも、日々の言語生活で、全く日本語として認知されていない音並びや文字、文字列を書いても通用しません。記号として働いていないのだから当たり前の話です。ここで**図8**をご覧ください。①は末なのか、未なのかわかりにくいです。②も7、9、1、0の見分けが付きにくく、会計などでは迷惑なことにもなりかねないでしょう。ただし口で話す場合、少々の言い間違いなら補整したり、想像で理解出来たりしますし、文字表記でもその補正や、推論はある程度は読み手と書き手との間で可能でしょう。③④も、これでは間違った漢字ですが、それぞれおそらく「宝」「凍」なんだろうと想像はできます。しかし、だからといって別に点画なんてどうでもいいじゃないかという話にはな

図8

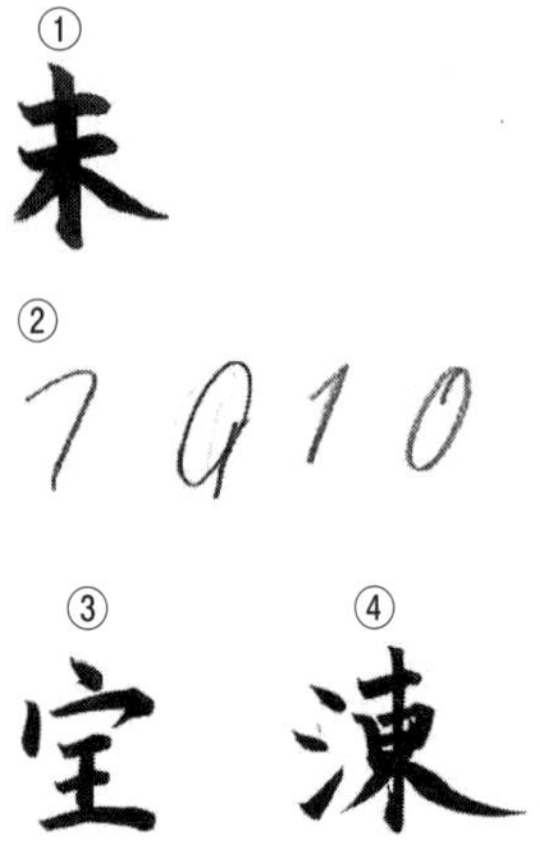

①　②　③　④

らないはずです。「太」「犬」「大」は点のあるなしと位置が、字体としての違いを支えているので、間違えるわけにはいきません。一方、人名などで、「冖」のない「冨」などがありますが、これは社会性をもって認知されているため、「富」と両方通行しています。

よって、ふつうは社会的な慣習を逸脱しすぎないよう、調整が必要になるわけですが、私たちにとって、特に文字のほうでそれを担保している大きな存在が、先の節からずっと触れている学校教育です。特に最初の九年間は義務なので、全員が同じ事を習っているという建前になっているということをすでに述べました。その中で、文字（ことに漢字）を何度も何度も書かせる練習があります。労力ばかり多くて効果に疑問もあるかもしれませんが、さしあたり、字体を獲得しないと、読むこともできないので、いくらPCが難しい漢字を求めるままに〝書いて〟くれるからといって、字体を知らなければ、そもそも打って変換しても正しい判断（選択）ができません。また、今の世の中は印刷物のほうが多いから手書き練習に意味を見出さないというのも、やや勇み足と思われます。いずれにせよ、手書き反復練習を不合理と退けるのであれば、大げさでなく、教育改革なのですから、これに代わる方法を学習者のために提示する必要があります。一体、どんな新たな方法があるでしょう（なお、タブレット等で表示された文字の形（線）を指でなぞるというのは、反復する限り、結局同じことだと思います）。手書き反復練習を推奨するにも、反対するにも、こういったことを綿密に再検証する必要があります。もし、本当に、手書き反復ではない方法による字体獲得が本格的に実行されるというなら、その手書き練習を始める前の段階の子ども（幼児）、あるいは日本語学習者（そういう意味でのスタートラインにいる人々）に、きっちりと提供できる教育パッケージのような方法論を確立しておく必要があります。そうでなく、単に「手書き反復練習なんて意味が無いからやめろ」と言うだけで、ただ、ある日をもってやらせないことにするというのは最悪で、無責任に過ぎます。また、個人個人はその新学習法によることでさしあたりよくても、社会にまだ手書きの場面が残っている限り、その新しい方法で学習した人が不利益を蒙る瞬間が何かあるかもしれないということも、教育者あるいはプログラムは、あらかじめ見越しておく必要があります。非情なことをいえば、移行する間はある一定の人々には我慢してもらうしかないところもあるのかもしれませんが、最初からその辺りのことをあっけらかんと見過ごすのはよくないでしょう。そもそも、文字を繰り返し〈手書きして覚えるという反復練習〉ということと、〈目にする文字、自身が打ち出す文字は手書きではない印刷物が多い〉ということとは直接関係がありません。現代であれば誰しも、義務教育において「教科書体」という非手書き書体（フォント）を手本に、手書きで練習し、非手書き書体によった教科書を読むということを繰り返したはずです。このような印刷の書体（フォント）と手書きの連携という実情が厳然とあることにも、目配りする必要がありません。印刷は、現状、手書きの規範となる位置にありますが、もともとは手書きの再現として期待されるところがありました。歴史上印刷はまさに文字社会の一大イノベーションでした。

次に、その日本語と印刷の歴史を見ていきましょう。

■日本における印刷の歴史

日本の印刷の歴史にはいくつか画期があります。そしてその画期に先立つのが宗教関係の印刷です。「春日版」は、平安時代から鎌倉時代にかけて、奈良の興福寺関係の寺院で版木を用いて印刷されたものです。興福寺と密接に関係にある春日大社に奉納するのが目的だったので、こう呼ばれます。内容は経典（きょうてん）類がもちろん中心ですが、経典（けいてん）（儒学）も見られます。すなわち、宗教関係者による、お経や漢籍という学問の教材の印刷だったというわけです。また、高野版は鎌倉時代から始まり、印刷される対象も当然、高野山つまり密教関係の経典（きょうてん）が主です。他に比叡山でも印刷が行われ、叡山版と呼ばれました。次いで、五山版というのがあります。これは室町時代に宋・元の禅宗関係の影響をうけて作られたもので、仏典だけではなく、経典（けいてん）の注釈書や、問答集、漢詩集などの印刷も行われました。

以上のように、日本の印刷の世界を牽引したのは明確に、宗教と学問世界だとわかります。これをふまえて、中世以降の印刷の歴史を概観しましょう。

まず一つは安土桃山〜江戸初期で、木活字もしくは金属活字によるものです。日本の活字印刷は文禄二年（一五九三年）に後陽成天皇の命で刊行された『古文孝経』がその始まりとなります。このあと寛永年間まで主に木活字で刊行されたものを古活字版と呼びます。有名なのは慶長版本といわれるもので、後陽成天皇によるので、慶長勅版ともいいます。**図9**は、慶長勅版の『日本書紀』です。また駿河版、伏見版と呼ばれるものもあります。これは徳川家康による命で刊行されたもので、伏見城や江戸城、駿府城に所蔵されていた書籍を印刷、刊行したものです。慶長四年（一五九九年）以降、伏見においては木活字、元和元年以降は銅活字を用いています。ちなみに活字の世界最古は朝鮮によるもので、グーテンベルクのそれよりも早いものです。また、嵯峨本といわれる古活字版『伊勢物語』（**図10**）は、見た目はほぼそのまま肉筆と見まがうような美麗さで、本阿弥光悦が嵯峨の豪商・角倉素庵の協力を得て出版したものです。

天皇に、徳川将軍、豪商の援助など——お気づきの通り、富や権力をもっている人に依存して実現していることがわかります。これらの印刷物は、大変質が高いのですが、その分コストが掛かっています。たとえば、木活字にせよ、金属活字にせよ、結局大きな経済力を背景にもたないと難しいのです。慶長勅版にしても、駿河版にしてもクオリティからしてそのあたりは納得出来ることだと思います。必然的に大量出版には向きません。鈴木広光氏は、流麗な筆致を再現している既掲・嵯峨本『伊勢物語』をして、「必ずしも同一物の大量複製を目的とはしていない（中略）一点物の工芸品であった」と評価しています（『日本語活字印刷史』名古屋大学出版会、二〇一五）。

二つ目の画期は、江戸時代の製版です。平たく言えば木版の手彫りです。今、ふつうの本でいう二ページ分を開いた状態で、彫って刷り上がったらこれを袋綴じにします。金属活字と違って、一つ一つの字を鋳造する手間がないのと、それらを組むという方法ではないので、字の配置などのレイアウトにも柔軟に対応できますし、摩耗すれば彫り直せます。また、一つ一つの版木さえ手元に置いておけば、増刷もできます。版権という概念も製版から生まれました。現在も出版業界では、第○刷という言い方がありますが、元を辿ればこの江戸時代の製版文化における方法にまで遡れるわけです。本が学問だけでなく、いわば娯楽にまで広がって読まれるようになることは、この

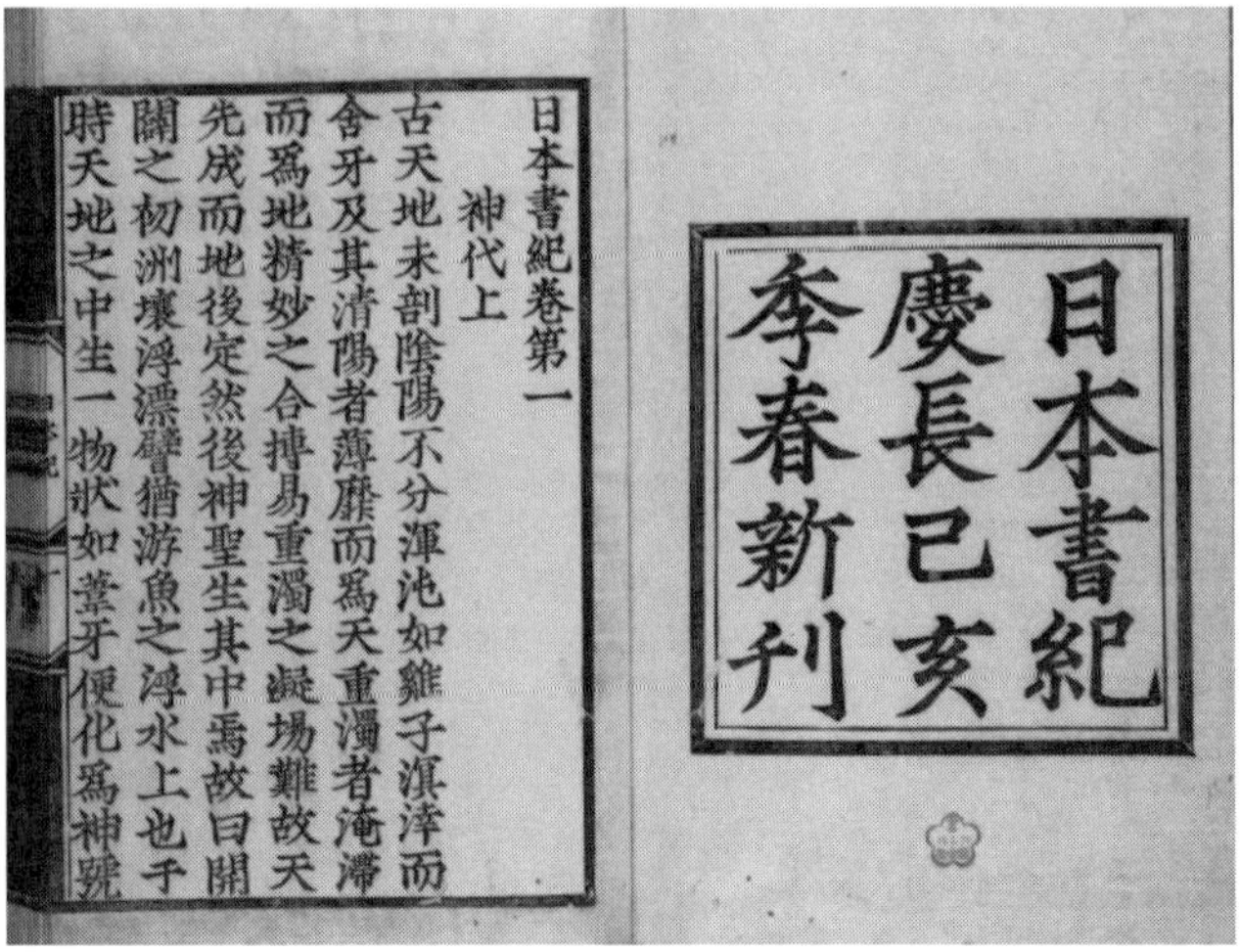
日本書紀
慶長己亥
季春新刊

日本書紀巻第一
神代上
古天地未剖陰陽不分渾沌如雞子溟涬而含牙及其清陽者薄靡而爲天重濁者淹滯而爲地精妙之合摶易重濁之凝場難故天先成而地後定然後神聖生其中焉故曰開闢之初洲壤浮漂譬猶游魚之浮水上也于時天地之中生一物狀如葦牙便化爲神號

図９　慶長勅版 日本書紀
（国立国会図書館デジタルコレクション）

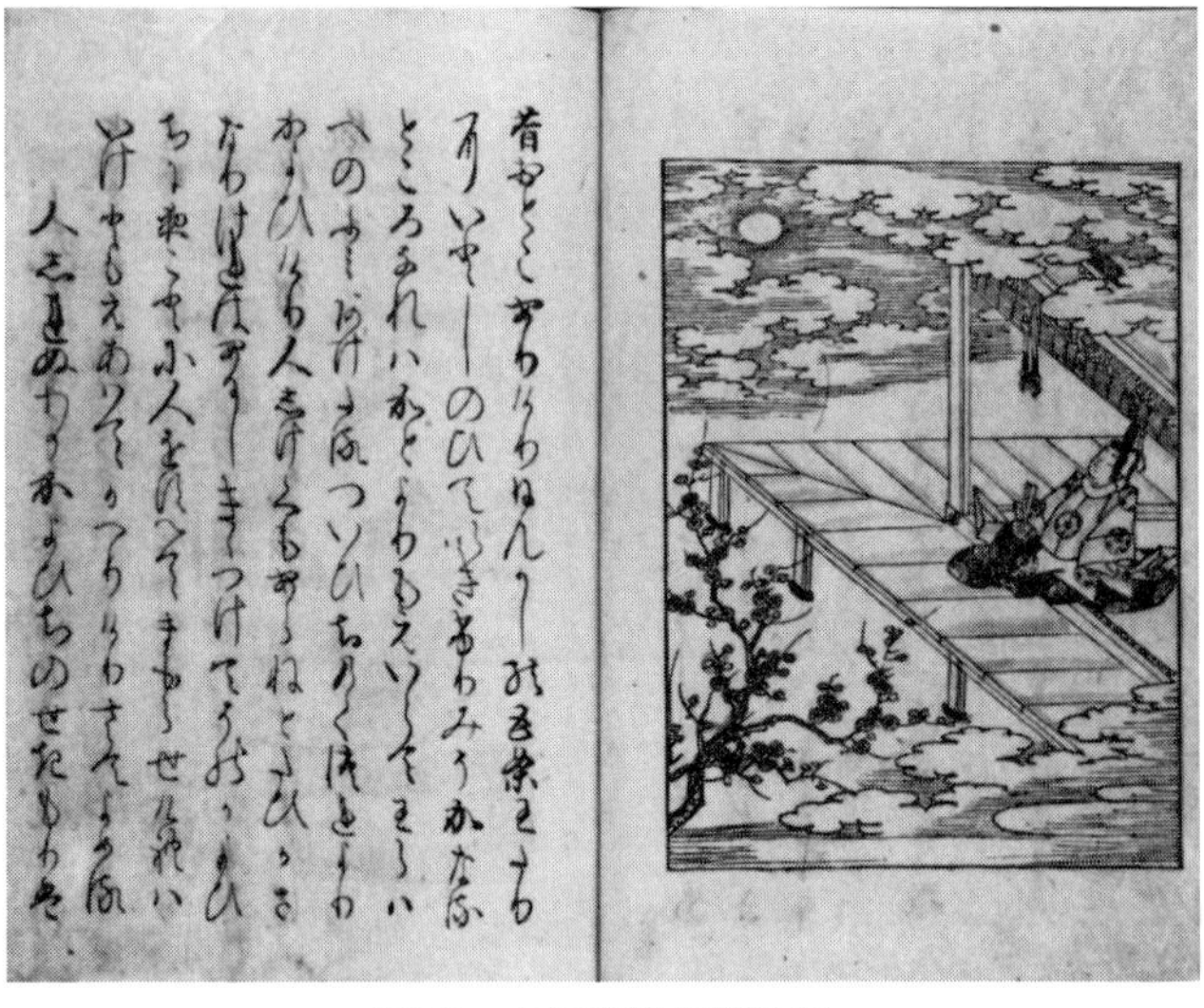

図10　古活字版 伊勢物語
（嵯峨本、国立国会図書館デジタルコレクション）

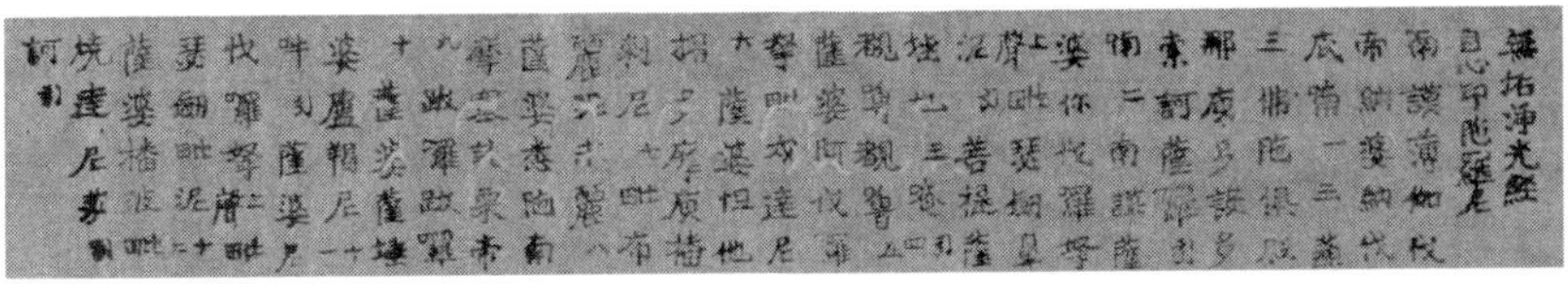

図 11　百万塔陀羅尼（東京国立博物館蔵）出典：ColBase（https://colbase.nich.go.jp）

製版出版あってこそだったと考えられます。嵯峨本のような流麗な、その代わり膨大な手間とお金が掛かるものでは、大衆の手にはなかなか降りてきません。スピードと分量とコストにおいて需要を満たせるのはこの製版だったのです。

このあと、明治以降日本は、西洋の技術を導入した活版印刷へと入っていきます。幕末にヨーロッパから、キリシタン宣教師達による伝来以来二五〇年の時を隔てて、活版印刷がやってきました。鋳造にあたって活用されたのが鉛です。鉛は、鉄よりも遥かに融点が低いので加工しやすいのです。ただし、柔らかい分、破損しやすく、たとえば、落としたりするともう使い物にならない（規格が狂う）ということがあるようです。近代以降の活版印刷を拓いたのは本木昌造という人です。一八六九年には活版伝習所を任されました。この後のスピード感はまさに日進月歩で、明治維新からわずか二年後には横浜毎日新聞、続いて東京日日新聞が早、刊行されています（一八七八年頃――つまり維新から一〇年で、三千数百点の活版印刷物がすでにあったといいます）。以上にみてきたような印刷の画期は、単に、本を早く安く大量に、というのを可能にしただけではありません。文字表記論においても、印刷という出来事は、最重要研究事項の一つとなっています。

ところで、古活字版に先行するものとして、宗教関係の印刷を先に紹介しましたが、仏教声楽の楽譜などもこういった印刷の歴史のかなり早い部類に挙げられます。高野山には、声明（梵唄とも。節付きのお経）の譜という世界最古の楽譜印刷が残っています。また、さらにぐっと古い古代の印刷に、百万塔陀羅尼があります（**図11**）。そして先にも少し触れましたが、宗教と言えば何と言っても、キリシタン宣教師達がもってきた印刷技術がありました。時代としては、

風の ゆうびんやさん

たけした ふみこ 文
つちだ よしはる え

風の ゆうびんやさんは、
風の じてん車に のって やってきます。
リンリンと ベルを ならして、
ひゅうっと とおりすぎて いきます。
ゆうびんやさんの かばんは、
はいたつする 手紙で いっぱいです。

図12 小学校教科書『あたらしい国語 二上』（東京書籍、2020）

江戸時代の整版文化に先行するはずですが、キリシタン迫害のため、活版印刷の技術は一端、日本の歴史から姿を消し、二五〇年の後再び現れたということになります。ちなみに宣教師達は、ヨーロッパから、アフリカの喜望峰を超えて、地球を半周してアジアに持ち込みました。十五～十六世紀に、日本をはじめとするアジアに、実は世界最新鋭の印刷機が鎮座していたのでした。先に挙げた古いお経がそうであるように、宗教と印刷というのは布教において不可分の関係にあるのです。

■規範と印刷

子どもの頃から、漢字を練習するとき、何をお手本にしてきたでしょうか。書道、習字を習ってきた人以外は、ほぼ例外なく、先程も触れた教科書字体というものをもとに、それこそ、何度も何度も書く練習をしたことと思います（**図12**）。つまり、印刷されたものに規範をおいてきたでしょう。教科書字体なるものを設定しているのは、仮に明朝体を手本にすると、子どもは、お手本に忠実にと言われれば言われるほど、おそらくは、「さ」などは、**図13**のようにその二画目と三画目をつなげるように書こうとするだろうからです。「子」も二画目をまっすぐ下におろすように書くのが正しいと思うはずです。

さ さ （さ）
字 字 （字）
さ
教科書字体

図13

また、一つ一つの字の大きさをほぼ同じにそろえて書くのも、主に活版印刷以降のありようを規範においているといわれます。製版も、初期の方では大きさが文字ごとに違いますが、時代が下ると、その差異が小さくなっている事例があります。矢田勉氏は、「字型」という術語をもってこのことを指摘し、製版から活版への変化の重要な道程とみています。とりわけ『古事記伝』という本居宣長が生涯をかけて記した大著では、平仮名が連綿から（ほぼ）解放されて、漢字と同じように字詰めされます。よって、一行当たりの字数が一定するという、今の私たちからすると当たり前ですが、当時はまだまだ必ずしも一般的ではなかった特異なことが実現しています。このことについての矢田氏の指摘を引きましょう。

そもそも平仮名というものは、万葉仮名の、漢字の規範を外れた草体化により生まれたものであって、その発生当初から、連綿と切っても切れない関係にあった。平仮名はそうしたものであるから、そもそも一字をとり出されては安定を欠くという性格をもっていた。文字列の流れの中に置かれて初めて弁別可能になるという場合も少なくなかったし、また、字の粒が揃っていないという点、そもそもの各字の大きさに違いがあるという点にまた、字体の弁別を可能ならしめる要因もあった。従って、平仮名は本来的には、一行の字詰めを一定にするのに適したようにはできていなかったのである。その故に、桃山・江戸初期に活字印刷術が輸入された際、平仮名に関しては連続活字という非常に面倒な方法が採られ、結局日本ではやがて活字印刷が印刷術の主流を製版に明け渡したということは、周知の事実である。

（『国語文字・表記史の研究』）

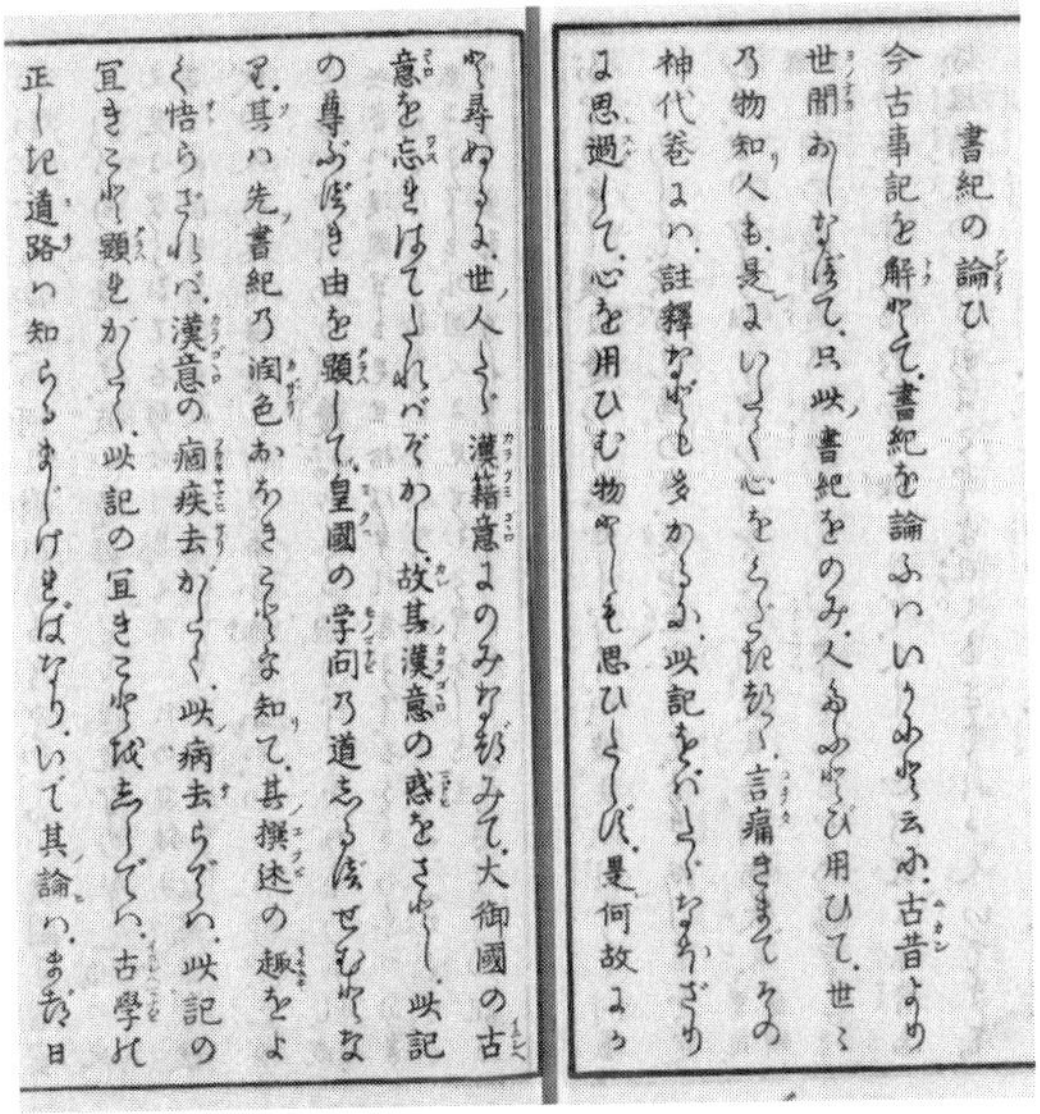
書紀の論ひ
今古事記を解むとて、書紀を論ふはいかなれば云に、古昔より
世間おしなべて、只此書紀をのみ人ごとにもてはやし用ひて、世々
の物知人も、是をのみいみじき物と思ひて、言痛きまでその
神代巻をば、註釈なども多かるに、此記をばいとなほざりに
思過して、心を用ひむ物とも思ひたらざりしは、是何故ぞ
や尋ぬるに、世人ひたぶるに漢籍意にのみなづみて、大御國の古
意を忘はてたればぞかし。故其漢意の惑をさとらし、此記
の尊ぶべき由を顕して、皇國の学問の道志るべせむとてなり。
其は先書紀の潤色おほきことを知て、其撰述の趣をよ
く悟らざれば、漢意の痼疾去がたく、此病去らざれば、此記の
宜きことも顕はれがたく、此記の宜きことを悟らずしては、古學の
正しき道路は知らるまじければなり。いで其論は、まづ日

図 14　古事記伝 巻一
(国立国会図書館デジタルコレクション)

図14は『古事記伝』巻一のものです。連綿といっても、

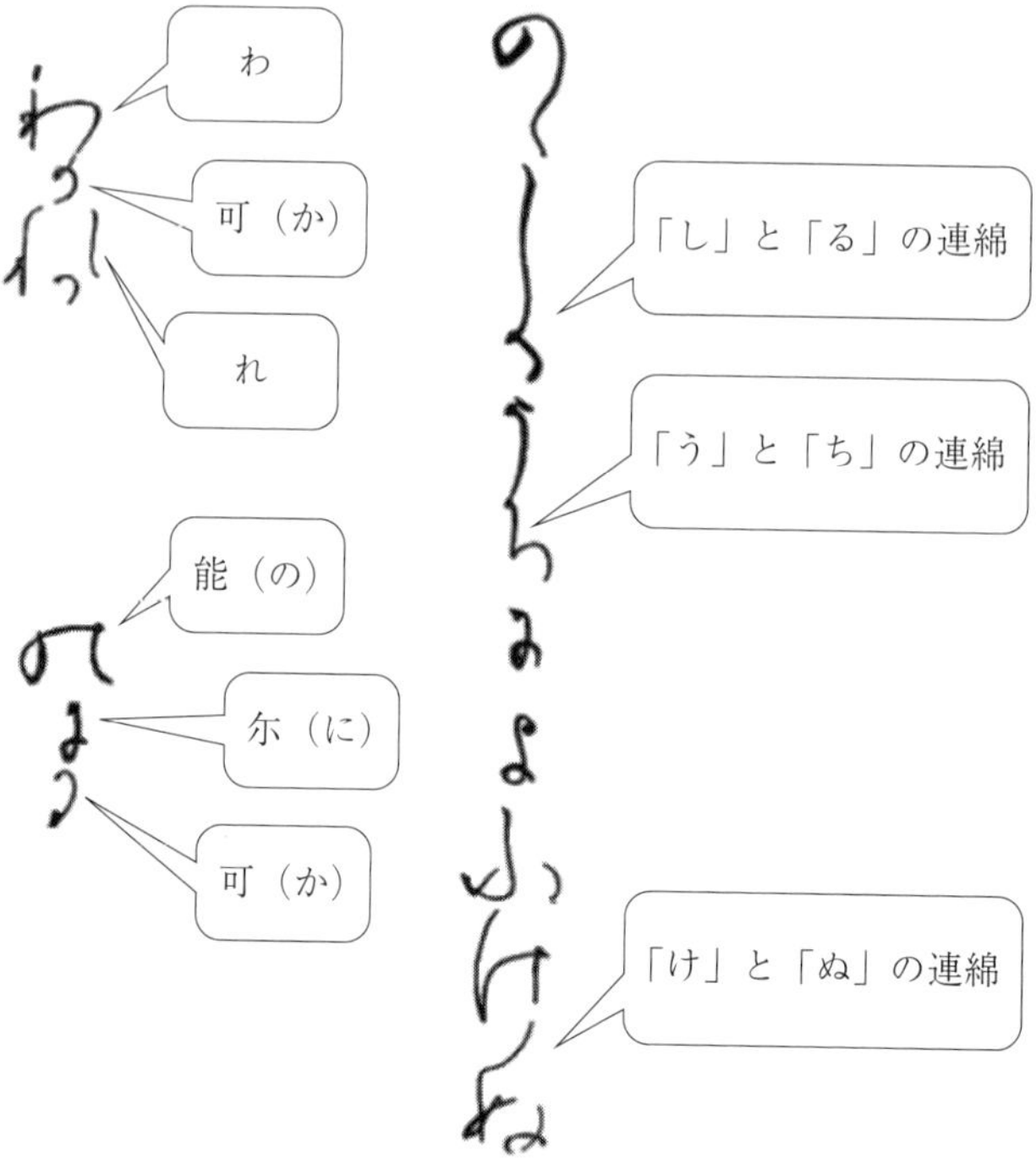

「し」と「る」の連綿
「う」と「ち」の連綿
「け」と「ぬ」の連綿
わ
可（か）
れ
能（の）
尓（に）
可（か）

図15

せいぜい二文字、なにより大きさが漢字・平仮名を通じてほぼ一定しています。なお、『古事記伝』は宣長の自筆本も残っています。また同じく矢田氏が指摘するように、最近はあまり使わなくなりましたが、手書き原稿用紙は、文字の大きさを均一にするためのフォーマットだと言えるでしょう。*5 このように考えると、かつての印刷は、古活字版が、また初期の江戸時代の整版本がそうであるように、手書きの字形、書体に寄せるという方向性でしたが、長きに渡る製版時代に、その重力が徐々に反転し、手書きが印刷物という規範へ寄せていくという素地がつくられ、近代の活版印刷以降、本格的に規範が逆転していくということになります（『国語文字・表記史の研究』）。私たちが、平仮名の連綿を書かないこと、平仮名の五十文字を、いずれもおよそ同じ大きさで書くというのは、実はさほど古くからではないということです。『土左日記』（青谿書屋本　**図15**）を御覧下さい。仮名同士の連綿、そして、おそらく同資料中最小の仮名「可（か）」や「尓（に）」と、相対的にそれよりかなり大きい「能（の）」「和（わ）」などを比べてみてください。もちろん、原文からそのまま切り取ったものであり、図15では文字の大きさの比率は、変えていません。

次章では、この平仮名をはじめとする「仮名」とその歴史を見てみましょう。

＊5　『国語文字・表記史の研究』第五編・第一章。また、矢田氏は原稿用紙を引き合いに出しての説明に関して紀田順一郎『日本語発掘図鑑』（ジャストシステム、一九九五）を参考文献に挙げています。

コラム

4 中島敦『文字禍』

国語教科書で広く知られている『山月記』の作者、中島敦。その中島の名作の一つが『文字禍』です。昭和十七年に発表されました。コラム1・2でも述べた文字（と、文字による書き言葉）をもつことで、人々の思考――いわばこの世界の見え方が変わってしまったということが古代アッシリアを舞台に語られます。

> 文字の無かった昔、ピル・ナピシュチムの洪水以前には、歓びも智慧もみんな直接に人間の中にはいって来た。今は、文字の薄被（ヴェイル）をかぶった歓びの影と智慧の影としか、我々は知らない。近頃人々は物憶えが悪くなった。これも文字の精の悪戯である。人々は、もはや、書きとめておかなければ、何一つ憶えることが出来ない。着物を着るようになって、人間の皮膚が弱く醜くなった。乗物が発明されて、人間の脚が弱く醜くなった。文字が普及して、人々の頭は、もはや、働かなくなったのである。

文字は、言葉を外部保存する道具です（本書117ページ）が、ここでは、まさに、そうして外部保存することでその肝腎の頭を働かすことがなくなってしまっていると語ります。「歓びも智慧もみんな直接に人間の中にはいって来」ていたのに、「物憶えが悪くなった」――まるで、カーナビを手に入れると、地図や道順を憶える必要がなくなるように。言葉を目に見える記号（文字）に託して、頭の外に置くようになるとどうなるか、この小説では幻想的なキーワードがちりばめられていながらも、実に正当な学術的見識が同居し、その語りの言葉を裏付けてもいるという、まことに中島作品らしいものとなっています。

また、一部、言語学、文字表記論の立場から云えば、文字と言葉が渾然一体となって語られているように見えるところもあります。

> 意味の無い一つ一つの線の交錯としか見えなくなって来る。単なる線の集りが、なぜ、そういう音とそういう意味とをもつことが出来るのか、どうしても解らなくなって来る。

本編でも紹介したように、文字が音と意味をそれぞれ背負っているのではなく、表語文字の場合は、音＋意味という結合体を、文字があらわしています。ここで語られている、二次元記号が「なぜ、そういう音とそういう意味とをもつことが出来るのか」は、その前に、なぜ、その音の羅列が、その意味を背負って結びついているのか、という疑問があることになります。ソシュールは、その結びつきを「恣意性」として議論から遠ざけました（考えても確証を得られないからです）。よってここは文字が、ということで語られていますが、それ以前に、そもそも言葉というものが、記号にすぎないのに、ある対象を堅く補足し得ているのはなぜだ、という問いであって、重要なところです。また、文字を含めて、言葉が対象を指すということを通して、もはや対象そのものだと思ってしまう錯覚についても、「獅子狩りと、獅子狩りの浮彫とを混同している」との表現をもって、鋭く看破しています。

また面白いのは、「精霊」（作品中では「精」とも「霊」とも）なるものが、記号と対象の不思議な繋がりを担保するものとして語られているところです。

> 文字の精共が、一度ある事柄を捉えて、これを己の姿で現すとなると、その事柄はもはや、不滅の生命を得るのじゃ。

一つ一つの文字が、語や音と結びついていること――これは、現代の言語学的には、結びついているからこそ記号ということで、いわばすでに完成品として扱うため、その結び付き自体や由来にわざわざ疑問を提起しないことが大抵ですが、どうして強く結びついていて離れないのかと、あらためて問うとすると、実は答えるのは難しいはずです。まさにソシュールが恣意性とした理由もそこにあります。ここでの「精（霊）」とは、表現だけ追えば、比喩的、幻想的に語られているだけに見えますが、実際には「何でかはわからないが、ともかくそうなっている」ということの説明装置として重要です。『文字禍』は「精霊」を持ち出すことによって、記号と対象が結ばれている根拠に踏み込んでおり、一方の言語学は、踏み込まずに詳説は避けている、ということになります。決して、現代の言語学なら学術的に解決済みのことを、ちょっと古い小説だから幻想的・比喩的に語るに留まっている、というわけではないのです。

上に述べたように、言語学では、ソシュールが「恣意性」ということを言っています。なぜ、その言葉はその概念をあらわすに至ったのか。それは絶対的根拠があるわけではない、ということです。空から降ってくる「雪」が日本語ではユキ、英語ではsnow、中国語ではxue、韓国語では눈numであること――それぞれに優劣はないし、どれが一番ふさわしいか、もない。ただ、そう決まっているだけのこと。しかもそれぞれの言葉が、どのような経緯でそうなったか、なぜ、結びついたまま離れないのか――この「なぜ」には、言語学は言及しません。一方『文字禍』はそれを「精霊」による「不滅の生命」と呼んでみせたのでした。

第五章　仮名のはなし

日本語表記の一翼を担う、片仮名・平仮名。両方とも、漢字からできた。しかし、生まれて以降も、漢字を駆逐してしまわず、並存した。日本語の表記は、この複数種の文字が並行して存在し、少しずつ、交錯していく歴史に裏付けられている。外からみれば非常に複雑に見える表記の、その構造をささえている多様な「仮名」の歴史を追いかけてみよう。

日本語表記における「仮名」（表音文字）、そして漢字（表語文字）の並存は、世界の文字が、表語から表音へと進化したと考えるような見立てを、身をもって反駁する存在でもある。

Ⅰ　「仮名」の成立とその定義

1　「仮名」とは

■漢字の一用法かそうでないか

「仮名（かな）」は、この一言だけでは様々な定義を要する（許してしまう）語です。それだけに、研究史上の種々の定義のつまみ食い、あるいは寄せ集め的な定義をするのは望ましくないので、本書においてあらためて定義していくことにします。

左記は万葉集より、

和我勢故波　多麻尓母我毛奈　保登等伎須　許恵尓安倍奴吉　手尓麻伎弖由可牟（巻十七・四〇〇七）

「我が背子は　玉にもがもな　ほととぎす　声にあへ貫き　手に巻きて行かむ」という歌を記したものです。いま、「我が背子は……」と、歌の読み方を記した際に、現代の平仮名を混ぜて書いていますが、たとえば「ほととぎす」という平仮名表記、これをバラバラにして「ほ」だけ示してもこれはまぎれもなく平仮名の「ほ」だとわかります。静態的な、体系としてもこれは、/ho/をあらわす以外はありません。一方、四〇〇七番の本文に使われている「保」（第三句一文字目）は、仮にこれ一字だけ見せられたのでは、タモツという語をあらわすのか、表音用法のため/ho/という音だけをあらわしているのかは決められません。文字表記論では、ここを重視します。万葉集に使われている、〈見た目は漢字の、その表音用法〉とは、用法上の「仮名」であり、動態――用法というのは、実際に文字が並べられ、表記となっているその現場において存在するということです。一方、現代の平仮名は、そうやって実際に使われる前に、システムとして、体系としても存在していて、もともとの素性からして表音文字としての「仮名」だと見做（な）

せます（もちろん用法としても表音用法です）。実際の現場が動態なら、システムとして使用に移されるのを待機している状態を静態と呼ぶことができるでしょう。

一覧すると**図1**の通りです。体系としての文字は二種類、表語文字と表音文字です。日本語では、表語文字に漢字が、表音文字に平仮名と片仮名が所属します（ローマ字も日本語表記用の文字ですが、いまは除くことにします）。上段の横書きが静態レベルでの分類で、下段の縦書きが実際の用法です。縦書き四角囲みのそれぞれは、表記という動態上で認められます。それぞれ無標（最も標準的にセットされている使い方、いわゆる〝ディフォルト〟）は、漢字であれば表語用法、平仮名、片仮名であれば、表音用法ということになります（そして時と場合に応じて、他の使い方もあり得ます）。上段横書き表示は、実際に運用に移される前の素材としてのレベルなので、文字としての位置づけになります（文字論）。対して下段縦書き表示群は、実際に、語を書きあらわすときどう使うかという分類なので表記での分類（表記論）ということになります。

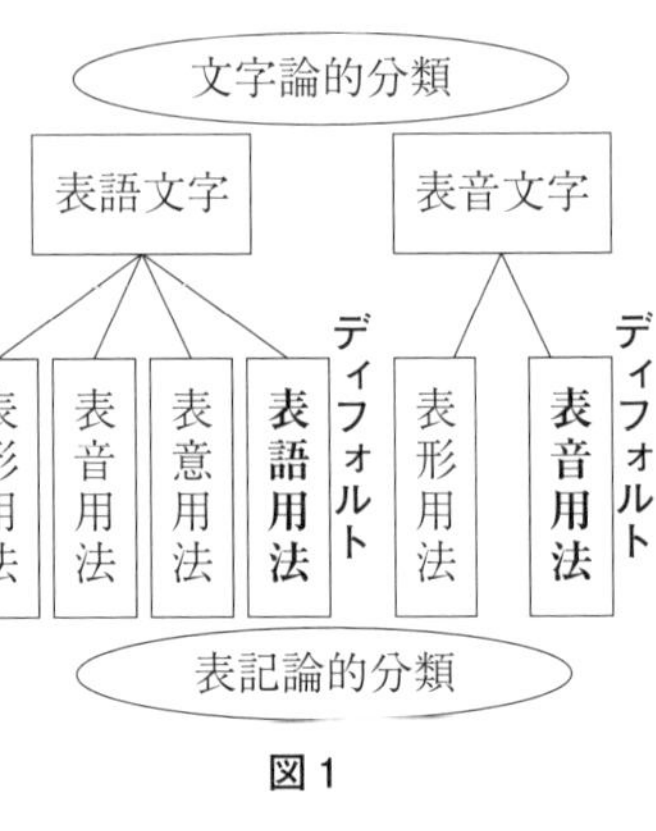

図1

■現代の分析と、〝当時〟の把握

前項で示した**図1**は、分類的で、いわば整然としていますが、たとえば「旦」字を113ページでも紹介したようなお茶の絵文字代わりに使う人が、「表語文字である漢字を、表形用法で使おう」などと一々明晰に、分析的に、しかもこんな術語をわざわざ用いて考えているとは思えません。直感的に、似た形だからこれにしよう、あるいはみんなも使っているから真似して使うか、というところだろうと思います。それを、分析する側が、整理し、名付けて「表形用法」と位置づけているだけのことです。しかし、こここそが、研究による分析的位置づけと、実際の状況との間で乖離が起こり得る分かれ道でもあります。よって、この点にも注意しつつ、以下見ていくことにしましょう。

何か受付等で署名するときに「お名前には振り仮名をお願いします」と言われたとします。そうすると、まずは名前を漢字で書き、そこに小さく読み方として振り仮名を振るのだと即座に理解できるでしょう。従って、「片仮名で？　平仮名で？」などと確認を取ったりもするはずです。このとき、「振り仮名」――「仮名」といわれているので、片仮名？平仮名？と聞き返すわけですが、肝腎の名前を漢字で書いてくれとはわざわざ言われてさえ、いません。それは、振り仮名を振るということは、メインは漢字でという対立関係が既知として共有されているからです。「お名前には振り仮名をお願いします」といわれて、振り仮名なるものは理解するのにもかかわらず、「え、じゃあ、振り仮名じゃない方はどういう文字で書けばいいんですか？」などと聞き返すことはまずないでしょう。ここに、漢字と平仮名・片仮名の対立関係が既に共有されていると見なせます。専門用語は一々使わないでしょうが、あらためて挙げる**図2**の、☆⇔印の対立関係を把握していると見なせますし、表音文字に含まれるその選択候補を頭の中で開いて、下位分類として平仮名で？片仮名で？と確認しています。同時に、表記という実際の現場において、図2でいえば太く囲ったところでそれらを使う、ということを認識していますということで、さしあたり実情と分析上の理論とは合致していると判断できます。

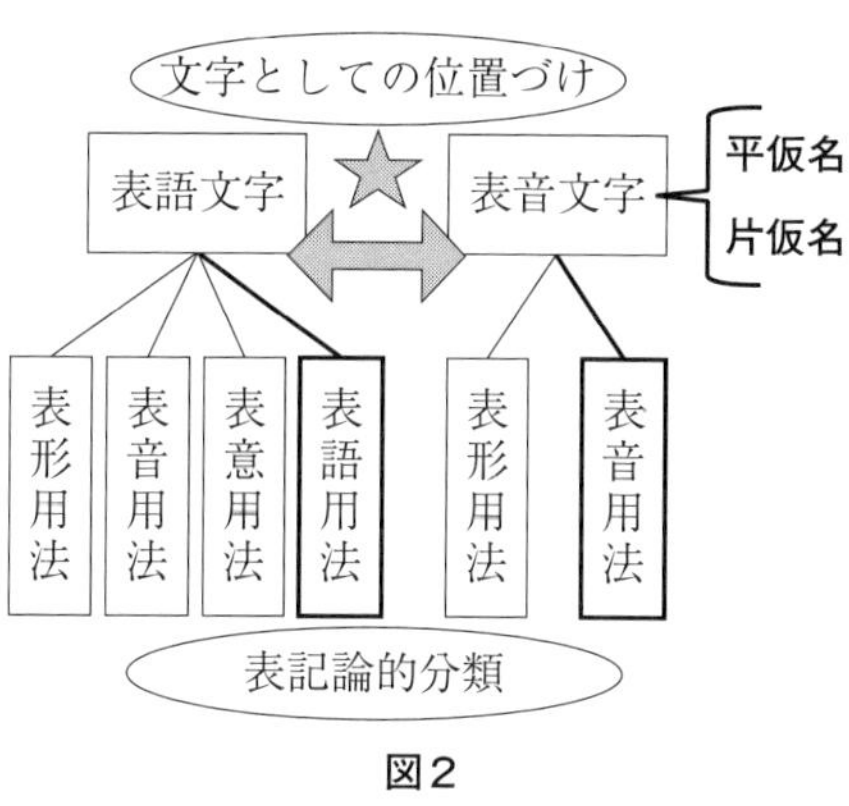

図2

さて、問題は、古代（奈良時代以前）です。古代の場合は見た目上、漢字し

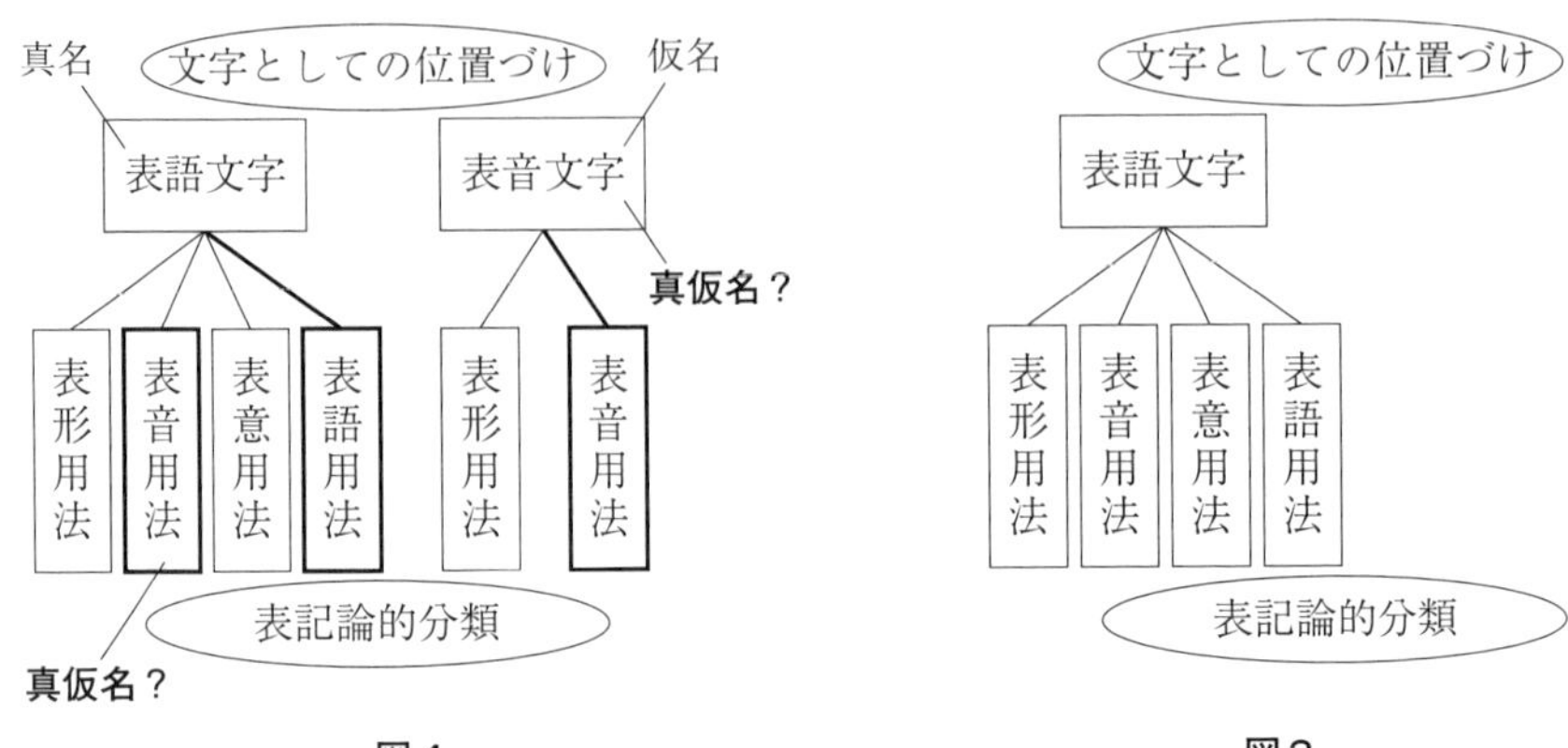

図4　　図3

かありません。いま、あくまで見た目上と言っておきますが、文字は表語文字という漢字一種類です。ということは、理論上は**図3**のようになるはずです。しかし、色々問題はあります。一つに、図3のように、表音文字の存在を古代に認めず、全て、漢字の使い方である表音用法に位置づけているのであれば、たとえばそれを「仮名」と呼ぶのは、紛らわしいのではないか、という点は問題になるでしょう。漢字の一用法なのであれば、「漢字の表音用法」という術語だけで常に通すべきということになるかもしれません。実際は、後からも見るように万葉仮名、音仮名、訓仮名などと、術語がふつうに通行しています。後世になると、真名（まな）―仮名という対立を有する術語の使い方もでてきます。これは現在で言う、漢字と平仮名の対立と見られます。それはつまり、先の図2中の☆⇔に相当するような把握です（「平仮名」も女手など様々にいわれますが、それらはいま単純化のため省略します）。となると、「仮名」というのは、文字素材レベルでの用語であり、ゆえに、漢字の一用法である表音用法にまで「仮名」という術語を当てるのは、よくないのでは、という考え方ができます。これはひとつ大きな問題として、いま留保しておきます。

　さらに、歴史上、注目すべき術語がもうひとつあります。それは真仮名（まがな）です。真仮名というのは、私たちからして察するに、万葉集の表記に使われているような、見た目は漢字の表音用法のものを指すようです。つまり、

「保登等伎須」のようなものです。この真仮名というのを、では、どこに位置させるべきかは結構重要なことになってきます。**図4**をご覧ください。真仮名を「?」を付しつつ上方と下方の二箇所示していますが、どちらに所属するのでしょう。表音文字という素材レベルのところに、片仮名や平仮名と並べて、真仮名をおくべきでしょうか。それとも、あくまで表語文字の表音用法というところにおくべきでしょうか。この問いは、さらに二種類の意味を帯びます。すなわち、研究上の理論としてどちらにおくべきなのかという問い、そして、当時の人はどちらのつもりだったのかという問いです。

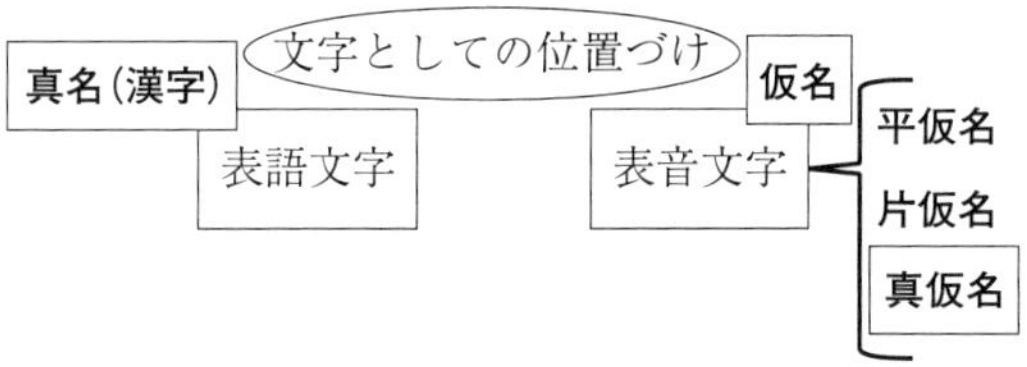

まず当時の人からいきましょう。「~仮名」という言葉が示すように、真仮名という呼び名は、やはり平仮名、片仮名との仲間という認識であったことによる可能性があります。しかも真仮名と呼ばれるそれは、細々とですが、江戸時代まで使われているので、当時の人々が、単純に**図5**のように、片仮名、平仮名と並ぶように考えていたとみるのは不自然ではないでしょう。しかし、たとえば鎌倉期など中世あたりで図5の把握があったからといって、先行の奈良時代も同じくそうであったとは限らないという点には注意せねばなりません。そもそも、奈良時代には平仮名と片仮名がまだありません。加えて、真仮名はおろか、仮名という言葉自体も確認できません。つまり、いま、真名、仮名、真仮名という術語を巡ってどこにおかれるべきかとした議論は、奈良時代という当時の現場にあっては、一端リセットせざるを得ないのです。リセットとはどういうことかと言うと、奈良時代以前に表語文字と表音文字という素材・体系レベルの対立はあったのか（あると認識されていたのか）どうか、という問いかけの振り出しに戻るということです。

文字としての位置づけ
真名（漢字）
表語文字
仮名
表音文字
平仮名
片仮名
真仮名

図5

私たちが理論的な関係性を構築して検証したり、位置づけたりすることと、当時の人々の捉え方という二面があるとしたとき、たとえ鎌倉時代の「真仮名」にしても、まさにその二面をもち得ることになります。次の**図6**では、二箇所の、候補となる真仮名の〝置き場〟が考えられて、しかも位相がズレているので、それぞれ吹き出しをもってコメントを付しているとおり、どちらもただちに間違いとは言えず、ゆえに決着はなかなか付けることができません。中世の人々が考えていた捉え方というのは結局わからないからです。わからないというのはもちろん、否定もできないということです。一方、図の下方に記した吹き出し——理論上の分類や位置づけは、学術的に、理論的構造性を重視することによるものですが、見た目が漢字であるものを「仮名」と呼称するという難点が残ります。ただし、位置づけとして表記論レベルの分類におくというところは、崩せません。先にも述べたように、漢字の表音用法だとするなら、表記上にしか存在し得ないので、上段の普遍的な文字体系レベルにはおけないのです（というのが理論分類側の言い分）。そして、この理論側が、中世はじめ当時の人々の意識と仮にズレていたとしても、もうそれはそれで構わないというのであれば、この二者を一つの枠を巡って戦わせる必要は、なくなるといえばなくなります。

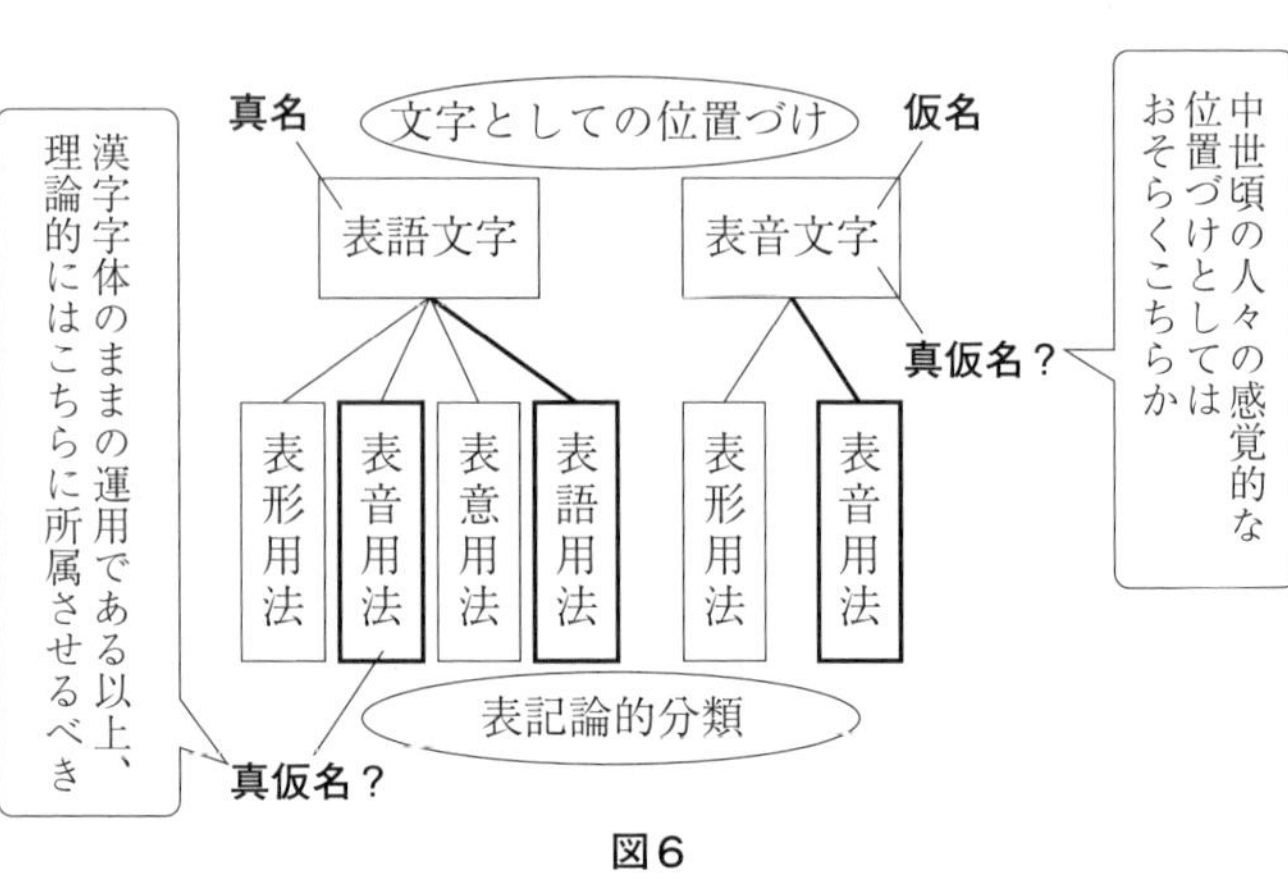

図6

ところで、術語の語構成という点でいくと、真名―真仮名という具合に、真名（漢字）の下位分類的な命名になっているのも見逃せない事だと思います。先ほど確認しましたが、〜仮名という括りの方に注目すると、片仮名・平仮名と並行におかれたのではないかとも思えますが、真名（漢字）である属性を引いていることを認めた呼称だとも受け取れるので、そういう意味では、理論分類が、本当に理論だけで実際に寄り添わず空転していると、必ずしも言えないのではないかとも思います。

■「仮名」が抱える様々なこと

以上みてきたように、「仮名」という言葉の指すところは相当に入り組んでいることがわかると思います。ある術語を巡っては、その場面では当座の説明ができても、今度は別の方で問題が……ということでなかなか万事をうまく均す使い方が難しいのです。また仮に、「仮名」という言葉を、当時の使い方に沿って使う、というルールにしてしまうと、奈良時代にでてくる表音用法のそれを、そもそも仮名と呼べなくなってしまいます。先述の通り、奈良時代には「仮名」という言葉があったかどうか確認できないからです。

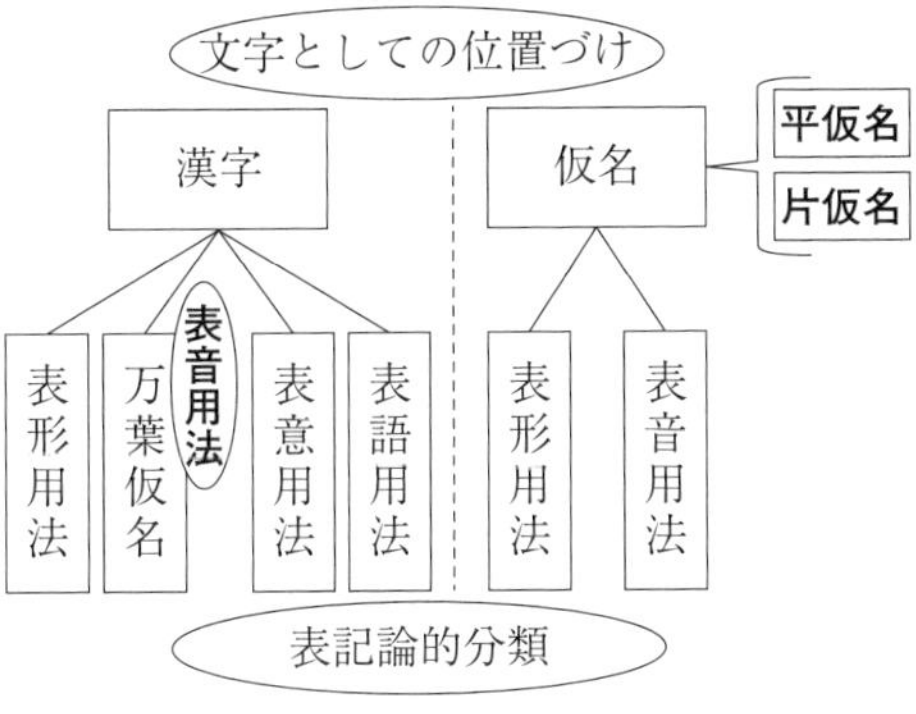

文字としての位置づけ
漢字 | 仮名（平仮名・片仮名）
表形用法　万葉仮名（表音用法）　表意用法　表語用法 | 表形用法　表音用法
表記論的分類

図7

しかし、これではさすがに不便過ぎます。よって、まず本書では、考察するための理論的用語として「仮名」という言葉をすでに使ってきました。そして、適宜「○○仮名」と冠をつけてもう少し絞り込んでの、使用もしていきます。単に「仮名」といったときは、それは最大の括りとして表語文字である漢字に対置される表音文字での謂いだとします。後から見るように、上代の漢字の表音用法は万葉仮名と呼ぶことにします。このとき、すでに本書の立場を述べたように、奈良時代以前のそれは普遍的な文字としてではなく、用法上のものを指すのですが、「万葉仮名」――つまり「仮名」という言葉を含んでいます。これは術語のバランスからして、真仮名のところで触れたことと同じ問題を抱えることになるのですが、やむなしとします。あらためて図示すると**図7**のとおりです。本書は、中央の点線より右側の表音文字は、奈良時代には認めない立場を取ります。なかったことを証明することは難しいのですが、後世のように、あることを裏付ける記述もまた、奈良時代以前には見い出し難いからです。これは後ほど、古事記の序文を紹介する場面で、再び触れます。

改めて、万葉仮名の定義は次の通りです。

万葉仮名：奈良時代以前に使われていた、漢字の表音用法によるもの。字体は従って漢字と同じ。音仮名や訓仮名など様々なバリエーションもあり。

■平仮名・片仮名の定義

「仮名」を巡って術語上の問題をすでにいろいろお話ししてきましたが、平仮名を単に仮名という場合があります。こういったことに鑑みて、本書では基本的には、はっきりと、平仮名、片仮名と呼称します。が、それでも実はまだ不十分でして、左の写真のように、あまりに姿が違って、平安時代の『土左日記』の文字も平仮名、現代の印刷物も平仮名ということになると、広範囲で茫漠としすぎます。写真上は『土左日記』より、下は、現行の小学二年生の国語の教科書（東京書籍『新しい国語』上）からです。

風の　ゆうびんやさん

先ほど、万葉仮名を定義しましたが、万葉集研究でもやはりこれを単に「仮名」とか「仮名書き」という場合がよくあります。ようするに、それぞれの研究領域の場面場面で、自動的に指すものがあれこれ変わっています。これはたとえば、演劇家の間で「本」といえば台本を指す、オーケストラで「笛」といえば自動的にフルートのことを指すなどというのとよく似ています（こういうのをシネクドキ（提喩）といいます。比喩の一種です）。しかし、個別的な議論の現場で、当座のこととして了解されているあいだはそれでよくても、日本語文字表記史を通じて議論するとなると、これではやはり不便です。同じ「仮名」や「平仮名」という言葉を使いながら、聞いている人によって意味が違うというのは、避けねばなりません。よって、本書では、先の万葉仮名に引き続き、次のように規定しておきます。

平仮名：連綿を含み、毛筆書きされるもの。また中世・近世では古活字版、製版印刷等のそれらも含む。

片仮名：平安時代以降、訓点資料などで使われるもの。様々な変遷はあるが、いずれも包摂する。毛筆によるもの、印刷におけるものをいずれも一括しておく。主に近世以前のそれらを指す。

現代平仮名：近代以降のもので、基本的に連綿をもたず、放ち書きされるもの。規範におかれる印刷字体、手書きの、両方を含む。さらに狭義に言えば小学校令で、原則一音節一字母になって以降のものを主に指す。

現代片仮名：近代以降の、印刷が規範に置かれるもの。一音節一字母。

※本書では、文脈からして自明の場合は、「現代」の冠を外すこともあります。

このように線引きしても、規定しきれない実情はいくつもあります。たとえば、現代平仮名を、近代以降、連綿から放たれているものと右記ではしましたが、前章末に写真で紹介したとおり、先立つ江戸時代、本居宣長の古事記伝では、すでに連綿からかなり解放された平仮名が認められます。また、小学校令で絞り込まれた字母群と、連綿をもっていた製版以前の平仮名という対置をすると、〈放ち書きされるが小学校令で洩れた変体仮名〉が、いずれからも弾き出されてしまう危惧があります。ですが、一字ごとの出入りを議論するわけではないので、そこはよしとしました。かように名称を与えることで明確な切れ目が入るようにみえますが、実際は媒体や資料による判断が主で、そういう意味でかなりの連続性を前提にしたおおよその目安としての概略的分類とせざるを得ません。さらに、こういったある意味で整然とした体系的分類を、当時の人が認識していたかも全く別で、それこそ核心的な問題点でもあるのですが、話を進める便宜上、ひととおり分類を与えてスタートさせることにします。このように、いずれも単に「仮名」と呼ぶことはもちろん、「平仮名」と呼称するのでさえも、通時的に考えていく場合、右に『土左日記』と小学校の教科書の字を例示したように、相当に不合理な面があるのだということがおわかりいただけると思います。

また、それぞれ、個別の文字を指して「平仮名」「片仮名」と言うのか、あるいは体系的文字群（セット）としてのそれを言うのか、[*1]という点も議論せねばなりません。これはとても大事なことなので、次に詳しく触れます。

2 〝セット〟としての認識

■古典文学作品という手がかり

平仮名や片仮名を巡って、古典で出てくるものとして古いところでは、『宇津保物語』に、「仮名書き、和歌詠み、容貌よき女をば」という記述があります。この場合の「仮名」とは平仮名を指すと思われます。同じく『宇津保物語』で、

一つには例の女の手、二行に一歌書き、一つには草、行同じごと、一つには片仮名、一つには葦手。まづ例の手を読ませたまふ。

という場面があります。歌がいろいろな書き方をされているということを描写した場面です。「女の手」とは平仮名のことで、これをもって歌が二行書きに書かれている、もう一つが草仮名で二行にして、一つの歌がかかれている。もう一つが片仮名、もう一つが葦手（あしで）に書かれている、というものです。葦手書というのは、絵文字のようにし

て水辺の草にように見立てて歌などを書くことです。なお、おなじ『宇津保物語』の国譲・上巻では、手習い始めに主人公の藤原仲忠(なかただ)が書いたものが、男手、女手、片仮名、葦手とあるほか、「男にてもあらず、女にてもあらず」とあって、新編日本古典文学大系(小学館)は「草仮名でも平仮名でもなく」と現代語訳していますが、頭注では「男手でも女手でもなく、それらの中間的な書体」としています。また、森岡隆氏はこの「男にてもあらず、女にてもあらず」を草仮名とみています。*2 別の箇所には、先に紹介したように、「ひとつには草」とあるので、草仮名という括りの認識はあったと見ていいでしょう。ただし、『宇津保物語』の記述は、あくまで文学作品中におけるものであり、術語も厳密には彼らによる呼び名です(しかもそれは創作物=物語の中のもの)。あくまで文学作品中の謂(い)いですから、それゆえにただちに史実の記録だとは見做せないわけですが、それでも、興味深いことが書かれていることは確かです。特に、平仮名や、片仮名というカテゴリーレベルの区別ができているという点が注意されます。ある一文字がどうこういうのではなく、歌を書く時、片仮名で書いている、といった場合、片仮名という体系を認識しているということになるでしょう。このことは非常に重要な論点になるので、これをめぐって述べていきます。

まず次の二種類の表記をご覧ください。

あしひきの　　アシヒキノ

右の二種の表記をみて、asihikinoという語をあらわしていると読めることと、それぞれ現代平仮名と現代片仮

*1　仮名というセットの存在、また奈良時代以前のそれを仮名と称するかどうか、ということにおいて、山田健三氏が様々な提言をされていて、大変重要な議論です。近時の氏の代表的な主張は「仮名概念はいつ生まれたか:「書記用語「万葉仮名」をめぐって補説・再説」(『ことばの研究』十二、二〇二〇)があります。

*2　『図説　かなの成り立ち事典』(教育出版、二〇一六)。森岡氏は「男にて」「女にて」ではなく「男手にもあらず、女手にもあらず」の本文を採っています(同書二ページ)。

名である、と認定できることとは全く別の話です。

などでいえばさらに明らかでしょう。asihikino であることは変わりませんが、現代平仮名と現代片仮名を混ぜている、と容易に判定できます。それどころか、私たちは、語とは別に並べられた文字りとリなども注意深く見分けることもできます。あらわす音韻としては、「し」と「シ」は一緒ですが、しかし、グループとしては「あ」と「し」が仲間であって、それは「ア」と「シ」が仲間というのとは区別されます。「ア」と「あ」は形が違うので、概念としての字体が違うのはもちろんですが、「あいうえお……」グループと「アイウエオ……」グループという違いも、それとは別次元で認識されています。そして、この認識があることが「仮名」の歴史を考える上で大変重要です。

　あシひきノ

ある文章表記中で、りとあるべきところリがあると気づいたら、「あれ？ /ri/だけ片仮名になってない？」などと指摘したりするでしょう。このとき、個別の字の形の概念レベルでの違いを字体が違う、ということはすでに第二章Ⅲで紹介しましたが、平仮名か、片仮名か、という体系（文字セット）、つまり一段高次での括りをも知った上での、指摘だと言わねばなりません。このとき、その一段高次の、文字セットとしての「片仮名」などをも、字体と呼ぶと大変紛らわしいと思われます。よって、このレベルの区別を何と呼ぶべきか決めないといけません。そのために、あらためて「草仮名」なるものを見ておきましょう。さきの『宇津保物語』では、片仮名もそうですが、平仮名と草仮名とを区別しているようです。草仮名は、研究史でも、ある時期までは、平仮名に至る中途段階といわれてきました。草仮名の名品といわれるのは『秋萩帖』です（図8）。

■草仮名

草仮名は、漢字というにはかなり崩されていますが、平仮名ほど崩れてもいない、というように説明されること

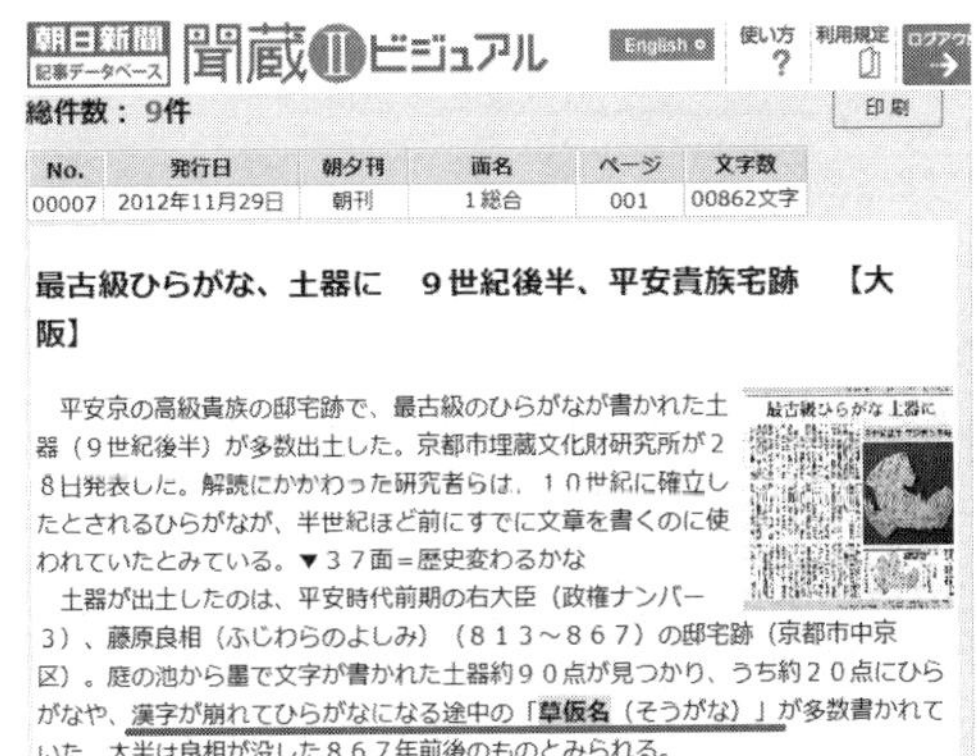
朝日新聞 記事データベース 聞蔵Ⅱビジュアル English 使い方 利用規定 ログアウト

総件数：9件 印刷

No.	発行日	朝夕刊	面名	ページ	文字数
00007	2012年11月29日	朝刊	1総合	001	00862文字

最古級ひらがな、土器に　9世紀後半、平安貴族宅跡　【大阪】

平安京の高級貴族の邸宅跡で、最古級のひらがなが書かれた土器（9世紀後半）が多数出土した。京都市埋蔵文化財研究所が28日発表した。解読にかかわった研究者らは、10世紀に確立したとされるひらがなが、半世紀ほど前にすでに文章を書くのに使われていたとみている。▼37面＝歴史変わるかな

土器が出土したのは、平安時代前期の右大臣（政権ナンバー3）、藤原良相（ふじわらのよしみ）（813～867）の邸宅跡（京都市中京区）。庭の池から墨で文字が書かれた土器約90点が見つかり、うち約20点にひらがなや、漢字が崩れてひらがなになる途中の「草仮名（そうがな）」が多数書かれていた。大半は良相が没した867年前後のものとみられる。

図9　朝日新聞朝刊1面（2012年11月29日付）
（聞蔵Ⅱビジュアルより。下線は筆者による）

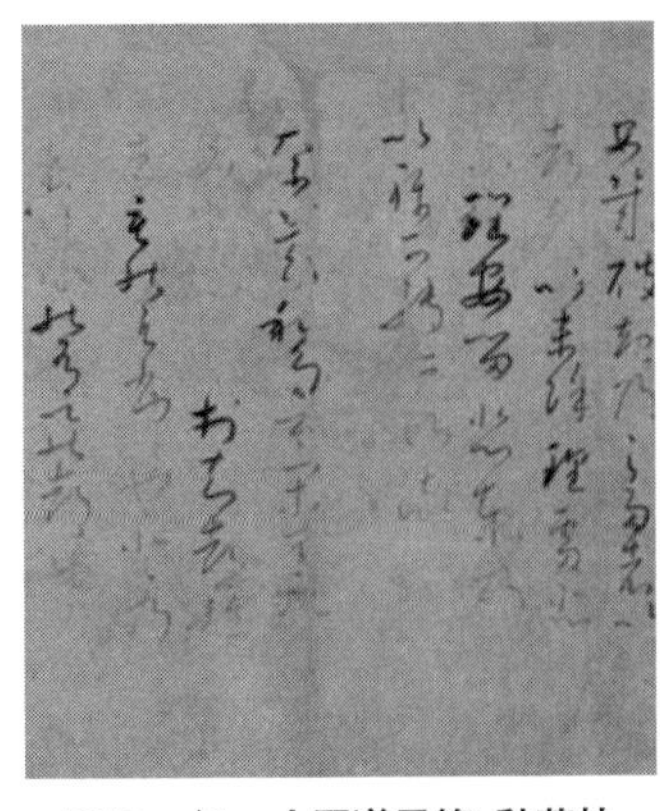

図8　伝・小野道風筆 秋萩帖
（『日本名筆選』42、二玄社、2004より）

が多いようです。**図9**は、朝日新聞が、平安貴族の藤原良相(よしみ)宅から出土した平仮名墨書土器のことを報道した際の記事です。草仮名を、平仮名になる途中と解説しています。しかし、現在は、草仮名が平仮名成立の中途段階という考え方は、日本語学の立場からはあまりしません。考え方をしないというか、この「草仮名」という術語をそういう意味であまり使わないというほうが正確かもしれません。草仮名という存在をめぐる問題というより、呼び名の問題です。理由は単純でして、もし草仮名がそういうものなのであれば、平仮名ができた段階で消滅しているはずということになってしまうからです。平仮名は草仮名の消滅を前提とするものと言わなければいけないことになります。しかし実際は、既に掲げた『秋萩帖』がそうであるように、また『宇津保物語』の記述における「草」が草仮名であるとすれば、少なくとも平仮名と区別されて、かつ平仮名と同時に存在し得るものであったということになり、〝草仮名とは、平仮名になる中途段階〟という位置づけは、正確でないということになります。平仮名がある一方で草仮名と呼ばれる字体のものも厳然とセット、体系として区別され、存在していることが重視されます。ここで、重要になるのが、先程来述べてきたように、「平仮名」「片仮名」「草仮名」という、個々の字体レベルではない、カテゴリーレベルの区別がある、という点です。「あ」

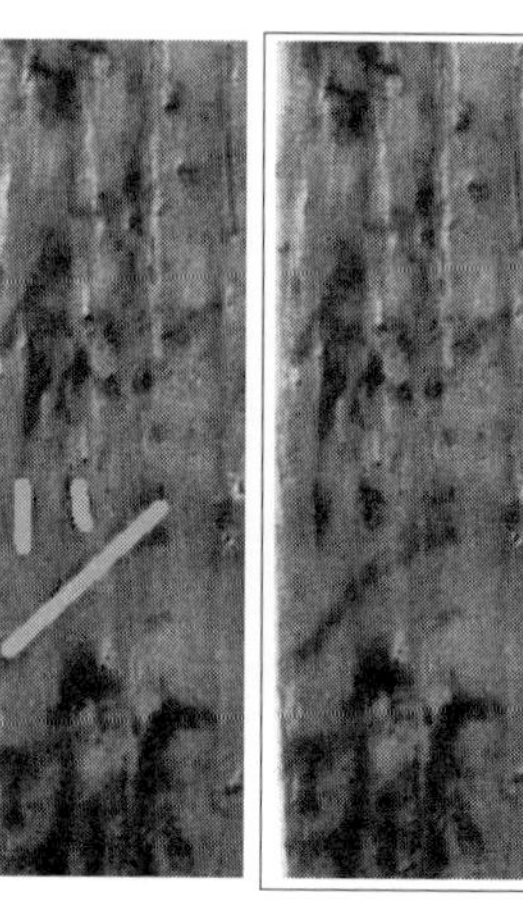

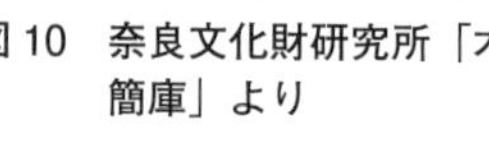

図10　奈良文化財研究所「木簡庫」より

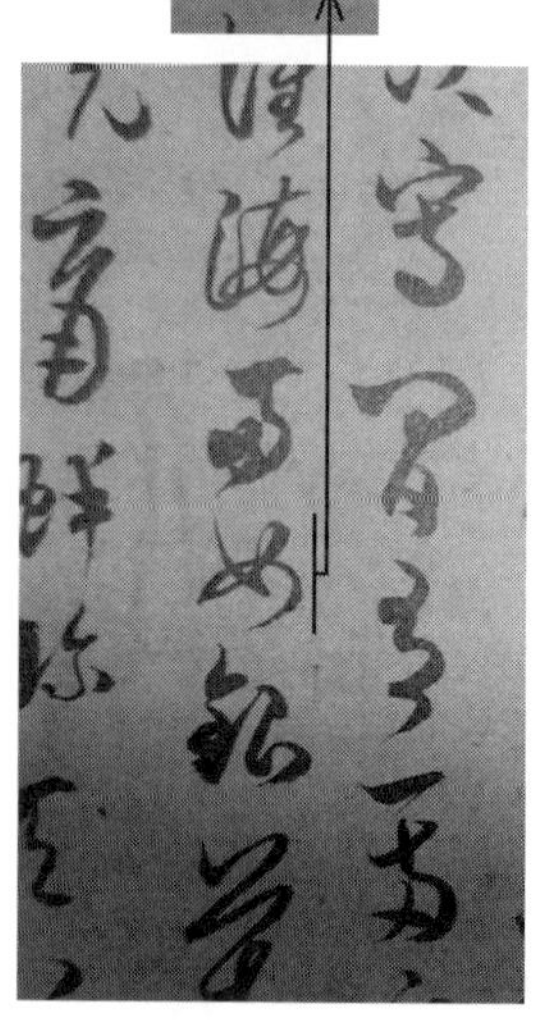

図11　米芾「中秋詩帖・目窮帖」より

と「ア」という違いではなく、「あいうえお……」グループと、「カキクケコ……」グループという違いが、すでにあることがうかがえます。体系的な文字セットとして認識されていると言えます。このことは裏返せば、この「セット」という認識がない限り、片仮名だとか、片仮名の成立、とは言い難いということです。**図10**をご覧ください。奈良時代の木簡です。

……波田戸麻呂○安目○汙乃古／野西戸首麻呂○大人○阿佐ツ麻人□留黒井……を抜き出した画像です。

どうみても、片仮名の「ツ」のような字が使われています。実際、奈良文化財研究所の翻刻でも「ツ」とされています。これは飛鳥池出土の木簡で、間違いなく、奈良時代のものです。ということは、通常いわれる片仮名の成立よりずっと先んじていることになります。ではこれを片仮名と位置づけ得るか、というとそれは難しいでしょう。なぜなら、奈良時代において、片仮名（と私たちが呼ぶものの）文字セットにはまず、至っていないからです。つまり、タ、チ、テなどはじめ、ほかの字母は全く出そろっていません。この木簡「ツ」は、私たちに言わせればまざまざと片仮名ですが、セットとしてのそれが同時代にまだ存在しないと見られるので、すなわちこれを片仮名だとは認定できないことになります。換言すれば片仮名と呼ぶ限り、そういうセットがもう体系性をもって、共時的に存在しているということになるからです。右のことについて、さらに一つ、傍証を挙げましょう。**図11**をご覧ください。このように一字だけ見せられると、現代平仮名の「め」以外ないように思えます。しかし、絶対にそうではないと言い切れます。なぜなら、これは中国の文献で、しかも、「如」という字だからです。北宋の書家米芾（べいふつ）の「中秋詩帖・目窮（もくきゅう）帖」の一部です（「目窮淮海兩如銀」）。字体（字形）がたまたま近時しただけで、これは体系的文字としては漢字であって、しかも平仮名「め」の元になった「女」字でさえ、ありません。全く当然ですが、現代平仮名とは認定できないはずで、つまり、形だけで、それが平仮名かどうかという認定ができないという確たる事例です。その文字が配置されている環境、媒体と、そして背後にセットとしての体系性があるかどうか、という条件がないと、認定出来ないのです（当然ながら米芾の脳内に、平仮名の体系的セットはあり得ないでしょう）。

■文字セットとしての成立

以上のようなところを総合して考えると、「仮名」の歴史は、個別的なひとつひとつの文字はもちろんですが、セット・体系としての成立というのを考えるのが、非常に大切ということがわかります。そのセットが、どういう媒体で使われているのかも、もちろん重要になってきます。平仮名、片仮名の成立を、セットとしての成立をもって認定したら、それでこそ、木簡の「ツ」や中国文献の「め（のように見える文字）」とは明確に、体系的に分離できます。現実に、いま、平仮名、片仮名という術語は、個別な文字ひとつひとつの呼称としてあり得ますが、一方で、体系レベル、文字セットとしてのそれをも指していますし、むしろそちらが大事です。本章始めに挙げた『宇津保物語』における和歌の書きぶりについての記述は、あきらかに抽象的な文字セットレベルを知っている上での言及でしょう。もちろん、その和歌の個々の文字を認知・判断した上でのことでしょうが、ほとんど一瞥して一瞬で判定しているはずで、ということは一文字一文字詳細に検分して、考察の結果どうやらこれは平仮名らしい、などと判断するに至ったわけではないはずです。すでに、抽象的、体系的存在の文字セットを認識していることによる、総括的な「平仮名」ないし「片仮名」認定であると見られます。

先程来述べているように、このセットとしてのそれと「あ」「ア」などの個々のそれとを、本書では、なんとか区別したいものだと思います。そこで、わかりやすさも考慮して、体系を背景にもった個別文字を（現代）平仮名・片仮名と従来通り呼び、一方の抽象体系・セットとしてのそれを、ややこなれませんが**（現代）平仮名セット**、**（現代）片仮名セット**と呼称して区別することにします。個別的に、それぞれの文字を指して、これは平仮名、これは片仮名、と指摘できるのは、背景に、平仮名セット、片仮名セットというものを認識しているからです。この背景的裏付けがなければ、それを平仮名、あるいは片仮名とは認定できません。これは言い方を変えると、中国の文献なのに、ある一文字の字形をみて、「平仮名か?!」と思えてしまうのは、背景に、平仮名セットをもつ平仮名字体「め」をついつい、そこに見るからです。でなければ、ごく冷静に、「如」の崩しですね――と、ただ、それだけで終わるはずです。

以上の考察を経て、以下、古い時代――奈良時代から順に、「仮名」の歴史を追いかけてみましょう。まずは「万葉仮名」からです。

Ⅱ　万葉仮名

1　万葉仮名の由来

万葉仮名の典型は、通常万葉集に使われているものを指します（もちろん、万葉集以外のものも含めてよいのですが）。すでに述べたように、漢字という文字の一用法としての位置づけになります。基本的にいわゆる楷書ですが、行書のようなものも含めています。微細な違いであることと、部分的な違いであること、また万葉仮名としての機能に差異が認められないという点から、一括しています。たとえば現存する、実際に奈良時代に書かれ、残された正倉院仮名文書では行書のようなものも散見します（図12）。上から、「波」「末」（二種類）「奈」です。ここでは、楷書であれば二画分、つまり一画書いて一端紙面から筆記用具を離して、再び二画目に入る、というのではなしに、それを一モーションで書いているとみられる箇所が含まれるため、行書のようであると見做しました。

本書では奈良時代以前の「仮名」を万葉仮名と呼ぶことにしましたが、漢字の意味を無視して、音をあらわすことだけに使うのは古代中国ですでに行われています。ことに固有名詞は〝その音〟であることに意味があるので、仏典はじめ、外国語を記す上で、翻訳ではなく音訳する場合は、この方法が有効でした。現代でも、「青井」さんだからといって、「Blue」、「山本」さんを「Mountain book」などとしても仕方ないのと同じで、アオイ氏やヤマモト氏は世界中どこへ行っても「aoi」、「yamamoto」でこそ、固有名詞の意味があります。*3

『三国志』魏書の東夷伝（通称、魏志倭人伝）にでてくる有名な「邪馬臺」「卑弥呼」は、もともとはこの方法に拠ったものです。中国からみて外国語の語形を漢字の音だけを借りて当てています。ちなみに、これらは通常、ヤマタイあるいはヤマト、そしてヒミコと読まれていま

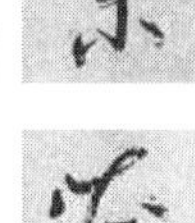
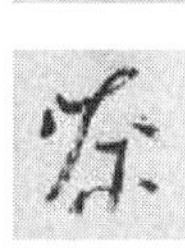

図12　正倉院仮名行書
（小松茂美『かな―その成立と変遷―』岩波新書、一九六八より）

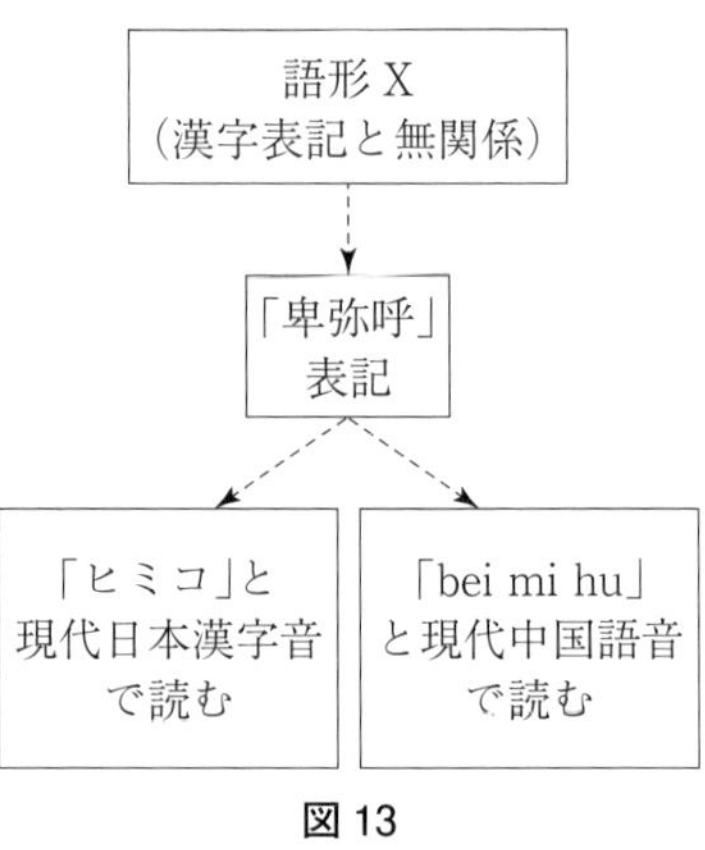

図13

すが、実はその読みの保証は全く、ありません。これは、日本人が書く現代片仮名英語を思い出せばいいでしょう。「アイ　ハブ　ア　ブック」とあって、これを、〈片仮名は読めるが英語を知らない外国人〉が読むとします。彼はもとの英語の語形を正しい発音で復元できるでしょうか。およそ不可能と言わねばなりません。ここには聞こえと復元のフィルターが二重・三重に掛かっているからです。まず、日本人の耳で「I have a book.」と聞く（第一のフィルター）、それを「アイ　ハブ　ア　ブック」と現代片仮名で書く（第二のフィルター）、これを別の外国人が読む（＝非英語話者外国人が片仮名から復元する音＝第三のフィルター）、そしてその音を自分の音韻観念に照らし、理解する、という構図になっています。およそ、元の語形から何層にも遠ざかっていることがわかるでしょう。いま、仮にヒミコと呼び習わされている人物の呼び名の、まさに当時の実際の語形をXとしておきましょう。そうすると、古代中国人が、Xを彼の耳で聞き取り（あるいは伝え聞き）、中国人の方法によって（彼らの音韻感覚に従って）、「卑」「弥」「呼」と書きました。それを、今度は現代の日本人が、現代の漢字音で、ヒ・ミ・コと読んでいるに過ぎないのです。ちなみに現代中国語読みをすると、bēi mí hū です。現代中国語で読んでどうする、それは変だと思われるでしょうか。しかし実は、ヒミコと読むか bēi mí hū と読むかはXそれそのものではないという点で、大した違いではありません（**図13**）。

なお、「卑」という字はあまりイメージが良くありませんが、意図的に悪い字を選んだというよりも、当該の発音を記すに当たって、単に古代中国人の選択肢の上位にあった字に過ぎないと考えられます。このような翻訳できない固有名詞等の表記は、今の日本語では現代片仮名に多く任せている状況です。よって、日本の万葉仮名の起源は中国にあると言えるわけですが、もう一つ、朝鮮半島で使われていた、同じく音訳のための方法に「吏読（イドゥ）」というのがあります。日本は古代朝鮮半島との交流も密だったので、中国からの直輸入というより、朝鮮半島の人々に表音用法の方法論を学んだ可能性も高いです。事実、その吏読が万葉仮名の起源とみるべきという研究もあります。が、実際はそれらを一々仕分けていくのは不可能であり、そもそも日本側の文献において古代朝鮮の吏読とおなじ字母があったとしても、それをあえて吏読と呼ぶことにほとんど意味はなく、万葉仮名など、日本側の呼び名でよいことです。なぜなら、この理屈でいうと、万葉集にサンスクリットの陀羅尼に当てられる漢字（たとえば「婆」「羅」など）が共通して使われているものがあるのですが、これをして、わざわざ「人麻呂の歌表記ではサンスクリット音写漢字が使われている」などと呼ばないといけなくなるからです。万葉集の歌表記に使われている万葉仮名を、一々そう呼んで位置づける必然性はないでしょう。

2 万葉仮名解読

さて、その名の由来でもある、万葉集の実態を具体的に見てみましょう。

玉有者手二母将巻乎欝瞻乃世人有者手二巻難石　（巻四・七二九）

＊3　漢字を使う文化同士では、そうとも限らない場合もあります。中国語学習では、出席を取る時に、練習もかねて名前を中国語読みにしたりします。筆者の名前は訓読みの「おやま」ですが、音読みに相当する「ウェイシャン」で呼ぶのです。台湾では、有名な観光地「高雄」を、現地の人が「たかお」と日本人にわかりやすく言ってくれたりします（筆者実体験）。台湾なのですから本当は訓読みであるはずもなく、カオション（gāoxióng）なのですが。また最近はなくなったようですが、韓国ではかつて日本の北海道を、韓国語読みで「プッケド」と呼んでいました。韓国でも日本の「近畿地方」「東海地方」のような単位で、「慶山南道（キョンサンナムド）」「全羅道（チョルラド）」と、～ド（道）という固有名詞があるので、それから類推したようです。

大伴坂上大嬢の作です。まず、全部平仮名にしてみます。便宜上、句ごとに空格もいれます。

たまならば　てにもまかむを　うつせみの　よのひとなれば　てにまきがたし

一首の意味は、「あなたがブレスレットだったら手に巻いて肌身離さないのに、現実には手には巻けません（連れて歩けない）」といったところです。すでに紹介の通り、万葉仮名は基本的には意味を棄てて音だけに当てているものです。そこで、まずは右に挙げた本文で、実際の歌の意味のとおりに使われている漢字から捜してみましょう。（万葉集研究ではこれを「訓字」と呼んでいます）。それを原文の漢字をもって当てはめてみると次の通り。

玉ならば**手**にも**巻**かむをうつせみの**世**の**人**なれば**手**に**巻**き**難**し

次に、やはり訓字とみられる、「者」「有」「将」をみてみましょう。まず「者」から。ふつうこの字をみると、「なにものだ」の「もの」を思い浮かべるでしょう。「者」を「は」と読むのは、漢文訓読で、「とは」「〜は」にあたる読みを与えられてきたことによります。また、「玉ならば」の「なら」は現代語でも使う仮定表現ですが、分解すると「に＋あらば」となります。ni+aで、iが脱落して「nara」になりました（古代は、母音が連続すると一方が脱落するという原則がありました）。「あらば」という言葉から考えると「有」も訓字です。「世の人にあれば」――「現実のこの世界の人だから」の意です。また「巻かむ」（「巻こう」という意志）という部分は「将巻」となっています。漢文なら「マサニマカムトス」と読むところですが、それだと音数オーバーなので、「マカム」とだけ読んでおきます。つまり「将」も語義をあらわしているので訓字です。これでずいぶん残り少なくなってきました。残りは下記の通りです。すでに検証が済んだものは字を小さくしておきます。

玉有者手**二母**将巻**乎欝瞻乃**世人有者手**二**巻難**石**　（巻四・七二九）

このとおり、「二」「母」「乎」「欝」「瞻」「乃」「石」が残りました。「二」「母」「乃」「乎」は全て歌の意味に直接関係がなく、音読みです。つまりこれらは「仮名」ということになります。音読みなので「音仮名」と言います。

なお、「乃」は後の現代平仮名の「の」になります。これらは、いわゆる万葉仮名の典型と言えるものです。さて、これで「欝」「瞻」「石」が残りました。あたっている音はそれぞれ「欝」（うつ）「瞻」（せみ）「石」（し）です。「石」を「し」と読むのは、訓読みの省略が起きています。特別珍しいというわけでもなく「明石（あかし）」のようにあり得ることです。他にも「抱く」はイダクともいいますがイが落ちて「ダク」ともなるという現象もあります。そしてこれは訓読みですから、通常「訓仮名」と読んでいます。訓仮名は万葉集ではよく出てきます。たとえば下記の例でも使われています。

春風之　聲尓四出名者　有去而　不有今友　君之随意　（巻四・七九〇　大伴家持）

春風の　音にし出でなば　ありさりて　今ならずとも　君がまにまに

漢字を訓読み（つまり日本語読み）するけれども、意味は取らないという使い方です。この使い方が可能になる為には、漢字にある程度訓よみが結びついていないとできないことでしょう。今現在使う平仮名、片仮名で、訓よみ由来のものは多くはありませんが、「め」（女）、「ミ」（三）、「チ」（千）などがあります。

さて、残るは「欝」「瞻」となりました。「うつせみ」とは、つまり現実世界のことです。これらの字をそれぞれ、ウツ、セミ、と読むのは音読みによっているので、これも音仮名と呼ばねばなりません。一字で二音節であることから、一音節のものと区別して「二合仮名（にごうがな）」と呼んでいます。「ウツ」はわかるとして「瞻」をセミとよむのは、少しわかりにくいかもしれません。これは「セン」という漢字音であることによります。ただし、センのンはもとはmで終わる音でした。そこに母音が付属してミ（mi）というわけです。「欝」も同じく、もともとはtで終わる音ですが、＋uでウツとなりました。iやuが付加されるのは、母音（aiueo）の中でも口の開きが小さいものがふつうはよく付加されることによります。次節でこのことを詳しく見ておきましょう。

3　古代の音韻と万葉仮名

日本語は、音節が、原則として母音を切れ目の単位としています。切れ目を感じる、と言ったほうがいいかもしれません。たとえば「信号機」という言葉、ローマ字で書けば、/siNgouki/ですが、これを区切るときに、s・ing・o・uk・iと、まさかこのようには区切らないでしょう。siやkiなど、かならず後ろが母音でおわるような区切れ目が自然だと感じるはずです。また、book、lookのkをク――すなわちkuで受け止めるのも、母音を添えることで日本語としては安定するからです。野球でおなじみストライクは、strikeですが、strと三つも子音が連続しています。このような音韻は日本語にはやはり、ありません。よって、sutoraikuとなります。一々母音がくっついているのがおわかりいただけると思います。母音は子音に対して口の開きが大きいので、開音節といいます。日本語は開音節構造の言語です。そして、それによって、外来語の発音もずいぶん変わります。日本語は子音が多い言語を受け止めるのは向いていない体系なので、「発音が下手」などと言われてしまうのですが、日本語体系自体の特徴なので、仕方が無いといえば仕方が無いことです。これは裏返せば外国人にとって、〈日本語にとっての外来語〉学習は難しいとも言われます。strの発音がきちんとできる人には、却ってsutoraikuは難しいところがあるのかもしれません。母語のクセが外国語の運用に影響するのを「母語の干渉」と言います。

さて、いま私たちがンで終わる漢字音として知っているものに「真(シン)」「南(ナン)」などがありますが、本来「真」はN(ン)で終わる音、「南」はmでおわる音、いわばナムでありました。このmが今日ではNに変化しているのです。韓国語の漢字音ではこれがいまも保存されていて、姓の「金」さんは、キムさんと記されるでしょう。あれは、韓国語で、m音であることによります(中国の普通话(プートンファ)では、mは失われてNに統合しています)。もう一つ、ンに聞こえる音に、ngで終わる音があります。たとえば「場」は中国語でchangであり、日本語の感覚で聞くと「チャン」に聞こえます。しかし実際は、Nとngとはれっきとした違う音です。日本語の場合は、この漢字音のngがウに変化しました。「相」「僧」「等」などは全部二音節目がウになっていますが、もともとはいずれもngでした。その名残は、「サガミ」（相模）にあてられる「相」に化石的に見いだせます。「相模」サガのgaは、「相」がもともともっている発音ngが引き合わせられたことによります。

4 万葉仮名解読――引き続き

元に帰りましょう――これでウツ／セミに相当する漢字音の根拠はわかりましたが、ずいぶん画数の多い字で、到底、たまたま選んできたようには思えません。事実、万葉集には、ウツセミという言葉が、四〇例ほどあるのですが、この漢字二文字の組み合わせが使われるのは約四五〇〇首の中でもこの歌ただ一回のみです。他には『源氏物語』でもおなじみの「空蝉」という表記、それから同じく訓仮名である「打蝉」などがよく使われています。この「欝」「瞻」はそれぞれいわゆる当て字なので、もちろん万葉仮名と言っていいわけですが、あえてどのような意味か見てみると、「欝」は、「鬱」の異体字で、密集しているという意味、「瞻」は視線という意味をもっています。つまり、あわせて〝視線が密集する〟という意味にとれます。万葉仮名なので意味を取らなくてもいいのですが、少し気になるところもあります。率直に言って、偶然にしては出来すぎているように思えないでしょうか。事実、大伴坂上大嬢はこの歌の他に、家持に向けて、

我が名はも　千名(ちな)の五百名(いほな)に　立ちぬとも　君が名立たば　惜しみこそ泣け　（巻四・七三一）

と歌っています。名が立つというのは、この場合はあれやこれやと噂されるということです。ゆえに、若い恋仲の二人にとっては、世間にとやかく言われたくない、放っておいて欲しい、二人の世界に入りたいというわけです。実際、家持も、

人もなき　国もあらぬか　我妹子(わぎもこ)と　携(たずさ)ひ行きて　たぐひて居らむ　（巻四・七二八）

と詠んでいます。現実世界という意の「ウツセミ」に、「欝」「瞻」と当てたことで、ウツセミに、世の人々の煩わしい視線という違う価値を付加的に与えたと読めます。上乗せで類似する別の意味を同時に、補足的、補充的に走らせているわけで、なかなか見事な表記ではないでしょうか。もっとも、これは、あくまでこの歌を読解して、予想される読みの可能性に過ぎないのですが――48ページで紹介した、X文章とY文章でいうと、読み手が引き出すYに相当することになります――、妥当性は相当に高いと思います。筆者としては、ここでは自覚的にずいぶん凝った用字をしていると見たいところです。この点からすると、最終字の「石」も作為的なのではないかと思えてきます。冒頭が「玉」なので、それと照応させているのかもしれません。シをあらわす字はいくつもほかにあるので、わざわざ語頭「イシ」のiを落としてまで使うことに意図を感じるといえば、感じます。ただし、これもすでに述べたように、全て筆者による推察としての「読み」です。作者がそう考えたと自動的に見做してしまうことには、常に慎重でありたいところです。

整理すると、典型的な一字で一音節をあらわす音読みの仮名を音仮名といい、万葉集でも相対的に最も数が多いものです。しかし、訓読みのそれもあり、また二音節のものもあるということがわかります。つまり、万葉仮名といっても実に多様なのです。しかも、何度も繰り返し使われるものもありますし、中には音読み訓読み両方に使われるものもあります。「等」という字は、トという仮名に使われています。これは音読みの万葉仮名です。漢字原音の末尾はngで終わる音ですが、/taŋ/という音節の後半/ng/は略してしまっています（こういうのを略音仮名と言います）。万葉集ではこの「等」字だけで九〇〇例近くもあります。一方で「等」字は複数をあらわす「ら」をあらわす訓字としても使用があります。一方は意味を捨てて音読み、一方は意味を活かして訓読み――これらが、漢字の字体という見た目は同じままに使われるのが万葉集なのです。実例を挙げると――「相見子等乎」（あひみし子らを）と訓字で使われる一方、「雪者落等言」（ゆきはふるといふ）は音仮名ということになります。

5　実に多彩な漢字の使い方

万葉集の漢字の使い方は多彩だと言いました。そのことは以上に見てきただけでも伺えるところだと思いますが、さらに具体的にどう多彩かということについて述べておきましょう。まず、万葉仮名と一口にいっても、非常に繰り返しよく使われるものと、一回しか出てこないものなどがあります。たとえばイをあらわす仮名として「伊」がありますが、万葉集を検索するとおよそ九〇〇例あるのに対し、「以」はわずか一〇例弱ほどしかありません。後にこの「以」字は平仮名の「い」になるので、そういう意味で意外な感じもするのですが、万葉集では相対的にかなりマイナーです。一方で「以」字は「モチテ」という訓字でも使われますが、これも万葉集全体でおよそ十数万文字あるその中において、十例程度です。つまり、文字としてこの「以」字はそもそも万葉集であまり見かけないわけです。

先の坂上大嬢の歌を例にしたものでは万葉仮名を中心に、様々な使い方を紹介しましたが、実は訓よみの方もいろいろあります。一文字ではなく二文字で書く場合もあり、「丸雪」でアラレ、「不穢」でキヨシなどがあります。中にはなんと三字の仮名も——「青頭鶏」でカモなど。この場合は、鳥のカモとは全く関係ない歌で、助詞の「カモ」のためにこの表記を当てるので、いわば当て字、万葉仮名と似たようなものということになります。それにしてもずいぶんもって回ったことをするものです。また、「秋」（あき）や「月」（つき）などかなり定番のものを訓字とよんでいることと区別して、「丸雪（あられ）」などは「義訓（ぎくん）」と呼ぶこともあります。文字と語がどれほど強く結びついているかということが判定基準になっていますが、そもそもそれは客観的にはなかなか測れないので、目安に留まります。たとえば「暖」という字は、アタタケシと読まれています。古語の形ではありますが、すんなり納得できる訓でしょう。ところが一方で、その義訓として「はる」（春）とも読まれています。

寒過　暖来良思　朝日さす　春日の山に　霞たなびく（巻十・一八四四　作者未詳）

冒頭二句は「ふゆすぎて　はるきたるらし」と読みます。「さむし」、「あたたけし」では字数が全く合わず歌になりません。よって、この「ふゆ」「はる」の読みは確実と言っていいわけですが、実は万葉集ではアタタケシと読むのが一例しかなく、この「はる」で読ませるのが二例あります。単純に数で言うと「暖」は「はる（春）」で使う方が多いわけです。しかし、どちらが主たる訓字としての読みで、どちらが義訓かということは言うまでもないでしょう。同時にここには、万葉集の漢字研究が、単に数を数えたりその多少によるだけでは袋小路に入ることも教訓的に示されています。よって、万葉仮名ではないという意味での括りで、義訓も含めて全部訓字といってしまってもさほど、差し支えはありません。義訓は、漢字を一ひねりして解釈を施したようにもみえて、なかなか面白いのですが、広義には、訓字ということでよいでしょう。ところで、万葉仮名の話をすると言いつつ、訓字や義訓の話も出ましたが、これはやはり万葉集が全て漢字という文字で書かれていることによります。姿形は互いに同じ漢字だからです。実際、同じ字が、意味を取る訓字に使われたり、音を取る仮名に使われたりもするので、万葉仮名のことを考えるには結局、表語用法の訓字のことも見なければならないのです。

6　万葉仮名、平仮名、片仮名の変化を巡る議論

既に見たように、平仮名、片仮名ともに、もとは漢字です。漢字とあわせて、結果的にこれら三者は日本語表記においてどれも自身の働き口を見つけて、基本的に互いに駆逐し合いませんでした。混交や入れ替えはありましたが、現に二〇二二年現在、三者は生き残っています。もちろん、日本語音節をあらわすという面においては平仮名と片仮名は共通するところがありますが、他に違いがあるからこそ、それぞれに残ったのだと考えなくてはなりません。そして、平仮名、片仮名ともに、前節で述べた万葉仮名はもちろん、漢文訓読においてもそれぞれが関わり

をもっています。古代日本語表記研究では、既に紹介したように、この平仮名や片仮名がどうできたのかという研究が盛んに行われてきています。このとき、平仮名セット、片仮名セットの成立（あるいは成立していると認識しているその意識の有無）を問うのがよいと考えられますが、実際にはこれまでの研究は様々です。やはり、字体・字形――ようするに形の変化をめぐることにおいて、なんといっても一番に議論が集中してきたと言えます。江戸時代でもすでに、国学者の間で、平仮名のもとの字母が何かという切り口に興味がもたれるようになっています。比べてみれば、形は変化したことが明らかなので（平仮名は全体を崩し、片仮名は原則、万葉仮名のどこか一部分をとる）、それはわかっているのですが、まずはどの万葉仮名がどの平仮名・片仮名に当たるのかということが検証され、また、どういう必要性があって、あるいはどういうことがきっかけでそういう変化が起きたのか、という点が今日まで脈々と議論されてきました。それでも、まだまだ未解決の点は多いのです。これは言い換えれば、訓字も万葉仮名もあるのに、それらのままで使い続けるのではなぜダメだったのか、という問いでもあります。なぜ、平仮名に変更していく必要があったのでしょう。突然変異のように変わったとは思えませんが、それなりに時間がかかるにせよ、変わる方向へ向いていったきっかけなり、動機なりというところが問題になるでしょう。また、万葉仮名含め奈良時代以前の表記のありようからして、平仮名や片仮名なるものは、なんの連続性もない、青天の霹靂（へきれき）のような存在なのでしょうか。それは、やはり違うと思います。むしろ、平仮名と片仮名に通じるような特徴が、万葉仮名の中にも既にあるはずで、そこがまさに注目されるところです。言い方を変えれば、万葉仮名というものが、のっぺりとした一枚岩ではないということでもあります。順に特徴を挙げてみましょう（先にもすこし例示しました「青頭鶏」でカモ、また「山上復有山」で「いで」など、かなり凝った仮名表記もありますが、ここでは、平仮名、片仮名に関係する特徴を有するものを主に据えて挙げます）。

全て、「万葉仮名の中でも～というグループがある」、という言い方をして挙げていきます。

・万葉仮名の中でも、訓字（漢字の表語用法）にばかり親和するものがある＝漢文訓読における片仮名的な要素
・万葉仮名の中でも、特にどの語の表記を構成するか縛りがなく、あくまで一音節の担当として汎用性が高いものがある＝片仮名的な要素
・万葉仮名の中でも、訓字とはあまり親和せず、仮名同士でまとまりやすいものがある＝平仮名的な要素
・万葉仮名の中でも、特定の語に専用されて使用度数を高めているものがある＝平仮名的な要素

右記[*4]では使われる字母が固定的だったり、連綿をもって平仮名同士でまとまったりということになぞらえて〝平仮名的〟といま呼んでいるのですが、これと対照的な片仮名的ありようもまた、万葉仮名にはあるわけで、ということは、後々の平仮名・片仮名へと繋がっていく上での、字体字形以外の〝遺伝子〟が内包されているとみれば、変換、転換していく要因、契機は、既にあったと言っていいことにもなるでしょう。

7　文字表記と文章文体の関係

■表記体という概念

専門用語で表記体というのがあります。この本でもここまでで少しだけ登場しています。文体という伝統的な術語に並行して使用するものとして提示されました。もう半世紀以上前のことです。少し砕いていえば、「表記のスタイル」といったところですが、これは日本語表記のように複数選択肢があり得る場合にこそ有効な術語です。一般に、「今日のスタイル決まってるね」などと言うときもそうですが、何か別のものと比べる際に意味を発揮します。それ一種類しかないのに、わざわざ「スタイル」といって区別する必要はありません。日本語は、漢字、平仮名、片仮名があり、また互いに、比率は様々とはいえ、交じりあうので、特に歴史的研究では「表記体」という概念をたてる意義があります。国語学者山田俊雄氏、そして既出の亀井孝氏らがこれを提唱しました。

同じ言葉であっても表記が違うということが日本語ではまま、あり得ます。このことを研究するにあたって表記体という概念が意義をもつわけですが、万葉集では次の二例がよく挙げられます。

相見者千歳八去流否乎鴨我哉然念待公難尓　（巻十一・二五三九）

安比見弖波千等世夜伊奴流伊奈乎加毛安礼也思加毛布伎美末知我弖尓　（巻十四・三四七〇）

この二首は同一歌で、「あひみては　ちとせやいぬる　いなをかも　あれやしかもふ　きみまちがてに」と読みます。「会ってから、もう千年も経っただろうか。そうではあるまい。でも、私にはそう思えてしまう。君を待ちかねて」という歌です。文字数は全然違いますが、一方は訓字が主体、もう一方は音仮名が主体となって書かれています。つまり漢字対平仮名という違いではなく、同じ漢字でも用法での違いを指すものとして、こうして「表記体」が挙げられることがあります。

現在、日本語表記は、もちろん多少出入りはありますが、概ね自立語が漢字か平仮名、送り仮名や助詞・助動詞のたぐいが平仮名、外来語や擬音語が片仮名というようになっています。「わたし／私」や「たばこ／タバコ」という揺れはありますが、子ども用を除いて、全文が平仮名で書かれたり、あるいは現在平仮名で書かれている部分を全部片仮名にしたりということは、ないといっていいでしょう。つまり表記体をスイッチすることがほとんどないということです。個別的な語の表記レベルでの出入りに留まっています。ということは、先に述べたように、並び立つものがないということを意味し、事実上一つ――つまり、現代日本語は、長い日本語の歴史で、表記体という概念が、ほとんど必要のない状態になっていると言えます。これは英語や中国語など、アルファベットのみでの表記、漢字のみでの表記というのに近いということです。英語も、中国語も、表記体という術語はほぼ必要ありま

＊4　このことは佐野宏「仮名の成立について―万葉仮名から「仮名」へ―」（『万葉仮名と平仮名　その連続・不連続』三省堂、二〇一九）に既に指摘があります。

せん。スタイルもなにも、それ一つしかないので、単に「表記」でいいことです。

さて、現在、「ココロ」と「カラダ」というように通常漢字か平仮名で書くところを片仮名にして目を引くという方法があります。いわば、有標化（marked）です。有標とは、ディフォルトに対する目立つ物という意味で、基本がなにかによって変わる相対的な見方です。真っ白い雪の上に赤い実が落ちていれば目立ちますし、反対に真っ赤なカーペットのうえに、白いボールがあればそこが目立ちます。この目立つ方が「有標」です。ふつう、平仮名や漢字で書くところを片仮名にすれば、目を引くでしょう。このことをあえて拡大して、表記体レベルで交換し、あるキャラのキャラ付けにつかっている例が実はあります。新潟県のゆるキャラ「レルヒさん」です。[*5]

フォロー

レルヒさん
@TheodorVonLerch

百年チョット前 新潟上越デ 日本二「スキー術」ヲ伝エタ 日本元祖スキー漢(ｵﾄｺ) ノ
公式あか 滑ルコト 面白イコト 新シイコト スキスキスキー！
出没おふぁーハ「エヌキャラネット」〒950-0994 新潟市中央区上所1-1-24 Nビル2F
㈱ディモルギア内 めーる info@n-chara.net マデ

JPNOriginal　niigata-snow.jp
2010年3月からTwitterを利用しています

3.2万 フォロー中　3.8万 フォロワー

図 14

レルヒさんはTwitterをするのですが、通常、その呟きは平仮名で書くところを片仮名に、片仮名で書くところを平仮名にするという、基本的に反転をする表記になっています（ときどき、敢えてか、うっかりか、徹底していない場合もあるようです。また引用の**図14**では、「スキー」が片仮名のままです。おそらくこのキャラの最重要キーワードなのでさすがに一般に見慣れた方にしているのでしょう。https://twitter.com/TheodorVonLerch）。たとえば「ソロソロ　春ノぽっぷニ　替エナキャ」のようにです。統一的、統括的なので、これはもうスタイル自体の変更といってよく、表記体のスイッチと見なしていいと思われます。

このレルヒさんの表記体変更は、見た目上の有標を狙ったものということになりますが、かつて古代では、この表記体のスイッチが、書かれる媒体やメディア、文章の別とも連動していた可能性があります。たとえば、イレギュラーを含む漢文やそれに準じる貴族の日記などは文字が原則漢字ばかりですし、和歌はほぼ平仮名だけといった具合です。このことから、平仮名と平仮名を中心に構成される表記体の成立と、文章文体の成立を関連づけて考えるという研究の切り口があります。もともと、表記体という概念は右に引用したように、文章としてものされた言葉を覆う文字列、あえてその〝覆い〟だけを引き剥がして論じようというものですから、その連動に立ち返って考えるというのは当然といえば当然かもしれません。

■仮名のセットと日本語の文章

平仮名（セット）の成立を、文章や文体の形成と連動させる研究が現在、盛んです。おおざっぱに言って、片仮名は古代～平安時代にかけては前述のように漢文訓読の現場など、つまり漢字とコンビを組む、学術的な現場で使用されました。一方の平仮名は、和歌や消息（手紙）、また、いわゆる王朝文学などの文学作品で見かけます。さらにそれらにおいてはあまり漢字を交えず、概ね平仮名ばかりが用いられます。つまり、おおよそ棲み分けが見い出せます。万葉仮名からの流れとして、そういった棲み分けに到った過渡期が是非とも見たいわけですが、奈良時代末の八世紀終わりから一〇世紀までのおよそ一〇〇年間ほど、その過程を如実に語ってくれる資料は非常に少ないです。理想から言えば万葉仮名と平仮名の間のような字形の文字で書かれた和歌だとか、散文の作品が、八〇〇年代にたくさんあればいいのですが、そう都合よく資料が見いだせません。それどころか、どれほど日本語の文章を書けたのかにも問題が残ります。古代にも古事記とか風土記があるので、文章は書けたはずだと思われ、毛利正守

＊5　レルヒさんの表記とその分析は、奈良女子大学大学院修了生の保崎文香氏の「文字化されることば〈役割表記〉の世界」（平成二十九年度　奈良女子大学文学部修士論文）を参考にしました。

氏は「倭文体（やまと）」があったと指摘します。[*6] また、古代の日本語文は漢文訓読に深く依存しているとも言われ、日本語の散文の、その型を形成するような段階だったという推察もなされています。[*7] そうすると、資料に恵まれない八〇〇年代――九世紀のことは措くとして、一〇世紀という蓋を開けてみると、平仮名はあるし、平仮名文学作品はあるし、片仮名で訓点資料はある――ということは、その前の一〇〇年で様々な変化が起きたらしいと考えるしかありません。となると、文字の成立と、日本語の文章が発達していくのは連動している、あるいは因果関係が結ばれているのでは――と、必然的に想像が広がります。が、まだまだ謎は尽きません。仮に、万葉仮名の代替として生まれたのであれば、元々万葉仮名で担当していたことを縦横無尽に、新しい平仮名、片仮名でもやればよいのではないでしょうか。つまり片仮名で和歌を書いたり、平仮名で訓点を書き込んでもよさそうなのに、そういう越境的な交じり方を、特に古い段階ではほとんどしません。万葉仮名が担当していたことを、あとから生まれた平仮名、片仮名が、それぞれに働き口をもって分担しているというのはどういうことか、と考えたとき、先ほど述べたように、もとより、DNAのように、万葉仮名のほうに、平仮名的特性と片仮名的特性が内包されているので、それが、実際に露出、分化していったと考えるのが自然です。なお既に触れたように万葉仮名も、ごく細々とですが、姿形を変えずに、〝真仮名〟として後世まで残ります。

先程来、〝セット〟ということに注目しています。これは、それこそいきなり出来上がるとは思えません。しかも、実際にどう使うかというようなことと切り離されて、抽象的にそういうものが前もって完成するはずもありません。個々の実用がまずもって先立つはずで、実用の現場からこそ形成されて、そして認識されるに及んでいくはずです。決して平仮名セットが先に出来上がって、そしてそれまで万葉仮名で書かれていたものが、しかる後に一気に置き換わっていった、というわけではないということです。これは本書ですでに言ってきたことで、文字や言葉は人間不在では勝手には変化しないということによります。実用も、現場もないままに、文字体系だけが先にできあがるなどということはふつうあり得ません（ハングルなどは別になりますが）。ということで、様々な社会における、実際の現場――動態上で、個々の字体が変化していった、その結果の集積ということがまずは考えられるでしょう。

先に紹介したように、万葉仮名には、すでに、ＤＮＡのように、片仮名的な要素と、平仮名的な要素が備わっていたと見られます。これが、いずれ分化していく、〝種子〟の一つになったでしょう。万葉仮名はのっぺりとした一枚物のような性質というわけではなかった、ということを述べましたが、その万葉仮名が、和歌とか固有名詞や、あるいは訓字（漢字）と訓字の間で付属語などを担うというように様々なところで活躍していました。このそれぞれのメディアや現場で、それぞれの特性ある万葉仮名が、用いられる中で徐々に形状を変化させていったと予想はされます。ただ、現状この推察では、それでも、なぜ字の形が万葉仮名のままではいけなかったのかというところが根本的には解決していません。片仮名のほうは、字体の棲み分けという点で漢文を構成する漢字との対立を明晰化するため（訓点記号として）と説明出来そうですが、和歌表記などは、漢字（訓字）をごく少数に抑えれば、万葉仮名のままでもよさそうなものです。平仮名の使用先は和歌表記だけではありませんが、他のメディアもあわせて、字体字形が変化していく機運についてまだまだ、まだまだ論究を続けて、様々な意見を出し合っていく必要があるところです。

■奈良時代の万葉仮名セット意識

体系的セット、というのはたとえば常用漢字一覧表とか、五〇音図みたいなものを想像してもらえればよいわけですが、運用に移す前の選択可能性としての文字群を、セット（あるいはセット認識）とするわけですが、そのよう

＊6　毛利正守「古代日本語の表記・文体」（犬飼隆編『古代の文字文化』竹林舎、二〇一七）、同氏「上代における表記と文体の把握・再考」（『國語國文』八五巻八号、二〇一六）など。

＊7　大槻信「古代日本語のうつりかわり―読むことと書くこと―」（『日本語の起源と古代日本語』臨川書店、二〇一五）

に言うとまるで、パソコンのOSを入れ替えるように、万葉仮名で書いていたものを、ある日突然そっくり平仮名に入れ替えたようにも思えます。もちろん、そういうわけではなく、既述の通り、それぞれの現場で個々に、徐々に変わっていった結果、次第に体系づくられていったと考えなければならないでしょう。つまり、〝成立〟には時間の幅というものを考えなくてはなりません。従って、その幅の中にあっての変化の認識というのは、およそ個別的かつ多様だったことでしょう。最初からかなり自覚的に俯瞰している人もいたかもしれませんが、反対にずいぶん立ってようやく、という人だっていたかもしれません。それらの事象について個別的につぶさな観察や位置づけはできません。そもそも体系セットの認識が社会的に成立したと言い切ること自体が、なかなか容易ではないので、ゆえに、『宇津保物語』の記述（162ページ）などを、さしあたりの目印とするわけです（ただし、すでに述べたように文学作品ということは重々注意です）。体系づくられていくのに時間を要すのと同じように、それが発見、認知されていくという自覚に要した時間もそれなりにあったはずでしょう。認識、、、、していることに気づいていい、、、、、ない、、、、、ということも十分ありえます。

私たちは、現行の平仮名・片仮名についてすっかりそういう成立したセットをセットして知っていますし、学ぶとなると集中的に学んで、知る、という体験をもしています。ゆえにその体系自体の形成のプロセスというのはかえってイメージしにくいものです。現代ではごく日常卑近でも「平仮名の一覧」などと、体系の存在を先に知らされることも珍しくない（部屋やお風呂にポスターで貼ったりした方もいるでしょう）のでなおさらです。小さい子に、「もう平仮名全部書けるんだってね」などということを、私たちは別に意識もしませんが、「全部」と言えること自体、セットが確立されて、そのことを認識、対象化しているし、互いに共有もしているということです。

さて、平仮名セット、片仮名セットというのに対し、上代の人々が〝万葉仮名セット〟と呼べるものを意識していたかについて考えましょう。まずは、『古事記』の序文を見てみます（訓読し、かつ現代仮名遣いにしました）。

> 上古の時、言の意並び朴（すなお）にして、文に敷き句に構えること、字に於いて即ち難し。已に訓に因りて述（のぶ）れば、詞（ことば）心に逮（およ）ばず。全（また）く音を以（もち）て連（つら）ぬるは、事の趣（おもむき） 更に長し。

とあり、ここで「音」とあるのは、万葉仮名のことと目されています。訓字で書くと細かい文意が伝わらず、万葉仮名で書くと長い、ということです。ということは、訓字（漢字の表語文字としての使い方）に対立的に、グルーピングして捉えているということもできます。つまり区別の概念があるということですが、仮名という言葉は出ていませんので、これは、漢字の用法内の対立関係である、という見方もでき、かつこれを退ける証拠がありません。先にも挙げた図を再び挙げるのでご覧ください（**図15**）。『古事記』序文に言明されている「音」と「訓」とは、両矢印の①という対立を指すのか、②という対立を指すのかが問題になります。まず術語面から考えると、音も訓も漢字にまつわる術語なので、そういう意味では①といっていいでしょう。実際に漢字という見た目も同じです。しかし、対立関係とは、理論的にそう把握されるという一方、すぐれて意識、認識の問題でもあるので、絶対に①でしかあり得ないということもまた難しいです。序文を記した大安万侶はすぐれたリテラシーをもっていたでしょうが、決して現代の言語学者ではないので、漢字の属性である音訓という術語を使いつつも、感覚的には文字の素性としても異質だという②のようなイメージだったかもしれません。ただ、見た目は漢字で一緒であり、すでに「等」字で紹介したように、同じ文字が、訓字でも仮名でもあり得るので、つまりはその漢字を使う場所と目的次第であると安万侶が考えていた可能性もあります。この場合、従って①です。漢字が有する「音」「訓」を分類用語に用いていることからしても、万葉仮名を、〈漢字ではないもの〉と考えていたとは見做しにくいように思います。ただ、後世から、そしてそもそも外側から

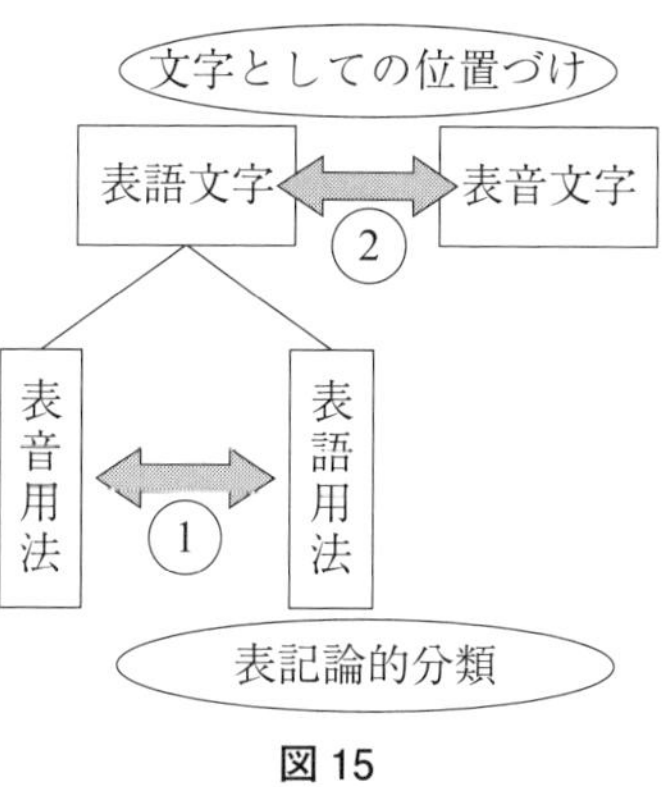

図 15

は（安万侶の脳内は）確認出来ないことですので、本書としては、太安万侶の認識という意味ではなく、議論する上での統一性、整合性を重視する観点から、①と見做すことにします。

では、①だったとしても、万葉仮名には「セット」と括られた認識はあったのでしょうか。これも確証は得られません。結局、「仮名」という言葉が出てこないのが最大のネックですし、後世のいろは歌や五〇音図のように必ずしも、その外縁というものが私たちからして客観的に観察できないというのが難点です。そして彼ら自身がわかっていたのかどうかもわからないという、二重の難しさがあります。万葉集などから帰納的に抽出すれば、全ての音節に仮名は出そろっているので、一応、一揃いとそれらを括ることは可能です。実際、万葉仮名一覧なるものも、現今の研究上の成果としては存在します。しかし、ここで注目したいのは、一揃い、とはいってもそれは、分析する人々によって集められるだけ集めた、結果的な集合に過ぎないかもしれない、という点です。それら集合を見ると、むしろ、多音節の二合仮名や訓仮名、「猿尾」で「ましを」と読ませる仮名のようなものなど、かなり多様に広がっているとも言えます。この多様さについて、それは私たちが観察出来ることでもあるし、もしかしたら、彼らの認識としても、外縁があったかどうかは別にしても、多様ゆえにいくつかの区分があったのかもしれません。あるいは区分ごとの把握だったかもしれません。どちらかと言えば平面的で総合的、統括的に括られた体系という認識からはまだ遠かった可能性が高いように思われます。ここで先程来言っているセットというのは文字体系として認知できているかどうか、ということを言うので、それは平仮名や片仮名のようにひとしなみ、という認識のことですが、右のような考察から（推測が多くならざるを得ませんでしたが）、ただちに後の時代の平仮名、片仮名にセット体系として比肩させるのは躊躇されます。万葉仮名、万葉集にも仮名主体表記という、ほぼ万葉仮名だけで書く歌巻があるので、混然あるいは混沌としていたわけでは、少なくともないとは思われますが、仮名主体表記、すなわち、

烏梅能波奈　左伎知流波流能　奈我伎比乎　美礼杼母安加奴　伊蘇尓母安流香母　（巻二〇・四五〇二）

（梅の花　咲き散る春の　長き日を　見れども飽かぬ　磯にもあるかも）

のような表記でも、実は、訓仮名や二合仮名はほぼでてきません（しかし、訓字は少し出てきたりします。この点は注目されることです）。つまり、弁別されていたということです。ということは、万葉仮名（音仮名、訓仮名、二合仮名等）は、一括りというよりむしろ分割されたり、互いに別物扱いされている現れではないかとも言えます。そのようなことで、最大限に外縁的で総括的な「仮名」といった括りが、奈良時代の読み書きが出来る人びとの認識に充分及んで共有されていたかどうかはかなり疑問であると言わねばなりません。

コラム

5 不立文字

仏教の禅宗などでよく言われる言葉で、ふつう「ふりゅうもんじ」と読みます。これは、文字では仏教の神髄はあらわせない、といったような意味ですが、事実上、言葉と文字が同一視されていて、つまりは、言葉ではあらわしきれない、というところです。漢字は表語文字なので、言葉と同一視されやすいことは本編でも触れた通りです。いまそれについてはさておくとして、言葉であれ、文字であれ、それで仏教の神髄はあらわせない、となると、大変大きな矛盾があるように思えないでしょうか――それは経典(きょうてん)の存在です。経典は大海のごとく膨大に生み出されており、まさしく文字、つまり言葉であふれかえっています。あれだけの言葉を生み出しておきながら、自ら、それで本当のことはわからないなどと言ってのけるとは、一体どういうことなのでしょう。不立文字と叫びつつ、当然ですが、お寺では読経はするし、仏教ことに禅家では様々な書道も大切にしています。また、お坊さんといえば説法(言葉)というイメージもあるでしょう。

「不立文字」とは、言葉や文字への不信、という言い方も可能なのですが、そういうネガティブな言い方ではなく、言葉や文字があらわすことへの冷静な弁(わきま)え、と受け取るべきであると思います。本編でも、「パン」というのは言葉であって、この言葉にバターを塗って嚙(かじ)ることはできない、と述べました(55ページ)。文字で「パ」「ン」と書いてももちろん同じ事です。つまり、言葉や文字は、それそのものではない、ということです。パンという言葉ではおなかは膨れないので、言葉はそれそのものではない――別に言われなくても同じだなんて勘違いはしませんが、抽象的なコトになると、その危うさが忍び寄ってきます。つまり、言葉をそれそのものと錯覚してしまう、ということです(コラム4で紹介した『文字禍』では、「獅子狩り」と「獅子狩りの浮き彫り」と対比的に比喩されています)。

ところで仏教の神髄という観念的な言い方をしましたが、仏教にとって、一番の目標は何か――それは、「仏になること」です。これは言い方をかえれば、「釈迦」という「仏」は、もともと悩める一人の人間であったということでもあるのですが、仏になるとは、ではどういうことか。それは「さとり」を得ることです。では「さとり」とは何か。もし「さとり」って何ですか、と問われたなら、何と答えますか。筆者には答えがあります――「わかりません」――と。理由は、筆者はこれまで「さとった」ことがないからです。なんだか身も蓋もない答えですが、しかし、事実です。一方で、辞書などをみれば、仏とは？さとりとは？という問いに対する説明がされている場合もあります。それはたとえば、「一切の迷いがない状態」などというものです。一体どんな状態なのか、そうなってみないとわかりませんが、とりあえず説明の言葉として理解はできます。しかし、「イッサイノ　マヨイガ　ナイジョウタイ」というのは一つの、言葉による説明であって、「さとり」そのものではないし、まして自分は（まだ）さとっていません（仏になっていない）。「さとり」の説明を言葉で知っているだけで、「さとり」そのものを得ているわけではありません。ここに仏教は、注意せよと言うわけです。言葉は、目に見えないものや、想像したことを自分の中で把握したり整理したり、人に伝えたりすることができるとても便利な記号です。わからない、ということ自体さえも、「ワカラナイ」という言葉を通して自分の中で客観視できるし、もちろん他者に伝えることもできます。ただ、どこまでいっても、その対象を指標する記号や、説明として代替されるものであるに過ぎず、〈それそのものに肉薄するに留まる存在〉です。結局、文字や言葉とはそういうものであるという、大変冷静な、ある意味で非常に言語学的な、記号論的な考え方を、仏教はしているわけです。

ただ、仏教は、ひたすら言葉や文字を記号と割り切るだけで、文字に神聖性を認めていないか、というとそういうわけでもありません。ここに述べたこととは別の面で、かなり典型的とも言える宗教的な捉え方をもしています。（コラム6へ続く）

Ⅲ　平仮名・片仮名、そして仮名遣い

1　平仮名の歴史と役割概観

■平仮名の〝成立論〟

通常、平仮名の画期を『古今和歌集』に見ます。勅撰の和歌集が平仮名で書かれているというのは意義深いですし、なにより、真名序と仮名序といって漢文と平仮名で書かれた文章を併置しているのが重要です。つまり〝漢字に対置される〟という意識があることがわかるので、ここには平仮名なるものを体系的に捉えている、セットとしての認識を認め得ます。日本語の文字体系としての構造を把握していることになり、真名序と仮名序を備えていることは、まさにその対立関係を対象化している結果と言えます。つまり、古代における〝平仮名成立論〟の一応の〝ゴール〟は、少なくともこれで決められます（古今集の成立は九〇五年）。一方、元になったのは、すでに見た、漢字を崩していない（あるいはせいぜい行書の）万葉仮名です。つまり、一応の所、スタートとゴールはわかっているということになります。突然変わるわけではないので、これらの変化がまとまってくると、セットとしての成立が徐々に見えてくるのだろうと想像できます。また、大切なのが、どういう媒体でなのかという疑問です。

平仮名単体で「あ」は「安」から、「か」は「加」から生まれた、ということはいわば自明ですし、なんらかの変化を起こしたから形が変わったのです。その要因はxとでも呼んで一旦棚上げにします。そこはいまあまり問わないことにして、肝腎なことは、万葉仮名が並んでいたところに、平仮名が並ぶようになったとき（**図16**）、そこで何が変わったか、つまり日本語の表記（動態）としてどう変わったか、ということを考えていきましょう。つまり、文字論というより、なんとか表記論で考えられないかということです。本章は、「仮名のはなし」と題しており、いわば文字論が展開される章にみえて、結局は、かように表記論で考える方へとゆっくりシフトしていっていますが、これはやはり〝必然〟ということになります。結局、体系は、人間が使わないと変化しないからです。文字が変化を起こすのは動態上であり、動態とはすなわち運用される表記上のことです。

さて、平仮名成立への中途段階と目される時期――おそらく九世紀――の人々は、登山の途中のように、麓と頂上を両方見定めるようなことではまずなかった、ということは少なくとも言えるでしょう。つまり、万葉仮名からこれほど変わったな、よし、平仮名まであと少し、などとはまず思っていない（思えるはずがない）ということです。この段階で「目的」を抱くとは考えにくいです（「目的論」については終章を参照）。よって、いま現状（九世紀の）自分たちが使う文字表記を自覚的にさらに変えていこう、一〇世紀の完成に向けて――などという、進歩的な発想はおそらくは持ち難いはずです。その時点、その時点で、いわばそれで事足りる、あるものを使うという程度が基本だっただろうということになります。そこに何か小さなきっかけや刺激があって、徐々に変わっていくということなのでしょう。平仮名を表記論という動態上で考えてみるとき、やはり、和歌を書くということと、散文の文章が仮名で書かれるという、一〇世紀に入ると〝急に〟珍しくなくなっていっている資料群の成立がヒントになりそうです。この〝ゴール〟の一〇世紀には和歌を平仮名で書いて勅撰集まで出ています。和歌を書くこと自体は奈良時代から続けられているわけですから、その文字表記が転換したといえます。万葉集は、訓字を交えた表記が盛んでしたが、一〇世紀の場合は、仮名がほとんどで、万葉集で言う仮名主体表記（万葉仮名ばかりで書かれた歌表記）に近いことになっています。この一方、ある種異様なのが散文です。奈良時代以前の側には、仮名で書かれた

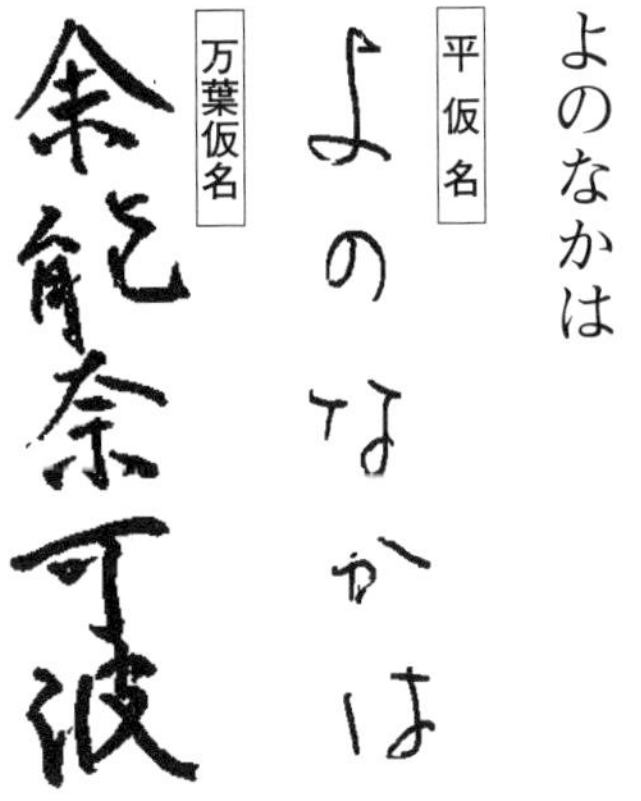

よのなかは

平仮名

よのなかは

万葉仮名

余能奈可波

図16

散文はほとんど見い出せません（正倉院仮名文書と木簡に少し、短い文が見られるのがあるのみ）。漢文やそれに準じるものであれば、日本書紀、古事記、風土記など多々あります。一方、一〇世紀以降はここまで繰り返してきた通りで、仮名で書かれた散文が次々登場していきます。つまり、一〇〇年と少しの間に、訓字を主とした和歌表記は廃絶に近いことになり、また、平仮名で和歌ではない文章を書けるようになっている、というのが指摘できる事実です。このように、平仮名一字一字の形の変化や字母の継承といった文字論的な要素以外の、表記論的な考察を以下、引き続き加えていきましょう。

■鍵は九世紀だが

やはり鍵は九世紀にあるわけですが、繰り返すように、当時の人がどこまで自覚していたかわかりません。これは現代人の私たちの言語様態を考えてみてもよくわかります。日本語の文字表記を、日本語を、いかに変えていくべきか。過去はどうだったか――こういうことを考えているのは基本的に、研究教育関係の人くらいです。普段、言語はすこぶる共時的に自覚されているので、時々、鋭敏な人が変化に気づく、という程度のことです。気づいたって、車窓の風景のように通り過ぎて、ふつうは終わりです。気づく人がいる、気づく瞬間がある、ということに過ぎません。明らかに、言語は変化しているし、変化を自覚する瞬間もあるのに、すぐに、あっという間にまた、意識を払わない状態にセットされ直してしまいます。つまり、前からそうだったし、これからもそうといったような、共時的錯覚状態にすぐ戻ります（変化していないと思えても、それは長い目で見れば錯覚なのです）。こういう感覚は、一〇〇〇年前でもたいして変わらないのではないかと想像します。職業言語学者もいなかったわけですし、人間の認知能力はさほど変わっていないのだから、なおのこと、そう思われます。

さて、その九世紀の万葉仮名と平仮名の中間によくおかれる資料が、「有年申文（ありとしもうしぶみ）」というものです（**図17**）。八六七年（貞観九年）の「讃岐国司解」に添えられたものです。当時讃岐国の那珂郡・多度郡に住んでいた因支首（いなきのおびと）の一族が、伊予別公の子孫であることにちなんで和気（わけ）公に改姓することを上申した文書に、藤原有年が添え書きしたものです。この資料に見られる文字のいくつかは、まるで平仮名への中途段階にあるように見えるので、草仮名資料と言われたりもしてきました。中途という意味を際立たせるために草仮名資料と呼ぶのは既に紹介した通り、術語使用からして誤解の恐れもあるのですが、確かに、崩し方がいろいろなものが交じっているようには、見えます。中には時々、平仮名と見える（平仮名だと言いたくなる）ものがあります（三行目、上から二文字目の「ふ」などは、連綿を作っていませんが、それだけに、私たちにごくなじみがある「ふ」に見えます）。過渡期的とされるのも、この九世紀後半という成立年代が説得的だからでしょう。しかし、このとき、たまたま崩しが強くなった偶発なのか、平仮名がすでに出来つつあって、それを背景にしているのか、それこそ、書いている本人は「草仮名」と思っているのかなど、同じ資料の同じところを見ていても、疑問のもち方は様々あり得ますし、そここそが大切な考究ポイントでもあります。

しかも、相変わらず疑問が二層構造になっていることがわかります。つまりその漢字はどういう形だと見做すのかという問題と、〈私たちの判定〉対〈書いた本人・本人を取り巻く九世紀の状況〉といった視座の違いです。この二層とはつまり、一平面上で同時にできる議論ではないということでもあります。先に挙げた「ふ」などかなりまざまざと平仮名の「ふ」に見えますが、藤原有年に、平仮名セットの認識があったとにわかには断じられないですし、この資料の場合は他の字体も多く交じっていて、一様ではないところも注意しなくてはなりません。仮に草仮名と認定するにしてもそれは同じ事です。草仮名だとしても、な

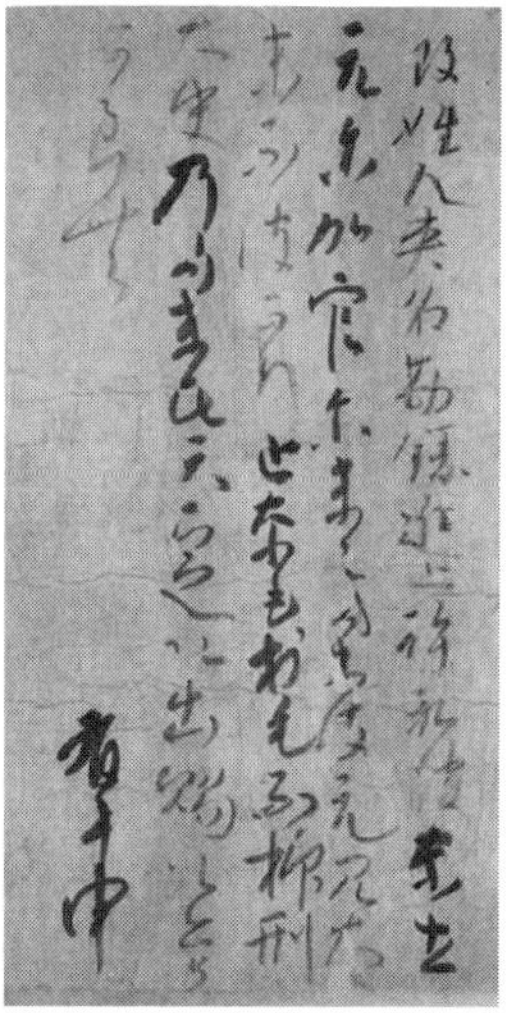

図17　有年申文（『書の日本史　第二巻　平安』平凡社、一九七五より）

ぜ、こんなに時々交じるのだろうか（時々しか交じらないのだろうか）、ということも懸案事項として湧いてきます。

私たちはこの資料の後の年月――遙か一一五〇年間にも及ぶ資料群を博捜、閲覧、検証でき、全部流麗な平仮名で書かれるものなどをも知っているわけで、そのような私たちから見れば、まさに途上、未発達にもみえますが、藤原有年は未来を知りません。そんな期間を対象に、彼らはどんな意識で文字を使い、万葉仮名から変化せしめていったのかと問うことは相当に難しいものがあります。結局、せめて、私たち<u>が</u>どう位置づけるか、ということに留まらざるを得ないのでは、と筆者は考えています。

右のように展望をまとめたところで〝成立〟論は一端そのくらいにし、平仮名の役割をおいかけてみます。平安時代、平仮名が活躍した場面は、大きく分けて少なくとも三つあります。和歌、散文作品、手紙（消息）です。いずれも、公文書に対置するなら私的要素が強いものです（和歌には、勅撰集や歌合わせなど公的色合いが強いものももちろんありますが）。ただし、いずれも、漢字が絶対に交じらないわけではありません（さらにいえば、片仮名で書かれる和歌も歴史上絶対にないわけではありません。いずれも、原則として、というところです）。和歌でも「花」「山」「雪」など漢字で書かれるものも、あります。平仮名は、女手ともいわれたことは有名ですが、和歌や手紙は男性が書いたものであっても平仮名が使われました。『土左日記』は紀貫之という男性が女性のフリをして書いていることはよく知られており、それは、「女手」を使っているから、よくといいますが、矢田勉氏によれば、平仮名で書くのは、『土左日記』が、私的なものだからであり、そういう私的なことを文字化して記すのが男性官人に合わないことだから、女性仮託としたとみています（『国語文字・表記史の研究』）。つまり、女性と平仮名とが直接紐付けされているのではなく、平仮名と物語等の私的な書き物というのが紐付けされていて、そして女性は必然的に公文書作成には関わらないので、相対的に女性の書く物もそういった文書に偏るという、一ステップ間に挟まった間接的な、紐付け関係になっていることによると見られます。

■『土左日記』の平仮名

具体的な資料をひとつ見てみましょう。有名な作品、『土左日記』は、写本の現存状況が極めて恵まれていて、著名な日本古典文学作品では、ほぼ奇跡といっていいほどの存在です。原本、つまり紀貫之自筆本はさすがにありませんが、これを直接写したものが二つも残っています。一つは、藤原定家が写したもの（ここでは定家筆本と呼びます）、もうひとつに、定家の息子である為家が写したものです。いずれも国宝です。さらにこの為家が写したものを字形もかなり似せて写した青谿書屋本というのがあって（書写は江戸時代）、ふつう、『土左日記』のテクスト（現在市販されている文学全集など）はおおよそこれをベースにしています。最初に写したのは定家ですが、彼はお寺のお堂で発見し、三〇〇年前のこの作品をいたく感動して写します。古今集の編者である紀貫之の自筆ともなれば、定家でなくとも感動すると思いますが、ともかくわずかな時間でこれを写し終えました。定家は同時に校訂を加えたり、体裁を変えたりしているのですが、この点も含めて、以下に紹介しましょう。有名な冒頭部分、まずは、青谿書屋本からです。**図18**に切り取った中で漢字は行間にある書き込みの「延長八年……」を除けば一行目の「日記」のみで、やはり平仮名の多さがよくわかります。現行の平仮名が案外多く、図18で挙げた範囲でいえば、いま変体仮名と呼んでいる別の仮名は「す」の「数」、「な」の「那」、「の」の「能」、

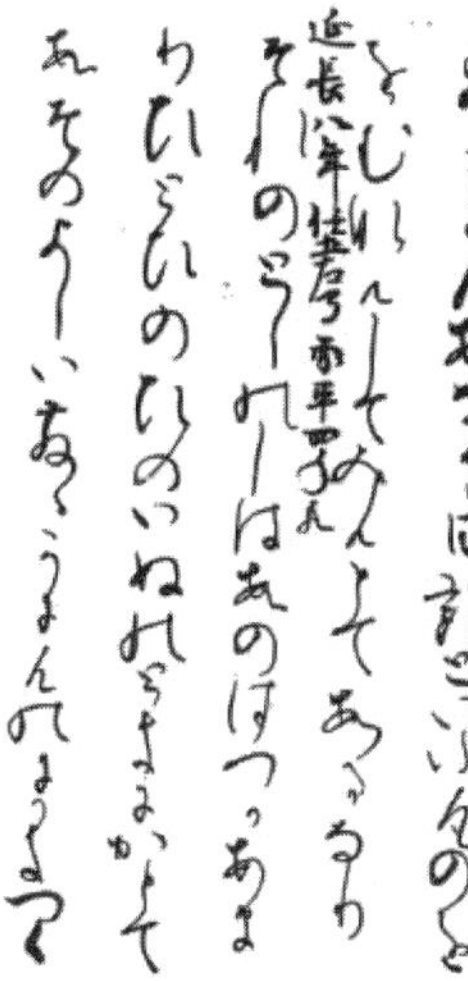

土左日記 青谿書屋本（『影印本 土左日記』新典社、一九六八より）

古今和歌集 高野切（『原色かな手本』5、二玄社、一九八二より）

図18

「さ」の「散」、「か」の「可」、「き」の「支」などです。この『土左日記』は連綿があまり続かず、ほぼ二文字ごとになっています。和歌などではもう少し続けられる場合もあるので、相対的に『土左日記』は少し、短いということになります。和歌では三文字連綿などはざらです。これは古今和歌集の断簡である高野切（第三種　伝・紀貫之筆）をみると、違いがわかります（図18の左方三文字連綿「はるの」、四文字連綿「ときなり」）。

土左日記　定家筆本

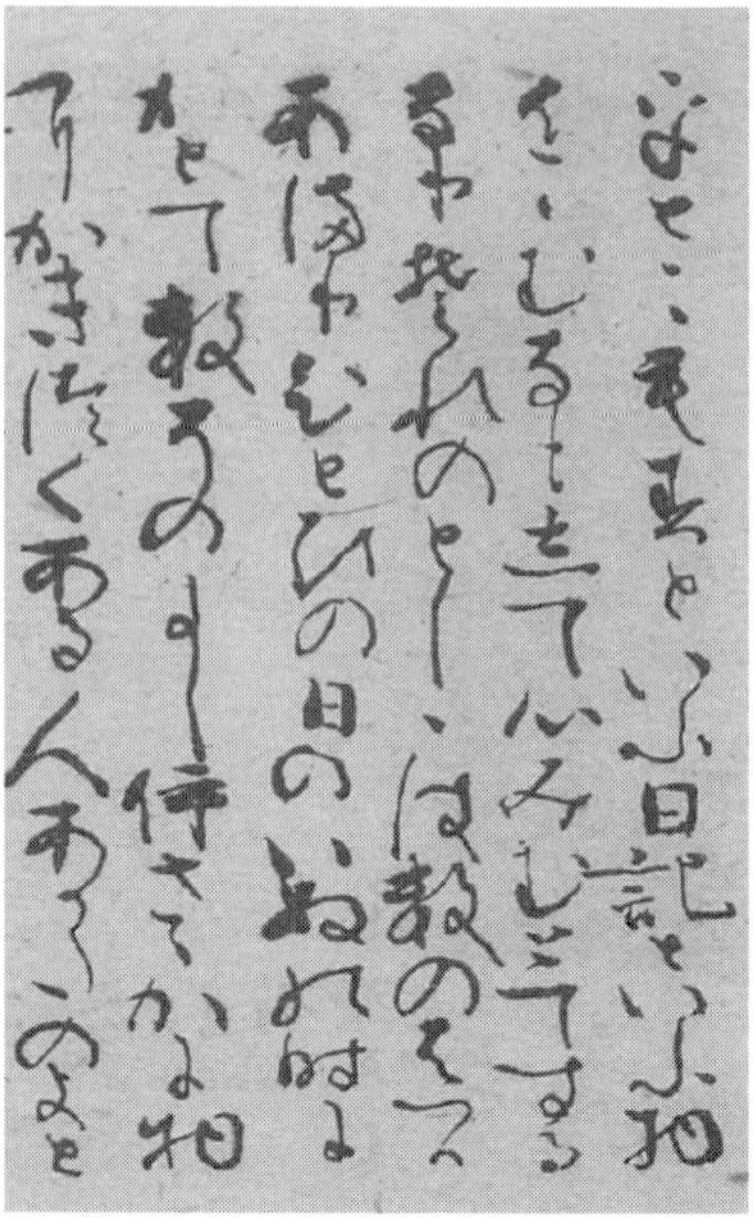

図19

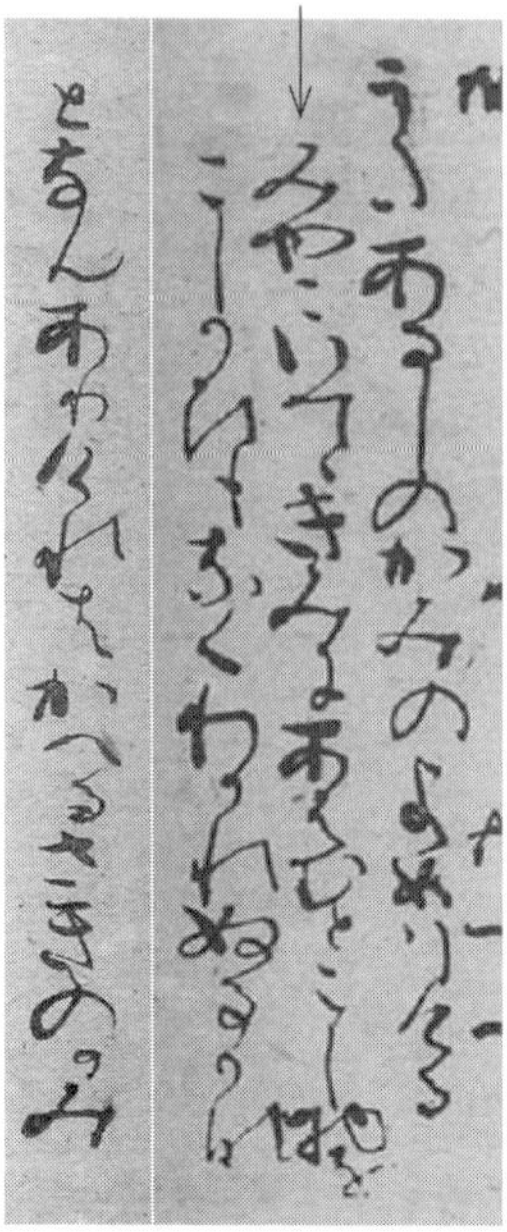

図20

続いて定家筆本から（図19）。

青谿書屋本「をとこもすなる」が定家筆本では「をとこもすといふ」に、青谿書屋本「してみむとてするなり」が定家筆本では「して心みむとてするなり」に変わっています。また漢字が、「日記」以外にも、「物」「心」「日」「時」など少しだけ増えています。また、定家は、『土左日記』に数多く出てくる和歌について、改行して一字下げにする、というレイアウトの変更をしています（図20→）。青谿書屋本は、為家本の写しであり、為家は、紀貫之自筆本を忠実に写したようですから、和歌の部分でこのような処置を施したのは定家のオリジナルということになります。もちろん、定家のやり方のほうが（私たちにも）見やすいでしょう。なお、第二章で紹介したとおり、このように改行や字下

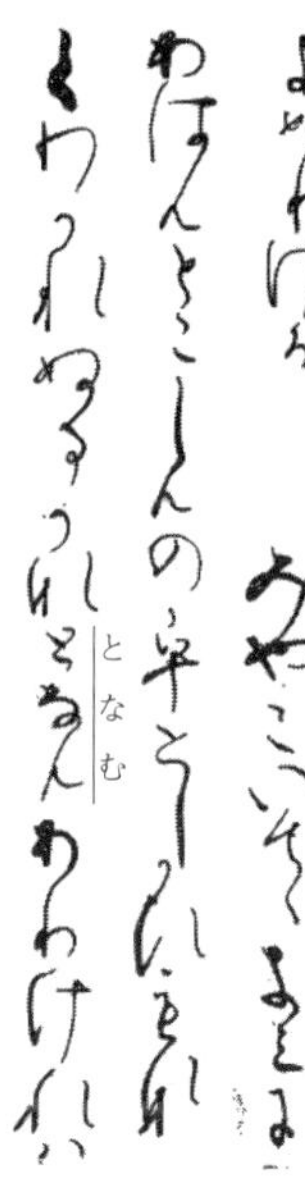

図21 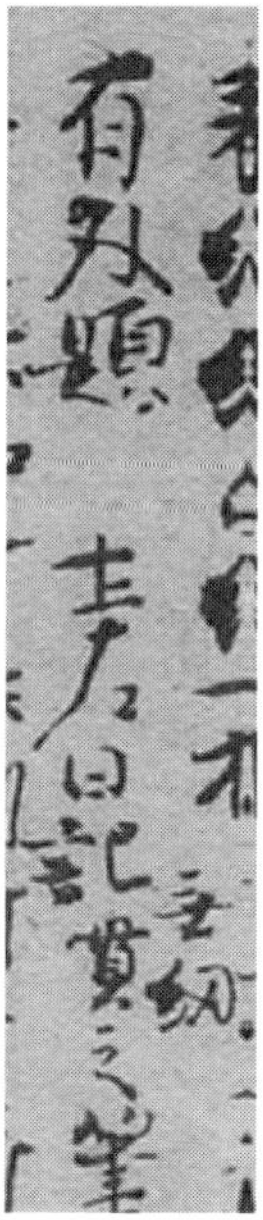　図22 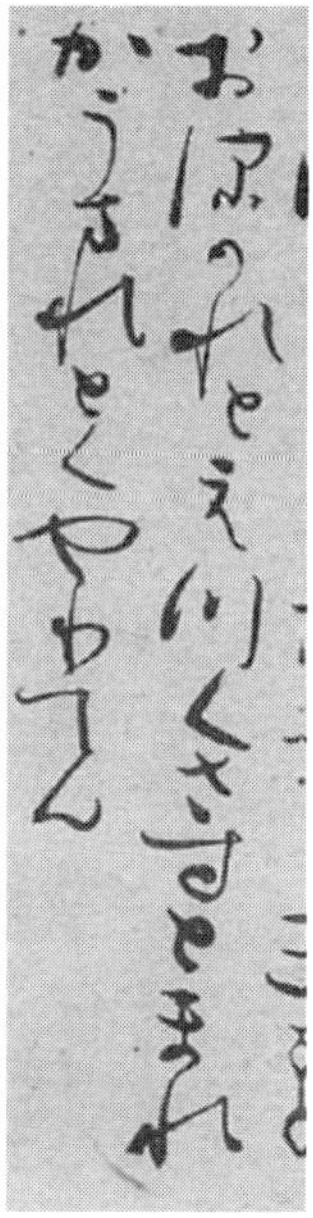　図23 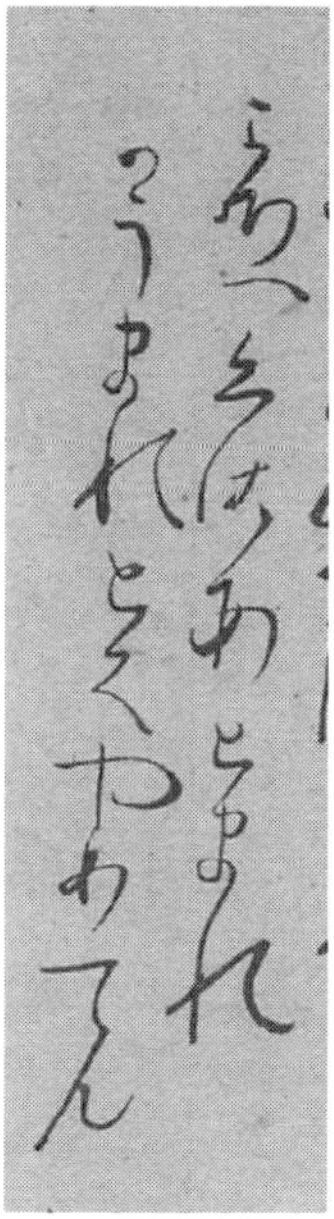　図24 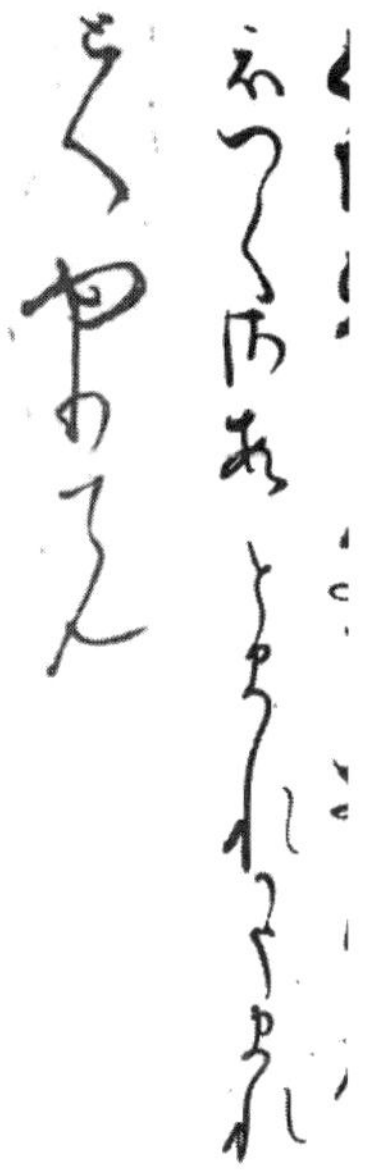　図25

げについて論じるのは書記論の範疇ということになります（44ページ）。

ではあらためて、定家筆本の和歌の部分から詳しく見ておきましょう（図20）。「よめりける」で改行され、さらに空格を一つ入れて「みやこいて、」と和歌がはじまります。和歌が二行目に及んでも一字下げは保持されています。その次の**図21**は、同じ和歌の、青谿書屋本のところからです。こちらは、二文字分ほど（平仮名の大きさは一定しないので、二文字分というのも妙ですが）あけて和歌が始まっています。また和歌の終わり「わかれぬるかな」の後にはそのまま「となむ……」と本文が続いています。

ところで、定家はこの『土左日記』を写した経緯を末尾に記しているのですが、そこに、〝題に「土左日記」とある〟と記しているため、これに従って、本書では人偏なしの『土左日記』としています（**図22**）。

さらに、定家は、この貫之自筆『土左日記』のおかげで、紀貫之の筆跡がわかったから、それを模写して示す、としています。その一部を抜粋します。まず定家の字で最末尾「とまれかうまれとくやりてん（む）」（図23）、その次に、同じ文章の部分を、定家が、紀貫之の筆跡を模写したものとして残している部分を挙げます（図24）。さらに参考に青谿書屋本の同じ所を挙げます（図25）。この本は先に紹介したように、紀貫之の自筆本を忠実に臨模したとおもわれる為家本のそのさらに写しなのですが、これらをあわせると貫之の筆跡も偲べそうです。なお、為家本は基本的に非公開となっています（大阪青山歴史文学博物館蔵）。

■平仮名が用いられる媒体

先に挙げた、和歌、消息、そしていわゆる王朝文学といった平仮名散文作品では、漢文と、それを訓読するというもうひとつの世界との一応の棲み分けがあったと見られています。ただし、そのようにジャンルをたてると整然として見えますが、実際の資料を見渡してみると、もちろん交錯したり、越境したりはします。たとえば、平仮名散文作品の中に漢文訓読的表現が出てきたり、和歌に漢語がでてきたり、ということです（和歌における漢語は仏教語が多いです。実情としては仏教語なら許容された、ということのようです。ふつうは漢語を避けます）。ただ、概して見てみれば、概ね棲み分けがあると見てよいようです。

なお漢文といってもこの場合、日本式のそれをも含みます。貴族は日記をつけるのがふつうでしたが、それらは基本的に漢字ばかりで書かれていました。といっても事柄を漢字で書いて並べていくようなもので、ともかく一日も欠かさず書くようなものでありました。先にも挙げた『土左日記』でも、平仮名で書かれた和歌ではない文章（ただし一作品中に和歌は五〇数首でてきます）としては、ごく初期のものに属しますが、やはり実験的要素が強かったのか、フォーマットが漢文日記ではないかと言われています。つまり、先行する平仮名による文章の見本のようなものがまだないので、下敷きには漢文や訓読による言いまわし、あるいは男性貴族の漢文日記を下敷きに措いたと見られています。[*7]『土左日記』は、土佐国の任期を終えて帰国する二ヶ月ほどを描いたものですが、これが一日も欠けません。特筆することがない場合わざわざ「きのふにおなじ」と書いてあります。後に出る『更級日記』（一〇六〇年頃成立か）などは、当たり前のように日が飛ぶのですが、それとは対照的です。また表現も漢文を訓読したような表現が見出され、日本語の、いわゆる和文（倭文）というものが形成されていくその黎明には漢文訓読文がかかわっているとされる所以となっています。文字だけのことでいえば、『土左日記』は、右に紹介したとおり、原本に近い写本が残っていますが、なんと九九％が平仮名で書かれています。漢字で書かれるのは、日付、そして「京」「人」「講師」など本当にごく限られた語だけです。

さて、和歌は前時代からあるもので、平安朝になれば、勅撰集まで出ているわけですが、平仮名で書かれた韻文でない文章の、たとえば勅撰物語などというものはありません。漢詩なら勅撰はありますし、六国史（りっこくし）などの歴史書も公的性格が強いものですが、もちろん、それらは平仮名で書かれてはいません。王朝文学、女流文学といわれるような作品群は、日本の古典文学作品のいわば花形でもあって、事実源氏物語などは、今日では世界に冠たるといにふさわしい評価がなされていますけれども、そんな絢爛な評価とは裏腹に、古今和歌集のように、表舞台で勅撰などという形で珍重されたものではありません（余談ですが、歴史上の意外な評価として、後世、源氏物語というフィクションを書いたのが理由で紫式部は地獄に落ちているという話が『雨月物語』にあります。仏教が嘘を戒めることに鑑みての言とも言われます）。

実際、古今集は、古今伝授といって、歌学において最高峰に奉られる存在がこの後も長らく続きます。思い切り真正面から古今集を「下らぬ」と切って捨てたのは正岡子規まで下ります（『歌よみに与ふる書』にて、古今集を編纂し

＊7　奥村悦三「貫之の綴りかた」（『叙説』三三、二〇〇六）

た紀貫之にはまだ一定の評価を与えていますが、それ以降については、「何代集の彼ン代集のと申しても、皆古今の糟粕の糟粕の糟粕の糟粕ばかりに御座候」と散々です）。正岡子規らは和歌を、短歌と変えて日本の詩歌に大きな変革をもたらしたのでした。*8

さて、正岡子規はともかくとして、古今集が、まさに数百年ものあいだ、崇拝するべき手本として位置づけられていたことは間違いありません。一方、平仮名で書かれた平安朝の物語などでそういう扱いにおかれたものはなかなかありません。実際、文章・文体としても、それほど後代に、これぞ王道という形で連続しているとも言い難いところです。また、表記についてもそうです。私たちはいま、ほぼ全部平仮名で書く文章を見たらまず、子供用かと思ってしまうに違いありません。そういうことからしても、いささか不思議なほどに、日本文学史の中で、平安朝の平仮名ばかりで書かれる散文作品は、どこか浮き上がっているようなところがあるという言い方も出来ます。ここには話し言葉と書き言葉の交錯、そして、漢文訓読との影響関係にある書き言葉、和漢混淆文なるものの醸成という様々な事情が絡んでいると見られます。日本語の文章文体史、表記史全てに及ぶ、とても大きな論究課題と言えるでしょう。それにしても、いま現在は、漢字と平仮名を交ぜて書いているわけですが、この平仮名の黎明から眺めてみるに、平仮名は、平仮名だけでほぼ占められ、むしろ漢字と対置されているかのような様相でありました。そして、漢字に交えられ、これとコンビを組んでいたのはむしろ、次節でみる片仮名のほうでした。そうすると、歴史上どこかで転換が起きたということになります。そうでないと今にうまく繋がらないでしょう。これも、文字表記研究の大きな研究課題の一つです。

ともかくも、まず、初期の段階では、平仮名はそれだけでまとまりをなして、まずはそれで色々な〝働き口〟をもっていたということを確認しておきたいと思います。また同時に、そのジャンルを離れれば、日本人は、漢文（あるいはそれに準じるイレギュラーな漢文）をも、変わらず使用し続けていたことにも注意したいところです。何かをやめて次にいくという〝単線道路〟ではなく、いくらか選択肢がある、複線、複々線を走っていたのです。すなわちジャンル等に応じてスイッチされ得るものであったようです。現在は、硬い文章であろうが、Twitterであろうが、漢字平仮名交じり＋適宜片仮名＋適宜アルファベットで書くということは変わりませんが、当時はそうではなかったようで、日本語の文章の種類が、表記の別と連動的であったというのは興味深いことです。

2 片仮名の歴史概観

■〝仮名を作った人〟

片仮名は、漢字の一部を省略することによって徐々にできていったものです。昔はいろは歌の存在にからめて、平仮名の〝発明者〟として弘法大師空海（七七四〜八三五）が信じられてきたのに対して、片仮名は吉備真備（六九五〜七七五）が作ったなどとも言われました。空海の、いろは歌作者説は、ずいぶん長らく信じられてきました。なお、日本語学では、空海存命時にはヤ行のエとア行のエが区別されていたはずなのに、いろは歌に反映されていないので、その点をもってしても従えないとされています。そもそも、平仮名にせよ片仮名にせよ一人の人間が作ることは考えられないので、いずれにせよ信じることはできません。片仮名・吉備真備作説とて同じ事です。いずれも、超人的、天才的と言われた人に託されているところは共通しています。伝説の継承は近世にまで及ぶのですが、国学者にも信じる人が少なくなかったことについて、矢田勉氏は、漢字に対するコンプレックスを想定しています（『国語文字・表記史の研究』）。ただし、江戸時代であっても本居宣長などはこういった起源説を歯牙にも掛けていないようです。

＊8　和歌と日本人の歩みの歴史については、専門家によるとてもわかりやすい本として浅田徹氏『恋も仕事も日常も和歌と暮らした日本人』（淡交社、二〇一九）がおすすめです。

平仮名にしても、片仮名にしても、時間もそれなりにかかって次第に字母が絞られていきましたし、字体も変わっていったと考えるのが自然です。たとえばウは「宇」のウ冠だけを取り出すことによっていて、ごく初期は、本当にまざまざとウ冠ですが、徐々に最終画が左下へと伸びる変化が見い出せますし、ミは数字の三からきていて、初期はまさしくその「三」の形なのに、時代を経ると右に傾いていきます。これは漢字字体からの乖離だと言える変化でしょう。

■片仮名の出来方と機能

片仮名は仏典や漢籍などの漢文訓読において、補助記号的に用いられました。本文の漢字より小さく書くことは、前時代から存在する宣命（天皇の命令を記したもの。図26参照）ですでに実践されていましたが、さらに省画という方法がとられました。つまり、片仮名はその最初から漢字の付随物としての位置にあったのでした。これは、漢字とセットのレベルで対立的におかれるような位置にあった平仮名とはまた異なる対立関係にあると言えるでしょう。また平仮名はおもに、和歌、消息の類いに用いられたのに対し、片仮名が活躍するのはまずは漢文訓読の現場ですから、つまりは学術的な場面で生まれ、発達したものということになります。平仮名に比べて、目的や役割、その使用環境からして違うところに位置づけられていたわけです。

片仮名は、和歌表記に用いられた例もありますが、元来、このように主として学問的な現場に馴染むものであったようです。日本では古辞書と呼ばれるものが残っており、現存中最古は空海の『篆隷万象名義（てんれいばんしょうみょうぎ）』（九世紀）ですが、これは中国の字書であった『玉篇』というものをリライトしたようなもので、いわば漢漢辞典であり、続く『新撰字鏡』（九〇〇年前後成立か）には初めて和訓が登場します。ただし、仮名は依然、万葉仮名となっています。片仮名が辞書にはっきりでてくるのは『類聚名義抄』（一〇八〇～一一〇〇年頃成立か。図27）を待たねばなりません。

いずれも原本は存在しませんが、平安時代の重要な辞書として今に伝わっています。国語国文学科・日本語日本文学科の所属学生なら、きっと引くことになる辞書です。ちなみに、『篆隷万象名義』、『新撰字鏡』、『類聚名義抄』という三つの辞書は、日本の歴史で、現存最古のベストスリーですが、共通点として、いずれも僧侶の手によっているという点が挙げられます。これは漢文である経典を読んだり解釈するために必要であったからだと考えられます。片仮名という文字はやはり、仏典の研究や漢籍の講読など、すぐれて学問的な場に親和するものから始まっていることがわかります。

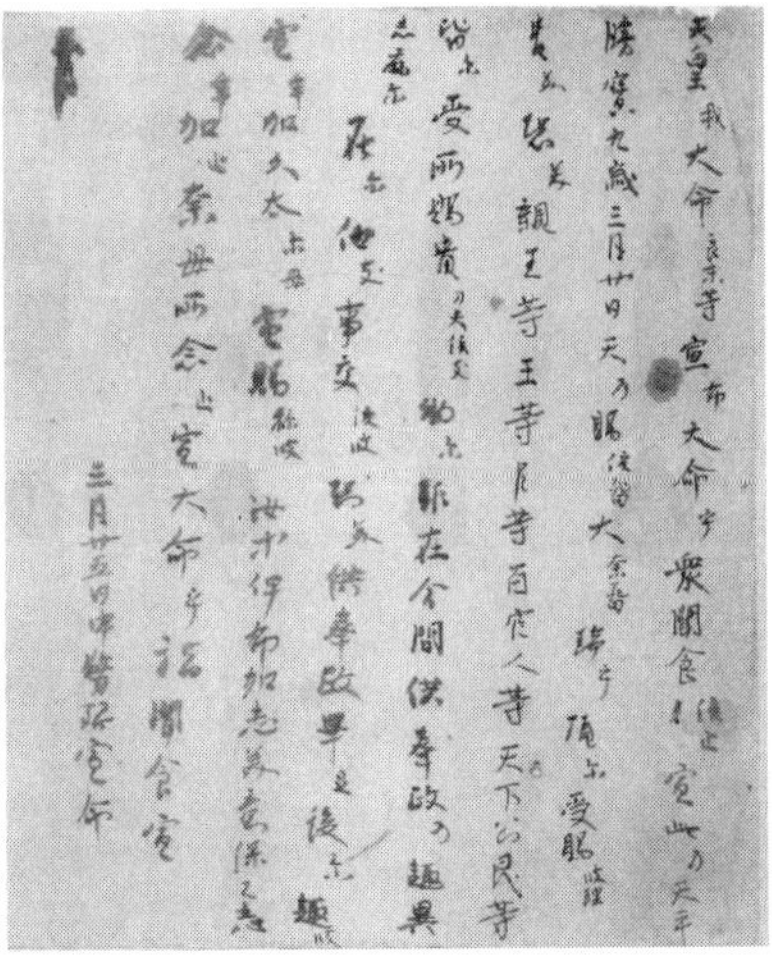

図26　孝謙天皇宣命（瑞字宣命、宮内庁HP正倉院宝物検索より）

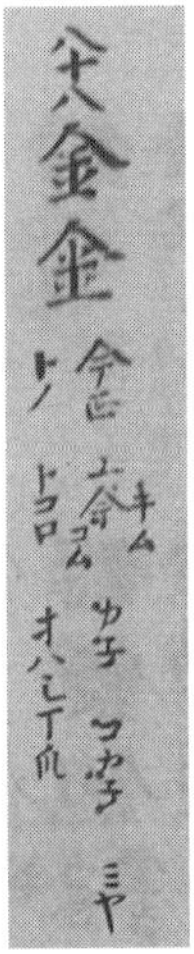

図27　観智院本　類聚名義抄（風間書房、一九六八より）

ところで、古辞書は別名、音義ともいわれてきました。これは文字通り発音と意味、ということをあらわしています。今述べた最古の辞書ベストスリーはいずれも、漢字から引く辞書であって、いわば漢字字典になっています。よって、意味と発音が重要な項目になるわけですが、片仮名が、発音だけあらわす機能があると見なされたことの理由に、古辞書の表示形式を挙げる説があります。野村剛史氏の説によれば、片仮名は、～也で表示されている意味に対して、片仮名は〝音〟だけを担当している形になっているといいます。*9 つまり、

「字」　ヨミ　○○也

*9　（『古典日本語の世界二——文字とことばのダイナミクス』東京大学出版会、二〇一一）

とあったとき、○○が意味で、片仮名による「ヨミ」は発音だけを表示している、ということで、首肯出来る説ではないかと思います。現在も、いわゆる擬音の類いや、意味を伴っていない謎の言語などを片仮名で表現したりするのに通じるところがあるでしょう。今日（こんにち）、片仮名の大きな役割は、外国語、外来語（後者は、外国語のうち日本語体系にすでに内在していると認め得るもの）を書きあらわす時ですが、これをおそらくはじめてなしたのは新井白石の『西洋紀聞』（一七一五頃成立か）であると言われています。

■『方丈記』の片仮名

日本の歴史上、有名な随筆の一つとされる『方丈記』（一二一二年頃か）、その中でも鴨長明自筆かとも言われる（疑いもあります）のが、大福光寺本です（**図28**）。先に、片仮名の成立が漢文訓読の現場だったことを紹介しましたが、ここでは、片仮名がそういう場ではないところで使われている例として紹介します。漢文訓読という現場を離れて、片仮名はここまで活躍の場を広げたということができます。

図28　大福光寺本　方丈記（影印校注古典叢書11　新典社、一九九一より）

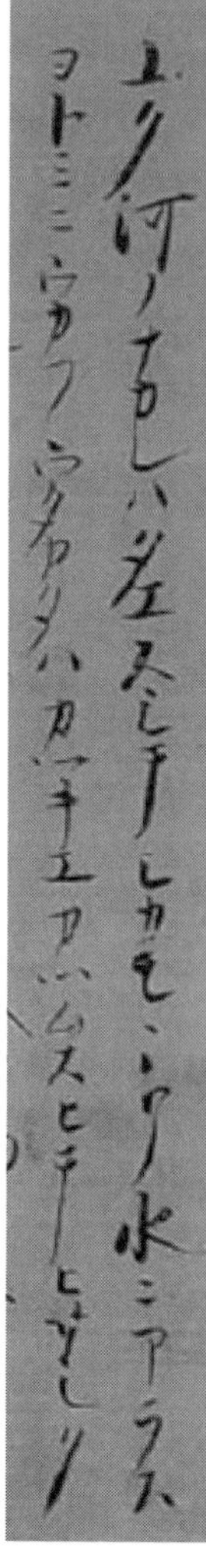

既に紹介した『土左日記』よりは相対的に漢字が多いのは間違いありませんが、補助記号的に漢文（漢字列）の間に挟み込まれるよりは遙かに多い片仮名が使われており、片仮名主体といっても遜色ない点で、文字表記史でも重要な資料です。以下注目すべき箇所の写真を挙げつつ、見ていきます。

概ね、片仮名は漢字より小さく書かれますが、漢字と同じような大きさの場合も時にあります。*10 またニやノは右寄せされることも珍しくありません。確かに漢文の訓点記入を想像させます。

ハが小さい

ノが小さく右寄せ

ニが小さく、右寄せ

連続する箇所　やはりニがかなり小さく、かつ右寄せ

漢字と同形のものも、大きさで見分けが付くことが多いです。

タ（ta）ヲマツ事ナシ　ではなく「夕（ゆふ）」。漢字は大きめに書かれている

「二年カアヒタ」　漢数字の二で、片仮名のニではない

*10　大福光寺本『方丈記』の片仮名について、特に片仮名の大小については、奈良女子大学令和二年度卒業論文、室山知空氏「大福光寺本『方丈記』の書記論的研究」を参考にしています。

ノがさほど小さくなっていないものもあり

今の私たちには、原稿用紙がそうであるように、片仮名も、平仮名も漢字も同じ正方形で句切られたスペースに書くという経験を大抵していますし、また目にもするでしょう。ＰＣのＷＯＲＤや一太郎はレイアウト次第で字間を細かく調整しますので、かえって文字が写経のように、本当に碁盤の目のようには並びませんが、それでも、一行あたり何字という設定をしていますし、そのことを不思議にも思いません。これにくらべて『方丈記』を見ると、漢字はそもそも字体が四角に収まりやすいのもあって、互いに、互いのエリアを侵食しあわないことがほとんどです。対して、この『方丈記』の片仮名はその形に応じて、かなり重なりあうのが目立ちます。

漢字　文字同士のエリアを侵さない

左に挙げる箇所は特に行末ではなく、書いている最中なのですが——ということは下にまだまだ余白はあるのに、このように書いているので、スペースが限られているから詰めているということではないと言えます。

タルタメシナシ　文字同士の空間が重なり会う

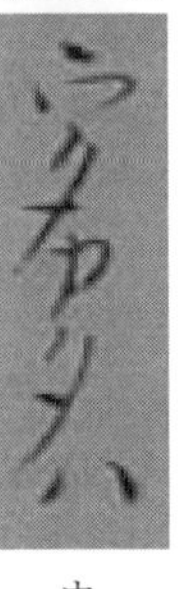

ウタカタハ

漢字の場合、四角で囲むと、原稿用紙のように並びますが、片仮名はそうではないことがわかります。印刷に関する節でも触れましたが（138ページ〜）、時代が下るにつれ、文字の粒の大きさは同じようになっていき、平仮名の連綿は少なくなっていきます。この大福光寺本の片仮名の詰まり方は、たとえば活版印刷向きではないでしょう。真四角の活字を組むのに、このようにそれぞれの字体の空きスペースに互いに浸食するように配置するのは漢字に比べればかなり面倒だと思われます。

ただ、注意したいのは、大福光寺本であっても、

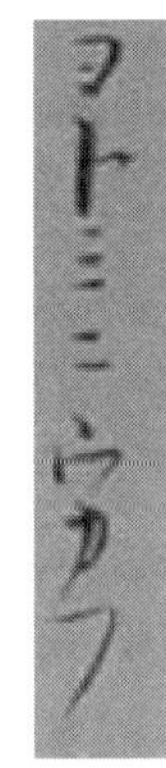

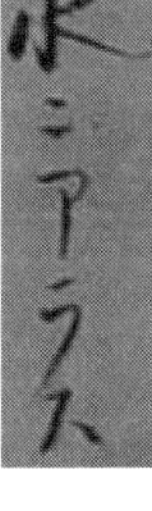

これらのように、互いに離れて書かれているものも一方に存在するということです。表記論、書記論では、何かルールや傾向を見つけたいと思って研究しますし、それはそれでよいのですが、全て統一的に説明がつく、ということは、実際の資料を相手にしている限り、なかなかありません。漢字と、片仮名で右にみたような、字ごとのエリア確保は、大福光寺本『方丈記』でかなり一般化できそうなところはあるのですが、それでも当て嵌まらないものもやはりあります。右に挙げた「ウタカタハ」などはかなり互いに接近しているので、平仮名の連綿にみたてて、たとえば語の塊の意識が強い、などと言ってみることはできます。しかし、すぐさまその後に挙げた、比較的放たれて記されたヨトミニウカフやニアラスの扱いに困ります。ではこちらは語の塊意識が薄いのかということになってしまいますが、それはいささか短絡的な裏返しでしょう。まして、間が放たれている「ヨトミニウカフ」などを「例外」と押し込むもうとするのには、重々注意が必要です。例外、というかぎり、主流は字間詰めであるともはや決定していることになるからです。本当にそうかどうかは、慎重でなくてはなりません。平仮名の連綿にしても、語

の塊などの分節に関係するばかりではないのであって、書記論的見地を言語側の事情とすぐさま直接リンクさせてよいかどうか、慎重な態度が求められます。表記とは、文字をもって語を記したものを指すわけですが、それでいて、その語（つまり言語）の事情にリンクしない用件が表記側にあり得るという、ここが注意を払わなくてはならないポイントです。かつ、それこそが、文字表記論が音声言語の論とは別に記述される意義があるところです。ソシュールの言説をすでに紹介しましたが、文字が一から十まで徹底的に言語に密着する〝召使い〟なら、文字表記論の記述は、そのまま言語学の論をもって全て置き換えられるはずです。しかし、そうではないと言わねばなりません。

片仮名の研究は、平仮名に比べて、相対的にはなお論究の余地が多そうだと見られます。訓点語研究において、各資料における片仮名字母など、調査やデータは大変充実していますが、表記論、書記論的な見地ではまだまだ様々な可能性を秘める領域です。

3　仮名遣いのはなし

■現代仮名遣い

本章は主に文字論的な議論を紹介してきましたが、結局は表記論に連続、連携するということをお話しもしてきました。その最たる代表例として、ここでは仮名遣いを取り上げます。「仮名のはなし」と題しておいて、仮名遣いのことを紹介しないわけにはいきません。仮名遣いというのは概ね表記論の範疇になります。つまり、どういう言葉を、どういう仮名の並びで書くか、ということです。ところがそれでいて、既に述べたように、文字表記が全部言語側の事情に従属しているかというとそうでもないところが、仮名遣いを巡る研究の面白いところです。

現在は、「現代仮名遣い」（一九八六年告示）が通行していて、文化庁のＨＰで見ることができます。まず肝腎なことですが、現在のこの場合の仮名遣いとは社会に設ける目安です。従って、この点で、すでに紹介した常用漢字と理念が似通うところがあります。たとえば「とーい（遠い）ところからこうり（氷）をうりにきた」は、一般にこれではおかしい、と判断すると思います。まさしく義務教育の成果です。よって、この本でも「間違い」という言い方を、さしあたりはすることにします。ただし、社会的な慣習としてかなり定着しているかそうでないかということを巡っては、義務教育で明確に教育するもの以外も広く含めれば、語によって揺れがやはりあります。特に、外国語で固有名詞などの場合は、ただちに「間違い」ともいえず、複数並行的に存在している場合があります。現在はすでに統一されているようですが、例えばスイスの老舗時計メーカーVacheron Constantinは一時期、時計雑誌などで、ヴァシュロンもしくはバシュロン、コンスタンタンもしくはコンスタンティンもしくはコンスタンチンで揺れていました。

また、たとえば「言う」という動詞、特に関西の人は「いう」と書くことに違和感を覚えたことがないでしょうか。ほぼ「ゆう」と発音しているように思えるからです。しかし、東京方言では、終止形と連体形「言う」は「ゆ」に近い発音が出ますが、「言わない」「言って」などは「い」に近い音になっています。これをもし発音通り書くと、文字の上で終止形や連体形のときだけ、語幹にもかかわらず変わってしまうことになり、視覚上も不合理なので、「い」で通すことになっています。結果「いう」とかいて「ユー」と読むということが起きています。「遠い」（とおい）、「当為」（とうい）などは、どう考えても発音は一緒ですが、前者は歴史的仮名遣いにもとづいて「お」、後者は字音仮名遣い（漢字音の仮名遣い）に基づいて「う」となっています。右に述べたように、考えて書き分けているわけではなく、そのように決められ、そしてそう教育されたからそう書く、ということで、これが現代における仮名遣いの典型的なありようです。ちなみに、この「トーイ」といわば逆のような現象が「こうし」です。「講師」「公私」などは漢語で発音も一緒ですが、「仔牛」の場合は、「こ」「う」「し」と書くのにもかかわらず、発音はかなり違います。まさに、仮名の使い方として了解しているからこそ成立していることです。この「仮名遣い」という言葉は、現代に限らず日本語史を研究する上でももちろん登場するのですが、どう捉えるかがそう簡単ではない面があります。本書でもいくつか問題提起をするにとどめるざるを得ないのですが、それを次に挙げて考察していきましょう。

■仮名遣いという術語自体のゆれ

現代の場合は、「現代仮名遣い」とカギ括弧にいれてしまえば、先に紹介したように文化庁からでているそれだと特定・確定できますので、ひとまず問題はないのですが、現代語の仮名遣い、などと一般めかしていうと、急にぼやけてしまいます。また「仮名遣い」と「かなづかい」という違いもあって、「現代かなづかい」が昭和二一年に出されたもの（内閣告示第三十二号）、一九八六年に改訂されたもの（内閣告示第一号）が「現代仮名遣い」と記されます。いま、文化庁からでている（た）それら自体を検討するのが目的ではないので、カギ括弧には括らず、仮名遣いに統一して以下話を進めます（つまり、カギ括弧に括るときは、現行の文化庁で提示されているものを指します）。

ところで、文化庁から出ているものも、概念的なことやルールの骨組みを述べている一方、イレギュラーを許容することも書いているので、たとえば先ほどの Vacheron Constantin をどうすればいいのかというのは、そういった目安を記した一覧を繰っても直ちに解決する（＝択一的にしぼりこめる）とは限りません。そもそも仮名遣いという術語は、妥当か不当かは一端保留して、概して次の三種類の把握の仕方がなされる可能性があると筆者は考えています。

一つに、文字通り、仮名を使って〈ある言葉〉を書くということにまつわるその全てを指すというものです。仮名を遣っているのだから、間違いではないと言えます。しかし、全部を悉く指してしまえる術語が何の役に立つんだという疑問はあるでしょう。

二つ目に、言葉に仮名を当てるときに、一定のルールがある、そのルールを指す場合です。さらに、こういうときにはこう書く、というルールを書く人が自覚的である場合と、そうでなくて、無自覚であり、分析する研究者によって見出されてそう位置づけられる、という場合とがあると思います。この二つをそれぞれどう位置づけるかは、研究者によっておそらく立場がわかれると思います。前者には、たとえばその文化庁からでている「現代仮名遣い」は収めていいでしょう。一方、後者は、カギ括弧をとって一般化したようにしても、仮名遣いとは呼ばない、という人もいると思います。よって、ここでは、後者は省いて、それは次の「三つ目」にいれることにします。

次項でも述べますが、そもそも、書いている人たちが、自覚しているかそうでないかということを、私たちはどう見極められるでしょうか。たとえば私たちは、「遠い」を「とーい」ではなく「とうい」でもなく、「とおい」と記すことに、自覚的だと言えるのでしょうか。「遠い」が「とうい」とあると間違いだと思って直したり指摘したりするので、確かに自覚的と言えるようにも、思います。しかし、普段、わざわざ意識しなくても書けている、とも言えるでしょう。果たしてどちらの感覚を取り立てるべきでしょうか。小学校からの教育のたまものでほとんど自動的に出来ますが、自動的ゆえに無自覚でもあり、それだからこそ、いざというときかなり直感的に発見出来る、と言えます。このように、択一的にこうだと決めてしまえないところがあるわけですが、そのよりどころである文化庁「現代仮名遣い」をここ「その二」に入れられるとしたのは、まさに明文化されたものがあるから、ということになります。ここが分類基準です。従って、明文化されていない、客観的な記述が見いだせないものについて言う場合は全て次の「その三」に預けます（預けるほうが、安全です）。

三つ目です――学校で習ったわけではない、誰かにこうしろと命じられたわけでもない、しかし、ある一定の書き方をしている、というケースです。さきほど、一旦「その二」にいれようとしてこちらに引っ越してきたものを含みます。これには、自覚的にそうしている場合と、本人も気づいていない場合とがあるでしょう。外部からの見分け方、あるいはどの場面での感覚を取り立てるかということが難しいのは先に述べたとおりです。

現代日本語の場合は、みな義務教育を受けるので、この、「その三」しかない人、というのは少し考えにくいです。しかし、学校教育がなかった歴史的なことを考える場合は、なんとなくそうなっている、という通行状態を想定したり、見出したりすることも、研究上大いに意味があります。また、ある個人がどうかということと、社会的にどうか、ということも区別した方がいいです（無論、互いに連続はしていますが）。個人だけに見られる場合で、当人も意識していない場合は、すなわち単なるクセという可能性もあります。

共通の教育機構がなく、当人に意識もないであろうに（ないであろう、としか言いようがないですが）、しかし、個を超えて共通する傾向が見いだせる場合があります。見出すのはもちろん、第三者的に検証、考察する分析者の「目」です。そして、こういう中にも、仮名遣いと呼べる場合があるようです。もっとも、研究者によっては、それを仮名遣いというのはおかしいという反論もあり得るでしょうが、それが仮名遣いかそうでないか、というのは、まずもって術語自体の定義の問題になるので、実際にいま見ている、観察している現象それ自体がどういう現象なのかという議論と混同しないようにする必要があります。

右に述べたことをあらためて、整理してみます。

その一　**仮名で言葉を書くことの全てを指す。**「仮名」を「遣っている」のだから間違いではない、という言い分。これによれば、万葉集で、オオキミを「於保伎美」と書くのも仮名遣いだし、「氷」を「こうり」ではなく「こおり」と書くのも仮名遣い。問題点は、あまりに括りが大きすぎるということです。わざわざ「仮名遣い」という術語を当てる理由が、これでは、ないことになります。また広汎にすぎるため、社会的慣習などルールで共有されていることからそうでない個人のクセまでを全てごちゃ混ぜにしてしまうというデメリットもあります。結論からいうと、その一の定義は、「仮名遣い」を文字通り、愚直に捉えれば、用語として指す内容が間違いではないですが、ほぼ、使い物にならない術語になってしまうと言えそうです。

その二　**仮名を使って言葉を書くときの、一定のルールで、客観性があるものを指す。**先にも挙げたとおり、文化庁が目安を出していますので、ルールは客観的に存在していると見做せます。普段、ルールを守っているという意識もないほどですが、「君主がおおいを継承」とあると、「?」と戸惑うこと、「駅からわとうい」とあると書き手の教養に疑問を感じてしまうことがある以上、ルールはあって自覚されているという側に入れるべきと考えます。現代語は内省も、リアルタイムの観察もできるその上、公表されているその「現代仮名遣い」もあるので、これで片付きますが、問題は古典語です。特に、定家仮名遣い以前、仮名を使うルールを明確にまとめたものやそれが提示されたことを確認できないので、[*11]「現代仮名遣い」のように位置づけて良いのかどうか、という疑問が湧きます。この点、さらにその三にて詳述します。

その三　**ルールが明言されたり、整理されて記述したものが存在しているわけではなく、分析する研究者が見出す傾向を指す。**これは、表記論の通史的研究としては、非常に有益な発見かもしれず、議論としては魅力的です。一方でこのとき、ルールが客観的に明文化されてはいないというのが非常に重い点で、次に挙げる注意事項があります。

①使用者も自覚的に区別していたし、分析する研究者もそれを見出せた

*11　『金光明最勝王経音義』（一〇七九年頃成立）に、いろは歌が万葉仮名で記され、さらに他の同音節字母も併記されています。しかし、あくまでいわば音節表であり、仮名遣いを示すものではなく、しかもこの音義（辞書）中の方針のようなものなので、ただちにここで示したその二所属とは見做しにくいです。

②使用者は特に自覚的ではなかったが、分析する研究者はそれを見出せた

③使用者が自覚していたか、そうでなかったかは別として、分析する研究者はそれを見出せた

このように三つ挙げましたが、実は、一つに集約してしまうことにお気づきでしょうか——すなわち③です。明文化されたものや、明らかに、表記の傾向や規範を客観的に記述している証拠でもないかぎり、リアルタイムの内省が効かない古典語の場合、そもそも①か②かは決められず、自動的に③になります。仮に①であれば分析者が見立てたことは〝当たり〟といえるでしょうし、一方②のように、分析者が勝手に見い出したものかもしれません。ただ、書き手、発信者が全てのことに気づいて、いつもかつも前もって自覚して言語行動を取っているわけでもないので、②であっても直ちに無駄な議論というわけではありません。つまり、②だったら即座に「ハズレ」「無価値」だと必ずしも切り捨てられるとは限らないわけです。もし、これを切り捨てると、表記の傾向を見出そうとする論究の多くが、やる前からすでに無意味ということになってしまいます。従って問題は、[その二]のような仮名遣いと、[その三]のようなものを仮名遣いと、両方とも同じ呼称で呼んでしまっていいのか、ということになります。[その三]のような議論は、筆者も非常に興味がありますし、また自身も研究として取り組んでもきました。しかし、堂々と「仮名遣い」と呼んでいいかは別問題で、表記の傾向などという言い方にぼかしたり、とどめる方が妥当かもしれません。特に、古代で大きな日本語学上の問題に、「上代特殊[仮名遣い]」というのもあります。このような術語で呼んでいますが、同時代（奈良時代以前）に客観的にルールが明文化されたものはもちろんありません。よって、まずは、[その三]議論に収まるということになります。

さて、右のようにみてくると、実例だけでなく、客観的にルールを記述しているものがあるという点で、仮名遣いという呼称で指すべきは、狭く捉えれば[その二]だけが該当すると見られます。藤原定家による定家仮名遣いと現代仮名遣いといった、客観的に記述されたルールが存在しているものだけを収めるのが無難だと言えそうです。と

いうことで、やはり、その三をどう扱うか、どう深めるかというところにこの問題を巡る研究の本懐がありそうです。つまり、その三で得られたことを、どれほど妥当性を高めて、その二に準じるものとして〝昇格〟できるか、です。その代表に、歴史的仮名遣いというのがあります。契沖という江戸時代の僧侶が、万葉集研究等を通して、見出しました（『和字正濫鈔』など）。定家仮名遣い以前のそれとして、見出したわけです。これは大変に画期的で後に宣長も契沖を高く評価しています。なお、契沖より先立つ南北朝時代に、同じ僧侶で成俊という人がいるのですが、この人も、定家仮名遣いに合わないものがあることを、万葉集に照らして言及しています。

さて、このとき、奈良時代の人びとと、見出された仮名遣いと、見出した人（契沖―平安時代からすれば九〇〇年程後の人）との関係性からいうと、やはり契沖以前にルールが記されているものが予めあったり、契沖がそのような一覧を目にしたわけではないので、契沖はまずはその三タイプの議論から入ったといえます。ところで、この有名な「（歴史的）仮名遣い」という言葉、この言葉に注目していただきたいのですが、仮名遣いと言ってしまっています。これは、では、右に述べ来たったことに照らせば見直す必要があるでしょうか――結論からいうと、筆者は、この歴史的仮名遣いについては、その三タイプではじまり、批判と検証が重ねられて、事実上その二に昇格している例と見ていいと思っています。つまり、実質的にその二的な仮名遣いと見做していいということです。万葉集やその後の定家仮名遣い以前の資料を精査、検証することが続けられ、個人の癖ではなく、偶然の一致でもないということが、ほぼ確認完了しているからです。理論的なルールが記述され、たとえば「見へず」と書かれていたら、これは間違いであると判定出来る次元に達しています。「見へず」は先にも挙げた『土左日記』青谿書屋本にもしばしば出てくるのですが、「見えず」と書けばいいものを、「え」は「へ」と書くべきだという「誤った回帰」を起こしてしまっているものです。この背景には、語中語尾のハ行音が、ワ行に変わってしまうというハ行転呼音という現象、そして、その現象に必ずしも連動せずに、表記が旧態を守ることによるズレができてしまっていることによります。『土左日記』、それも原本にかなり近い本での「見へ」という実例――つまり、ある意味で有力な〝物証〟――を、体系的に把握されたルールでもって間違いであると断じられるという次元に、歴史的仮名遣いは既にあるといえます。これは見方を変えると、実例で、ルールにそぐわないものがでてきたときに、ルールの理論記述の方が完全ではないのかもしれない、と疑われたり揺るがすようなことになるのであれば、これはまだ理論記述が承認されていない、あるいは普遍性をもっていない、ということになるでしょう。しかし「見へず」については、たとえ、どれほど原本に近い写本、いや、原本そのものに認められても、歴史的仮名遣いの方を見直さないといけないなどという話にはなりません。一方で、先に触れた上代特殊仮名遣いとは、キヒミケヘメコソトノヨロモとその濁音に存するという、二種類の発音の別によると見られる仮名表記の方法のことです。母音の違いなのか、子音の違いなのか、概念として区別される音なのか、発音（音声）上の都合で異なってくる音の違いなのか、いまだ議論は確固たる唯一の結論をみていません。いずれにせよ、手がかりは、万葉集など漢字で書かれたものにしかなく、その漢字表記を追いかけると、実はその理論上のルールに合わないものがあります。特に、木簡等では相対的にそれが目立ちます。そういった例は、ひとまず「異例」と表現されるので、かなり歴史的仮名遣いの違反などに近い扱いですが、異例は本当に異例というべきものなのか[*12]、という議論が依然としてあります。発音の違いだとしてどういう違いなのかが明らかになっていない以上、当然のことかもしれません。筆者は、現状その三にある上代特殊仮名遣いの、その二への昇格は、歴史的仮名遣いに比べれば、いまだ距離がありそうだと考えています。

以上のように、大きなレベル（文章とか、書く行為に常時潜在しているというレベル）では、ごく典型的な仮名遣いとは、「現代―」、「歴史的―」、「定家―」くらいになると思われます。客観的なルールの記述か、それに相当するものが認められるという点を重視しました。

また、仮名遣いといえば、ある種の傾向を見出すものというイメージですが、一見して雑然としているものに、機能性を見出すという研究もあります。近世で、たとえばジョーという発音が、「ぢよふ」「じやう」「じやふ」などと様々に書かれることは、乱れとか、粗雑というより、どれを書いてもいい、あるいはどれで書いてあっても、ジョーとわかるという、そういう意味での機能性を指摘するものもあります（屋名池誠氏「近世通行仮名表記「濫れた表記」の冤を雪ぐ」『近世語研究のパースペクティブ――言語文化をどう捉えるか』笠間書院、二〇一一）。「多表記性表記システム」と屋名池氏は呼んでいます。「その三」タイプの論究をしていると、ルールの見出し、一定の傾向の見出しが目標とされがちですが、それとは違う目も必要であることを教えてくれる研究です。

仮名遣いの研究に臨む場合、いきなり用例を分析することからはじめる前に、まずは、仮名遣いとはどういうことを指すのかということから、研究史を丹念に見返すことが求められます。幸いにも、今野真二氏によって精細かつ広汎にわたってこれが考証され、まとめられているので、これから学び、研究する人はまずはここから始めることができます。*13

この節で説明してきた仮名遣いというものの振り分けとそれぞれの問題提起は、あくまで筆者によるものですが、研究に臨むときに、様々な仮名遣いがある、提唱される、見出せる、という中にあって、ルールと、読み手、書き手、分析者という三者の立ち位置を見定めるものとして、述べました。

*12 軽部利恵「上代特殊仮名遣いの「違例」について」（『叙説』四五、二〇一八）
*13 『かなづかい研究の軌跡』（笠間書院、二〇一七）

コラム 6

文字の聖性——梵字の宇宙

日本仏教では、特に真言宗・天台宗などでサンスクリット（梵字）を用いますが、大きく分けて、マントラ（真言）の表記用と、尊格（仏そのもの）と見做すものとがあります。前者は、片仮名で書かれたり、漢字の音写で書かれたりもします。「菩提」「菩薩」というのはその、漢字の音写表記の方がすっかりなじみになっていますが、もともと両方ともサンスクリット語です（「菩提」＝ボーディ、「菩薩」＝ボーディ・サットバ＝「菩提薩埵」の略。ただし、七世紀以前は、略語ではなく正式な音訳語として「菩薩」が使われていたという説もあります（石井公成「仏典漢訳と仏教漢文」『漢字を使った文化はどのように広がっていたのか 東アジアの漢字漢文文化圏』全文京編、文学通信、二〇二一）。後者——尊格（仏）そのものとみなすのは、種字曼荼羅と呼ばれる、図像の曼荼羅と対応するものとして位置づけられ、それは仏像や、仏画と優劣はなく、全く同等であると見做します。たとえば大日如来は「𑖪𑖽」（鑁）で、この文字そのものが大日如来自体であるとして礼拝の対象になります。ただし、この文字を /dainiti-njorai/ と読むわけではなく、読み方はあくまで /van/ です。そうすると、概念は〈大日如来〉で、発音は /van/ なのかというとそういうわけでもありません。この文字の意味は、たとえば「法清浄水」という意味である、とされます。といっても、難しくてよくわからない意味（言い換え）ですが、水は仏の教えや慈悲に喩えられ、この世に遍在し、命を潤すといったような意味です。ポイントは、この水の優れた点、仏の功徳に準えられるというところを起点として、大日如来という仏へと連想的、拡大解釈的に読み替えられていっているということです。大日如来という仏は、文字𑖪𑖽が指す概念「法清浄水」なるものから連想されて、結果、文字𑖪𑖽＝大日如来として尊崇される、という仕組みです。関連事項として連想されていき（一種のメトニミー（比喩、換喩））、その一連の連想ごとこの一字の梵字が包摂しているわけです。肥大化していく連想が、再び元の文字記号へと全部収納されているようなものです。

文字自体を尊崇して、これに礼拝するなどというのは、これはもう、いかにも宗教的な接し方だと思えますが、尊崇したり礼拝する行為はさておき、この、文字に関連事項や連想事項を様々に紐付けて、その文字に加重的に背負わせていくということと、実は似たようなことが、漢字でもあり得ます。一年一回年末、京都の清水寺で揮毫される、「今年の漢字」というイベントをご存じだと思います。たとえば二〇一三年、「輪」という字に決まったことがありました。二〇二一年に、開催された東京オリンピック、その五「輪」の開催地が東京に決定した年だったのと、そのほか、台風や災害で、支援の「輪」が広まった、などとも言われました。例年、こういうように、一年の出来事に関連したものが選ばれるわけですが、その漢字にまつわる出来事や、その漢字を用いた言葉（音訓問わず）などが、様々にそのたった一文字からひたすら取り出されます。災害支援の「輪」とオリンピック（五「輪」）は、ほぼ直接には関係が無いはずですが、「輪」という字がそれを媒介、中継する形で、関係づけられていきます。そうすると、この一文字が背負う語の、本来の概念と発音からするとちょっと遠いものまでが、関連事項として次々に紐付けされて（連想が繰り返されて）肥大化していき、しかも、この文字記号「輪」へとまた環流してきて、結果、非常に贅沢に、余剰的に、概念や事項がこの一字に背負わされている形になります。これはちょうど、「/van/（法清浄水）」という梵字「𑖪𑖽」を、広く連想して最終的に大日如来と見る構図とよく似ています。法清浄水から広がって、連想し、大日如来という仏に至って、そこで集約され、𑖪𑖽字に重層的に背負わせるというのは、「輪」字から様々に取り出された加重的な二次的シニフィエを、括って結局はこの「輪」字へと呼び戻し、結果「今年（の様々な出来事）を象徴する一字」として据えるのと同じ構造と言えるでしょう。漢字に多義字（同字異訓を多数抱える字）が珍しくないように、梵字もまた多義字であることが多いです（しかも、それぞれすさまじく抽象的です）。そういう意味では、梵字にせよ、漢字にせよ、そのように様々に関連する概念を重ねたり、連結連想しやすいハブをもっているという言い方ができるかもしれません。

種字（しゅじ）曼荼羅（寶珠院蔵）

※仏像が描かれる曼荼羅と扱いは同じです。

第六章　ＳＮＳメディアにみる通俗的な文字表記

現代日本語にも多様な表記が存在するが、それを担うはずの手書き文化は、いままさに、徐々に衰退していっているようにも見える。それに対して存在感を増してきたのが、PCやスマートフォンという機械、そしてそこに広がるインターネット、とりわけ注目すべきはSNSの世界である。本章では、一四〇文字という制限（Twitter）や、絵文字という情報補完の道具も得た、現在の私たちのごく通俗的な世界の文字・表記の実情をみてみたい。そのとき、臨む方法と切り口は、これまで古典世界で見てきたことと変わらない。文字論、表記論として、今、現在進行形の実態はどう分析できるのか。

I　新しいメディアと位相

1「打つ」と「書く」

近時、日本語学では、「打ち言葉」という術語（テクニカルターム）が出されています。PCやスマホ等の電子媒体で文章を作る際に、PCのキーボードを打つ（叩く）、スマホ、携帯のボタンを押す（あるいはタップする）、といったところから来ているわけですが、この術語の意義は、結局の所、書く／打つという動作の区分をするためというよりも、SNSを中心としたネットコミュニケーション上の、特徴的な表現や文体を特出するための術語であると思われます。それが証拠に、この本の原稿も、手書き原稿は用意せず、直接PCのキーボードを、それこそ叩いて「打ち」込んでいるのですが、これを「打ち言葉」とはふつう言いません。つまり、行為の方法による弁別ではなく、事実上ネットコミュニケーション上のそれ、という位相分類の言葉になっています。そういう意味では「SNS言葉」などでも別にいいのであり、ならば、すでにある言葉や文章の位相論——数ある種類の一つということに過ぎないとも言えます。

本章ではそういったネットメディア上に主にでてくる特徴的な文字・表記についての実態と、その研究及び方法論を紹介していきます。おそらく今後、文字表記論ではさらに開拓されていくべき領域と思われます。

2　メディアと文字・表記

スマホやPCのインターネットを開けば、学校教育で習うようなルールから少しはみ出ている、それでいて共有され、理解され得ている表記等を目にするでしょう。SNSや、インターネット掲示板などのごく通俗的な表記は、そのような多様さの中でも、なかなか正面切って取り上げられてこなかったところがあるのではないかと思います。ひとつにはまさにその通俗的という点から、そもそも取り上げられにくかったということもあるでしょうが、もう一点、現在進行形であるということで、実は研究する上ではリスキーであるということも挙げられます。

筆者はかつてある本に、インターネット掲示板「2ちゃんねる」の表記を分析したもの掲載したことがありました。ところが、できあがって本屋に並んだ頃には、「2ちゃんねる」は少し過去のものになってしまっていました。おまけに「2ちゃんねる」ではなく「5ちゃんねる」などとも称され、「最新の通俗的な表記」を取り上げたつもりが、いささか、古びた話題のように見える気がしてしまいました。その本が出て今はさらにもう数年経つので、なおさら、「2ちゃんねる」は過去のものになってしまったかもしれませんが、いずれ、消えゆくかもしれない現象を記述できてよかったと考えるところはあります。つまり、様々な通俗的な文字・表記にまつわる事象が、扱われないままに捨て置かれていくことがよくあるのです。ここでひとつ、その悲しさに触れておきましょう――たとえば一九九〇年代前半を中心にポケベルなるものが存在しました。携帯がないころにはビジネスアイテムとして、また若者のコミュニケーションツールとして、流行しました。画面上には、ごく初期には数字のみで「01」とか「02」などと表示されました。送信者と事前に決めておいて、「01」なら「電話せよ」、「02」なら「至急戻れ」などと〝読解〟するわけです。そのうち、半角カナも表示できるようになり、「ｼﾌﾞﾔﾃﾞ 5ｼﾞ」のように表示されました。『ポケベルが鳴らなくて』というまさにそのままの題名のテレビドラマにおけるキーアイテムに据えられるほどの存在感であったにもかかわらず、ＰＨＳや携帯電話の隆盛によって、姿を消しました。公式にも、二〇一九年九月に完全に終了し、これ自体は一応ニュースにもなりました。それゆえにこれらポケベルの表記について、今更記述する意義はほぼ失われてしまっています。総務省情報通信政策研究所が、二〇一四年四月に「平成二五年情報通信メディアの利用時間と情報行動に関する調査」を発表したのですが、それによれば一〇代と二〇代において、ＳＮＳ

（Facebook、twitter、LINEなど）が、携帯通話・固定通話・メールなどに比べて、長い時間利用されていた、ということです（特にLINEが多い）。これがいまから約八年前の調査ですから、もうそれなりの時間を経ているわけです。八年前の調査では小学生でスマホをもっていなかったかもしれない子たちが、今高校生か大学生くらいになっているので、もうそういう状態のところへ到達して久しく、それが当たり前になっているに違いありません。ポケベルそのものを懐かしむことはできるかもしれませんが、文字・表記論的な側面からの記述を通して、比較したり、その後の変化を論じたり、一般化したりということは事実上ほぼできなくなってしまいました。本章は、そういうことに鑑みつつ、いくつかのメディア的世界、ＳＮＳ世界の文字表記を論じてみたいと思います。

3　小文字表記の実態

「私ゎ」「〜ですょ」という表記を見かけたことはないでしょうか。見るだけで虫酸が走るという人もいるかもしれません。実際、教養に欠けるとか、馬鹿っぽいとかなかなかヒドイ評価をうけているところもあってか、あまり見かけなくなったように思いますが、それは筆者の行動範囲におけるだけの話かもしれず、どれほど〝稼働〟しているのかどうかは実際の所にわかにはわかりません。まずは例を挙げてみましょう。

一、私にゎ可愛い息子と結婚して1年10ヶ月の旦那がいるんですけど。

（yahoo! 知恵袋　http://detail.chiebukuro.yahoo.co.jp/qa/question_detail/q1081385205）

二、どぅ過ごしていけばいぃか⁇やっていけるのか？（中略）もぅストレス半端なぃです（同上）

三、先輩、明日は休みですょ（作例）

四、ぃぇ、違うんです（作例）

一と二は、これもかなり前の例であり、しかも右記はほんの一例に過ぎませんが、わずかこれだけの例からも、小文字にする理由が単純ではなさそうなこと、小文字にされる箇所も様々であることがわかります。「どぅ」「いぃ」は小文字にすることと長音であることが結びついているのかもしれず、それならば、応答の「はぁ」表記などと同じ発想による可能性もあります。長音に関わらないものとしては「私にゎ」「ですょ」「なぃ」「ぃぇ」が挙げられます。また、用例一と二は同一の書き手によるものですが、「いぃか?」は小文字化しているけれども、「可愛い」「やっていけるのか」では小文字化していません。書き手自身が無自覚であることも考えられ、この例だけをもって法則を見い出すことは難しいです。ただ、小文字にするということは、携帯によるメール、SNSほかPC文書上で作成する場合、手書きと違って、打ち込みという作業において原則的に操作が一行程増えることになるはずで（予測変換があれば二回目以降は、一ステップ省略できますが）、それなりに自覚的に選択することだとまずは考えられます。

この問題に限りませんが、誰がどんな動機でそれを書き始めたかということを特定することは容易ではありません。そしてまた、特定することに必ずしも意義があるとも言いがたいところがあります。よって、本節ではこういった小文字表記をひとまず既存のものとして認め、書き手が何を思ってこういう表記を選択するか、そして読み手は読み手で、それをどのように受け止めるかということを様々な可能性にわたって共時的に考えてみましょう。とくに、当該表記は目にはしても自分は書かないという人が、ままいると考えられます。つまり、書き手即読み手、読み手即書き手という構図に必ずしもならない中で、読み手がどのように上記の例などを解釈するかというところにも迫ってみたいと思います。

さて、まずはこの小文字表記が、可読性の向上に何らかの貢献をしているかどうか仮説をたててみましょう。ここでの分析は、まずは読み手にとって、という観点での仮説です。

五、授業、あしたはなしです。

六、授業、あしたわなしです。

七、授業、あしたゎなしです。（いずれも作例）

以上の三者を比べたとき、五は「はなし」という別語との錯誤の可能性、六は助詞「は」を「わ」と書くことが規範的でないゆえに、かえって「わなし」という部分を切り取ってしまう錯誤の可能性があるには、あります。これらに比べて、七には小文字化による一定の効果はあるとは言えるかもしれません。ただし、それだと、

八、授業、あしたはなしです。

のほうがさらにわかりやすいという理屈になりますが、この表示は基本的にPCの文書作成画面上でこそできることで、スマホ等、あるいはリアルタイムに書きこんでいくSNS、インターネット掲示板のような類では表示機能の点で制限がかかるため、現実には見出しがたいものです（スマホでは「は」はふつう小文字化できない）。

さて、書き手の側から考えてみると、「私ゎ」のような表記を使う人は、「は」をもし小書きにできれば「私は」とするのかどうか、疑問がわきます。おそらく、まず小さくしていない「私わ」という表記にならされた書き手が、次なる段階としてこれを小文字化するというところへ至ったと考えるのがいいのではないかと思います。つまり「私は」とはおそらくしないだろうということです。ただし、書き手の動機の追求は実はこの時点ですでに限界がありあります。一方、読み手が、先の、五、六よりも七の可読性の高さを認め、次に書き手に回って、かつこれを試してみるということは考えられます。つまり、読み手による〝書く動機の生産〟とそのサイクルです。なお、右に仮説と断ったごとく、まさに、あえて機能をもし見出すとすればということで述べてみたものですが、実際（筆者担当の講義のメッセージカードにて）、大学生（二〇歳・女性）から、たとえば「私はまだ……」と書くと、「私は、まだ」のつもりが「私浜田」などと誤読されるのではないかと思うことがあったが、「ゎ」表記を見たとき、句読点を打たずともその心配がないなと気づいたことがあります、という証言を得たことがあります。ただし、もし書き手が、分節の明示などを特段企図していない場合、ここに、読み手と書き手の一つのすれ違いがあることになるでしょう。

第二章（48ページ）で触れたX文章、Y文章という理論的な分類を思い出してください。さらにこの場合、書き手としての経験がない人が、そのような直感を得ていることにも注目したいと思います。ちなみに、このような考えをもつ読み手が、当該の解釈をもとにしてもし書き手に回ったとき——それまで無為だったものを有意に転換したその解釈が、書くときの意図として働くという新たな構図を生むことにもなるでしょう。

さて、ここでは「ゎ」を例にとって、この表記が分節の把捉に寄与するという機能の見立てで論じましたが、無論、小文字表記される全てに当てはまるものではありません。冒頭にて掲出した例での、「どぅ」「いぃ」「もぅ」「なぃ」「ぃぇ」などは、いわば一語中での小文字化であり、ここで仮説したことはそもそも当てはまらないことになっています。他にも機能があるかどうか、そしてそれらの関係性が検証されねばなりませんし、こういった表記がとられ得る背景についても考える必要があります。つまり、分節把捉を容易にしたいという動機で書き、読み手もそう読むなら実に単純ですが、読み手の過剰な解釈かもしれない可能性があります。あるいは逆に読み手の方がその機能に気づかないということもあるでしょう。その場合、書く動機や、読むときの意識に、分節把捉機能の向上といった要素はなくなっているわけですから、別の動機や要因が見いだされる必要があります。

■小文字表記の読み取られ方

書き手が企図することと、読み手が読み取ることとは必ずしも一致するとは限りません（第二章参照）。「私ゎ」表記に、可読性に秀でた機能を見出す読み手がいても、それを書いた書き手は全くその気はないかもしれないわけです。ゆえに、「私ゎ」といった小文字表記の位置づけは、これも最初に指摘したように、どこか一つの観点から行い得るものではないということになります。前節の分節明示機能は一つの解釈例に過ぎません。そこで、読み手としてどういった解釈がなされるかということを調査してみます。調査対象は大学生（女性一九歳〜二三歳）ののべ約三〇人（設問によって無効回答があったため「約」三〇人としておきます）です。アンケート回答者は、読み手としての感想と、書き手に成り代わっての想像を混同している場合がみられたので、できるだけ読み手としての感想を拾ったところ次のごとくでした。まずは「私ぁ〜です」という表記について、複数の人が同じような答えをしたのをまとめて挙げます。

・間違っている　バカっぽい
・甘えたようなかわいらしいニュアンス　くだけている　親しい間柄という雰囲気　ふざけている　フランク
・わざとくだけた感じにしている　ネット上で若い女の子が使う　かわいさを狙っている。

です。上記は複数回答あったものをまとめたものですが、一つだけあった回答の中には、前章でみた、「言葉の切れ目がわかやすい」という指摘も含まれています。さて、「バカっぽい」に代表される、いわば教養を欠くという感想は、そもそものアンケートの回答者の側の見識にかかってくることでもあるので、即座に一般化はできないことですが、小文字云々以前に、助詞「は」を「わ」と記すことに対しての感想でもあるでしょう。また、ここで重要なのは、読み手が、〝書き手のイメージ〟をある程度もっている、あるいは想起しているという点です。「若い女の子」「かわいさを狙う」「甘えたような」といった感想はそれぞれ通底するものがあるでしょう。また「親しい間柄」あるいは「わざとくだけた」というのは、つまり、そういう人たちが仲間内で使うものという、観察者からの一つの対象化とみられます。現実には、仲間内どころか万人が見ることのできるネットの媒体にいくらでも見つけることができるわけですが、ここでは、そういう「イメージ」がまずもたれているということに注意したいと思います。このことはあとでまた触れます。

次に、「私ぁ〜です」という表記をとる理由としてどのようなことがあり得るか、記してもらいました。つまり、書き手側の事情です。この場合、これまで書き手としての経験がない人も、それに成り代わって述べてもらったものを含んでいます。

・目上の人には使えない（公私で使い分ける）
・かわいさを狙いたいとき、あえて
・親しみをあらわしたい

書いた経験がない人もこの設問に解答しているので、中には、読み手としての感想を単純に裏返したものも混入していると思われるのですが、おおむね右記のところに収斂しています。以上見てきたところによると、表記そのものの機能というより、表記がもつイメージあるいはそれを書く人のイメージという感想で多く占められていることがわかります。次に、「ぃぇ」の例についての調査結果をまとめます。書き手としての記述を挙げると、まずは、右の「私ぉ」の場合と同じ感想が多く並んだのですが、特筆すべきものとして、次のようなものがありました。

・ふざけた感じで主張
・きつくない主張、弱い否定、やんわりとした断り
・ふつうの「いいえ」に比べて拒否の程度が違う
・小声の表現
・そういう表記をとる仲間意識から

文字の大きさによる効果（と思われること）が「わ」の場合と少し異なりますが、これは否定辞という「語」の問題がかかわっているのでしょう。右にも上げた通り、やんわりと否定したい、などという効果です。漫画の描き文字のように文字の大小で感情をあらわすと明言している意見もみられました（なおその回答者は書き手としての経験があるそうです）。同じく「ですょ」も調査したところ、やはり同じような、相手の配慮といった感想が見られ、いずれも動機としては整合することになるでしょう。いうなればこれは「待遇表記」とでも言えるものです。ただし、冒

頭にも述べたように、書き手がそう思っても、読み手が読み取るとは限らず、あるいはその逆も言えることです。そういう点でいえば、この表記がなされた〝史上初〟の時、その書き手と読み手ははたして〝相思相愛〟であったのでしょうか。読み手は、初めて見る小文字の「ぃぇ」からそれを読み取り得たのでしょうか、少なからず疑問があります。

さて、先述の通り、ここでの意見には、書いたことがないのに、書き手に成り代わって述べたものが入っています。それはつまり、読み手が、新たな解釈を付与している可能性が常にあるということです。そして、それ自体があらたな書く理由とも成り得るのであって、だからこそ読み手の空想にすぎないと切り捨てることもまた、できないのです。もちろん、俗にいう「後付け」の域を出ないであろうものも、あります。たとえば「小声の表現」という意見などはそうではないでしょうか。なぜならば、こういった表記がおもにあらわれるメディアは、音声化（音読）されることはおそらく期待されていないからです。それに、音を小さくすることを表現する欲求がある（しかもその文字だけにおいて）なら、大きくする欲求もあってしかるべきではないでしょうか。しかし、文字を大きくする場合、たいていそれは文脈における強調であって、大音量の表現ではないと思われます。小文字に小音量というニュアンスがあるというのは、読み手の後付的解釈に端を発すると思われます。もう少し言えば、待遇的な要素（遠慮、やんわりとした主張）が、音量の小ささと結びついて連想されている可能性もあるでしょう。これは、「私ゎ」の場合は、小音量という感想が調査の限り、でなかったことからも、わかります。

■ **小文字表記——「機能」と、書く理由**

読み手と書き手をそれぞれわけ、かつ、書いたことのない人も書き手の動機を想像して答えてもらったのは、先にも述べたとおり、読み手が、あらたな書くときの動機を作り出すことがあるからです。もし、読み手が、書き手の企図した通りに、まさにその道をたどって読解するなら、絶対的に、読み手＝書き手であり、多様な解釈は生まれないはず――ですが、現実にはなかなかそのようなことはありません。書き手に回らない読み手もいますが、書き手に回る読み手は、読み手の時にもった印象を手掛かりに書くことがあります。このサイクルが、横の関係（コミュニティ間、あるいは同時代のインターネット等のメディア）と縦の関係（年月という時間的経過）で展開し、結果としてこれだけの解釈のバリエーションとして出来（しゅったい）してくるのではないかと思われます。また、読み手は、そのような「書き手の動機」を想像し、そこを通して「書き手像」をも想像します。〝教養を欠く書き手〟という感想は、いずれ〝教養を欠く人たち〟というグルーピングにつながる感想をもたせるようです。こういったイメージを語ることができる、ということはそういう一つの位相としての認識があることを示します。書き手になったことがない人にも述べてもらったのにはそういう意味で意義があったのでした。

ところで、「ゎ」は全て分節明示機能をもつわけでもないし、「ぃぇ」や「ょ」も、おしなべて待遇的機能をもつわけではありません。それ以前に、先に挙げた例「いぃか」「半端なぃ」などは、そういった何らかの「機能」さえ、見い出そうにも見い出せません。理由がないといってしまえばそれまでですが、小文字にすることが、一つの〝ファッション〟のようになっていると解釈することができるかと思います。

今回アンケートに回答した人たちの中には、小文字表記は自身が中学生の時（調査時から数えて二〇〇八〜九年当時に相当します）におもに女子生徒の間で非常に流行したと証言した人もいました。その流行ぶりは手書きの手紙にも多々登場していたことからもわかるそうです。上記の意見にあった「仲間意識」というのは、そういった、規範から外れた表記をとるという共通項に連帯意識を見出し、ひいては規範から外れているということ自体も意識外におかれ、単に〝ファッション〟化している状態を指すと思われます。しかし、この点からすると、既に挙げた、yahoo! 知恵袋に投稿している書き手は、広く意見を募りたいからこそ発信しているわけで、仲間、コミュニティ限定ではありません。これはどう解釈されるでしょう。これはもはや有標との意識もしない、まさに〝ファッション〟という捉え方が穏当と思います。このyahoo!知恵袋の場合、書き手にとって上記に考察してきた各種機能はまず意識されていないと思われます。媒体の特性からして、仲間内の符牒、連帯感の演出という要素も見い出しがたいです。もとはそういったところに端を発したのかもしれませんが、この時点ではもはや〝ファッション〟化していると言わねばならないでしょう。

本節前半で見てきたような表記の機能性は、実際は意識されていないほうが多いのかもしれません。たとえば先に仮説した、分節明示の機能を初めから企図して書いた書き手というのがどれほどいるでしょうか。そのように解釈する読み手がいることはいる、というのは事実ですが、確固たる機能としての認識が読み手書き手の双方に共有されていると一般化することはできないでしょう。こういった連帯意識、仲間意識あるいはそこからさらに昇華した、〝ファッション〟的動機の場合、分節や待遇機能云々は少なくとも書き手にとっては無関係で書かれているということになります。さらにいえば、〝ファッション〟的動機というそれ以上でも以下でもない理由で読み手と書き手が相互に通じあっていれば（通じあうというのは、この場合、注目すべき差異的特徴と認識されない、意識にのぼらないということを指します）、上述したところの待遇をはじめとする様々な機能はまさに無関係となります。また一方で、たとえば分節明示という機能を期待して書き、またそれをその通りに読み取る読者との間では、逆にそういった連帯感ないし〝ファッション〟性はどうなるのでしょうか。もしかするとそういった連帯感や〝ファッション〟に付帯するものとしてあるのかもしれません。ということは、少なくとも、連帯感や〝ファッション〟性としてのそれと、右に見てきたところの機能は同次元では語れないということになるでしょう。

■「位相表記」として

今回行った調査では、前項で述べたとおり、基本的に読み手側の印象としては、規範から外れたもの、教養を欠く俗っぽいものという印象が目立ちました。一方で、筆者が行った調査の回答にはありませんでしたが、次のような感想があることにも注意したいと思います（二〇〇八年のものです）。

「私ゎ」のゎを批判してる人って何なんですか?「ゎ」は今の中高生は誰でも使ってます。それが常識なんです。もしかして時代に取り残されるのが嫌な人間なのでしょうか?

(http://detail.chiebukuro.yahoo.co.jp/qa/question_detail/q1319857453　二〇〇八年一〇月一三日付 yahoo! 知恵袋)

これに補足して「「ゎ」が使われてないホームページなどは皆無なのに」とのコメントもあって、かなり偏狭な意見であるように思われますが、使っている側の「常識」という感覚は注目に値するでしょう。また「使われていないホームページは皆無」という断言も、コミュニティの興味の枠内で目にするページばかりが印象にあれば、「皆無」といった認識になるのだと思われます。まさに、先に分析したように、特定の位相で用いられるものというのはこういう感覚、あるいはその情報を知っていることによるのでしょう。一つの「位相語」ならぬ「位相表記」とでも言えるものになっていると言えます。

以上、「私ゎ」「ぃぃぇ」「ですょ」等に見られる小文字表記について考察を加えてきました。これらの表記をとる動機（ひいてはその機能と解釈され得るもの）は多岐に渡るとみられ、それらの中には、当初から書き手にあったとは思えない理由もありました。また機能らしきものを読み取ることができないものもありました。つまり、〝特に理由なく小さくしている〟としか見えないものです。そういったものは〝ファッション〟的なものであると述べましたが、その根には、仲間意識、連帯意識を共有しやすい位相があることを思わせます。分節明示機能というものにも触れましたが、これは読み手側の解釈から生まれてきた可能性が高いのではないかと思われます。小さな音量の表現というのも、前述の通りおそらくは読み手側による産物でしょう。書き手になったことがない人がそういった感想を語るとき、それはまさに「解釈」であるわけですが、ときにそういった「解釈」の前提に、〝小文字表記をとる人たち〟という位相のイメージがあることもわかりました。若い、女子、教養を欠くといった感想がもたれやすいようですが、あくまで「もたれやすいイメージ」であって、現実は、学生でない男性や、教養とは無関係に一時の諧謔から使うことも十分あり得るでしょう。しかし、だからといってそのような「イメージ」が、厳密に現実を反映しない単なる虚構だとして無視もできないのは、繰り返し述べてきたように、それが一つの共通理解のごとき社会性をもつことがあり、かつまたそこに寄りかかったものが生まれ得るからです。それを積極的に根拠として利用し、「表記によるイメージ」をもって人物像を語ることもあります。こういった多分にイメージ先行的な位相の捉え方があることは、小文字表記の機能についてアンケートをとった際に、まずは表記の印象、イメージにかかわる回答が多く得られたことと、整合することだと言えます。

■こういった通俗的表記の展望

SNSとよばれるインターネットを介したコミュニケーションツールでは、特に閉じたグループ内では単なる連絡や意思疎通を超えた、連帯意識、仲間意識が醸成されやすいと言えます。一般にいわれる「位相語」は、たとえば職務遂行のための便宜、あるいは秘匿を意図する場合などが多いのですが、結果的にはグループ内だけで了解されるということが、必然的にその連帯意識を強める要素にもなります。そういった中でなされる、規範的でない表記というのがあります。その一つの例としてここまで、促音、拗音、長音に関わらない小文字表記について見てきました。これらの表記の使用は、仲間意識、連帯感、ひいてはそれらに立脚する（あるいはそこから昇華してしまった）〝ファッション〟的なものという要素が結局は大多数ではないかと予想しました。しかし、一方で、様々な「機能」

も知られました。このことをして、大多数が連帯感、仲間内の符牒的なものに由来する〝ファッション〟でありながら、ごく少数にそういう機能がある場合もあるという平面分布的位置づけに落ち着けるのは、既に触れたとおり、適当ではありません。書き手が思いついたことなのか、読み手による解釈なのかは追及できないけれども、これらの表記の「機能」は、そういった〝ファッション〟性と段階が違うところに位置づけるべきであると思います。たとえば〝ファッション〟的理由でのみ書き手が書き、そこには表記による機能を全く企図されないにもかかわらず、読み手が「機能」を読み取る場合、それはある意味で〝ファッション〟性と「機能」は同居していることになる――いや、「同居」はなお語弊があります。書く動機と、読みによる解釈というズレがある上、〝ファッション〟的動機と、機能という段階の違いがあって、二重にズレているのです。そしてまた、過剰に機能を負わせるのがいつも読み手の側とは限りません。分節明示を企図した書き手の思惑を全く顧慮せず、単なる〝ファッション〟としてしか意図を見出さない読み手という構図もあり得ます。その点では、書き手と読み手の間――すでに挙げたXとY（48ページ図5）とが〝相思相愛〟のときのみ、事実上の〝同居〟と言い得るでしょう。つまり小文字化表記を採用するという連帯意識、仲間内のファッションを、読み手・書き手の両者が共有しているというありようの中で、かつ遠慮がちに「ぃゃょ」などと書くことによる待遇的な機能が、これまた両者で相互に理解されているときなどは、フェーズの違う要素がいずれも同居して、読み手と書き手が〝相思相愛〟になっている、と言えるでしょう。

以上の如き、複層的視点は、書き手即読み手とは限らない状況下にあり、しかも新陳代謝と淘汰の激しい現代日本語表記の、おもに規範的でないもの、通俗的なものについて考究する際に、ヒントを与えてくれると思います。

Ⅱ　現代日本語文字表記の新たな相棒

1　絵文字の世界——現代にリバイバルか

■古代の絵文字

SNSで大きな存在感をもつのが絵文字です。LINEではスタンプという文字列とは別の絵などを提示する機能がありますが、ここでは、文字列中に挟み込まれる絵文字について考えてみましょう。まず、何と言っても、絵文字といえば、世界の文字のスタートであるはずです。そこから確認していきます。

「絵文字」の辞書における記述はたとえば次のようなものです。

①記録や意思の伝達のために絵画を用いた文字の初期の形態。象形文字以前の段階のもの。ピクトグラフ。

②装飾文字の一つ。マーク、看板に使う花文字など。

（※傍線は筆者による—『日本国語大辞典』精選版）

右の辞書の記述で「文字の初期の形態」とされている点にまずは注目してみましょう。既に述べた通り、文字とは言葉をあらわすものですから、どれほど絵画的性質が強く、具象性が強くとも、言葉をあらわすものは絵ではなく、すなわち文字の一種と見做すことになります。漢字の場合、甲骨文字段階以前のものが、比較できる形では存在しないので、それらが言葉をどれほど反映していたのかどうかの実際の判定は不可能ですが、言葉を反映し、普遍的に表すようになっていったならば、学術的には確かに既に文字となっていく階梯だったと見做すことになります。また反対に、私たちが文字だと思っていても、言葉との確固たる対応が認められなければ、それは未だ絵やピクトグラムの類（後述）であると位置づけなければなりません。

さて、翻って、現代の携帯電話（スマホ）におけるメール、SNS等で用いられる「絵文字」はどうでしょうか。それはつまり、それらが果たしてどれほど言葉を反映しているか、という問いでもあります。古代は、古代ゆえに、文字かそうでないかという判定が時に難しいわけですが、現代の絵文字とは、すでに言葉をあらわす文字体系が存在している上で用いられるものです。だからこそ言葉を反映しているのかどうかという問いかけも依然として重要になります。

■ピクトグラムと文字の違い

まず、「絵文字」という術語は古代も巻き込むので、一端避けて、☎✂✈☂などの類いを、「ピクトグラム」と呼んでおくことにします。そこでですが、これらは言葉と結びついているでしょうか。ただちに特定の言葉を思い出すわけではないという点では、〝結びつき〟といってしまうにはやや抵抗があります。しかし、たとえば🍴を見た時に、「食事、ランチ、ディナー、ご飯、洋食……」のように、いくつか言葉を思い出すことがあるのも事実ですし、言葉を介さずに直接、〝何かを飲食できる〟ということをイメージできることもまた、あり得ます。あるいはその両方――いくつかの言葉とそこに映像的イメージを重ねて、ということもあるでしょう。よって、言葉と結びついているか、と言われると、そうだと言えるし、また必ずしもそうでないこともある、などと言わざるを得ません。ピクトグラムと、脳裏に想起されるモノとの関係性は曖昧模糊としています。

『図解　日本の文字』（沖森卓也・笹原宏之・常盤智子・山本真吾　三省堂、二〇一一）では、このようなピクトグラムについて、「概念との結びつきが直接的」と説明されていますが、先述の通り概念とともにいくつかの言葉もまた脳裏に浮かぶこともあり得るという点も踏まえて、もう少し詳しく考えてみたいと思います。言葉との結びつきが文字ほど密接、強固でないというのは、「幅があって許容性が高い」などという言い方もできるでしょう。つまり、様々な言葉、様々なイメージが対応することを可能にするということです。「食べる」ことのみならず、「飲む」ことさえもこのピクトグラムは包括し得るでしょうが、その許容性の高さは、たとえば外国語にも発揮されます。このピクトグラムは食事時にナイフとフォークを使用することのある文化、およびその文化の存在を知るほとんどの人に理解されるでしょう。そして言葉というならば、日本語、英語、中国語、韓国語、スペイン語、フランス語……いくらでも対応し得る――たとえば空港、たとえば万国博覧会やオリンピックの会場において、🍴は様々な国境を越えた「言葉」と「イメージ」をそこに包括してしまうことでしょう。

そこで以上をまとめると、

> 文字とは言葉と密接に結びついているもの。対してピクトグラムはその対応が緩く、かつ許容性が高く、しかも言葉を介さずに直接イメージ、概念を喚起することもあるもの。

ということになります。

■対応する言葉の単位

🍴が喚起する、食事にまつわるイメージといってもかなり広汎で、漠然としています。先述の通り、該当しそうな言葉がいくつも挙げられるという点に加えて、対応すると思われる言葉の単位が一定しない（していなくてもよい）という点も挙げられます。つまり、「食べる」「食事」「ご飯を食べる」「食事をする」……など、該当ワードの際限のなさもさることながら、名詞、動詞、あるいは文など、ある一定の言語単位に対応するとは限らず、多様という点です。他方、漢字でもたくさんの読みをもつもの、つまり多訓字があります。

強い風のためにドアが開く

は、「あく」と「ひらく」に対応していることになります。しかし、これはピクトグラム🍴が「食事」「食べる」「ご飯」……などに対応しているのと一緒にはなりません。文字の場合、言語単位として分節される一語に対応（時に複合語の場合もありますが）していることは普遍であり、あくまでその上で複数訓を擁することになっているだけで、ピクトグラムのように、対応する言葉の単位が一定しない（させる必要がない）という点が大きく異なります。このことがよくわかるように、このピクトグラムを文章内に配置してテストをかけてみます（**表1**）。

表1

（1）昨日、兄と食事をして、映画をみました。
（2）昨日、兄と🍴、映画をみました。
（3）昨日、兄と🍴て、映画をみました。
（4）昨日、兄と🍴して、映画をみました。

　看板や、表示パネルに単独で示されるのではなく、このように文字列内に挿入されたものに対しては、読み手は映像的イメージだけではなく、言葉もあらわすものとして読もうとする可能性が高いと考えられます。というのは、（2）〜（4）はピクトグラムを削除すると、文章として不完全だからです。そして、（2）〜（4）のうち、その「言葉」をもっとも絞り込めるのは明らかに（4）です。（4）は「して」とあることから、漢語「食事」か「ランチ」あたりが妥当といったところでしょう。兄とともにとった行動順序もよくわかります。次に（3）は「て」が送られていることから、映画の前に食事をとったという順序はわかります。ただし、該当し得る「言葉」は（4）より多くなり、「食べ」「食事し」「ランチし」などが挙げられるでしょう。そして（2）ですが、該当する「言葉」はさらに増えます。しかも映画をみたこととの前後関係も判然としなくなります。可能性は低いかもしれないですが「食事をしながら」「食事をしつつ」ということも考えられ、（3）（4）に比べてある意味で〝可読性〟は落ちることになります。このように、（4）のごとく、あたかも文字のように扱って、送り仮名などをそれらしく続けてあれば、それなりに文字に近い役割を与えることができるようです。（2）〜（4）を比べてわかるように、送り仮名や付属語の有無だけで、🍴から読み取ることができる言葉は可変的なものとなっています。（2）「食事して」→（3）「食事し」→（4）「食事」。この（2）〜（4）の可変性はつまり、ピクトグラムが言葉を想起させるにしても、それ自身は、対応する言葉が一定の単位でなければならないといった制限をもっていないことを如実に示しています。（4）のように、擬似的な分節を与えて、いわばロックをかけてやると、文字に相当するような役割を果たすことは可能ですが、（2）、（3）——ことに（2）のように、そのロックを緩めるとたんに、制限が緩み、対応する言葉の単位が一定しない状態に戻っていってしまいます。

そして、文字列という枠内から外れると、必ずしも言葉を示すとは限らない、視覚的イメージを強調する、いわゆるピクトグラムとしての役割に戻るのです。言い換えれば、ピクトグラムは、文字列中にあることで擬似的な文字となるのではないかと考えられます。このことは後に再び触れます。以下、メール文例中の🍴のようなものをふたたび絵文字と呼ぶことにします（そして、ここに古代の「絵文字」は含みません）。

■絵文字と顔文字

現代の絵文字に類似する存在として顔文字があります。これは主に記号類を組み合わせて作った「(^○^)」のようなもので、一九八〇年代、パソコン通信なるものの黎明期に生み出されたとされます。無論、携帯メールなどの絵文字に先行すると見られます。単純に術語としてだけ聞くと顔文字は絵文字に包摂されるかのようですが、＾や＞などの記号を組み合わせることによるため、「😀」などとは、視覚的な表示形式が全く違うのと、当然ながら前者は「顔」――表情およびそれに付随する手足の動き等に限定されるのに対し、後者は、すでに挙げた🍴など無数にありますので、別物とわけておくことにします。ここでは便宜上、前者(^^)は顔文字、後者😀は絵文字と言っておきます。

顔文字が、何をあらわし、あるいは文字列上にあって何を補っているのかについてはすでに様々な先行研究があり、概していえば、文字だけのメールではなかなかあらわすことができない非言語、副言語（パラ言語）を補完するというものです。副言語とは言語に付随する要素、たとえば音の強弱、アクセント、速さなどです。非言語とは、身振り手振り、表情など、言語を発するときにの、言語と副言語以外の付随要素のことです。言語、副言語、非言語のこの三要素がそろうのは基本的に対面による会話においてです。たとえば電話だと相手が見えないため「非言語」は読み取ることができません。まして書き言葉となると、非言語はもちろん、音声的な「副言語」も捨象されるわけで、文字の色を変えたり、大きくしたりということはできても、話し言葉における情報としての「副言語」に質・量ともにはなかなか及びません。この点、顔文字はその副言語、非言語に相当する要素を補う役目をもっているというわけです。

表2

（7）すみませんでした
（8）すみませんでした（^O^）
（9）すみませんでしたm(_ _)m
（10）すみませんでした（-_-;)

表2（7）～（10）の「すみませんでした」の違いは、顔文字の違いが支えています。（8）は一見文脈と付合しないように思えますが、対面による口頭の会話で、笑顔を伴う「すみませんでした」はしばしばあることでしょう。そういった対面での口頭会話の雰囲気を演出するという顔文字の機能は確かに認めることができます。

一方の絵文字ですが、絵文字には顔・表情にかかわるもの以外も無論多数あり、むしろその方が多いとみられます。たとえば先の例でいうならば、「今日の晩ご飯たのしみです🍴」や「昨日いったレストラン🍴」における絵文字の役割は、明らかに上掲（7）～（10）の顔文字の果たす機能とは異なります。絵文字は、

（4）昨日、兄と🍴して、映画をみました。

のように、食事、ランチといった言葉に置き換わり得るものとして使われることは既に述べましたが、顔文字ではそれは少ないようです。たとえば、

（11）今日はうちの子も（^O^）です。

は、（^O^）がなんらかの言葉を負っていると見ない限り文章が完成しませんが、しかし、それを確定するのは難しいです。対して絵文字が例文（4）のように、言葉と対応する（同定が可能）場合もあるのは、やはり顔や感情に関わること以外のモノ・コトをあらわす〝字種〟が存在するからでしょう。ちなみに、絵文字の方の、感情表現系としては、汗をあらわす「💦」、怒りの「💢」、ハート「♥」や音符「♪」などが基本的なところで、顔文字と同じく、

副言語・非言語補完機能をやはりもっているといえます（もちろん、これら例示したものに限らず、その前提としてこれら絵文字が一定の概念をあらわすという書き手と読み手の相互了解が必要であり、さらにさかのぼればピクトグラムと概念の結びつきが達成されていなくては、成立しません）。

■絵文字の機能分類

顔文字は普遍的に言葉と対応しているとは言いがたいものです。副言語・非言語を補完するというのも、つまりは言語に付随する情報であるから、それは当然と言えば当然です。これに対し、

（5）今日の晩ご飯🍴たのしみです。

（6）昨日いったレストラン🍴かなりおいしかったよ。

などは絵文字を抜いても文章はそれ自身で完結しており、かつ、副言語、非言語補完とも言いがたいでしょう。言葉との対応はなく（ゆえに副言語、非言語とも関連しない）、ほとんど挿絵に近いようなものであることから、これを仮に挿絵機能と称することにしましょう。なお、（5）（6）の例で示した以上に本文に関係しない絵文字の使い方、たとえば「明日は試合がんばります♣」だとか「じゃあまたあとで★」のようなものも、やはり挿絵機能に属すと見てよいものです。挿絵なるものの内実は多様であり、かつ後にみるように、感情をあらわすものと連続的なところがあるし、また意味と対応しているような場合にも、連続しています（上記レストランの例は、本文の意味との一応の連関性をもつ挿絵、クローバーや星の例は関連性をもたないもの、ということになります）。

本書では、言葉と対応していると確定できる場合を、文字に近い機能と認めたいと思います。つまり、換言すれば、その絵文字を抜くと文章が完結しない、という場合です。

（4）昨日、兄と🍴して、映画をみました。

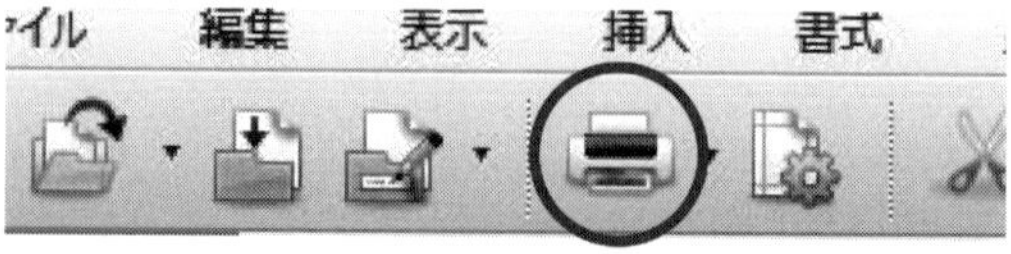

図1

図2

のように、かならず何らかの言葉に置き換えないと文章が完結しない場合を、「疑似文字機能」と称しておきます。これに当たらないものは、すなわち挿絵のようなものといえます。挿絵とは、大抵は文章内容に関わるものが添えられることを指すでしょうが、それ以外にも、たとえばエッセイ、コラム等での末尾の空きスペースなどに、必ずしも本文と関係しない草花等のイラストが入ることがあり、それらもやはり挿絵と呼ぶことがあるでしょう。つまりその範疇は広く、ちょうどここで取り上げられている特徴にも合致するものと考えられます。

「疑似文字機能」の場合以外は、絵文字の大半は言葉との対応という役目を事実上負いませんが、しかし文字列上にあることで文字のような存在となっていることも事実でしょう。これは、上に示した二つの図をみるとよくわかります。

ＰＣにおける文書作成画面の**図1**のイラストはアイコンなどと呼ばれ、絵文字とは通常呼ばれません。しかし、

(12) お店の情報、プリントアウト🖨したといたよ。

では絵文字と言われるのではないでしょうか。一貫して例に用いてきた🍴も、**図2**の道路上の標識の場合、きっとこれを絵文字とは言わないでしょう。つまり、現代にあっては、絵文字というのは、どこにおいて使われるかということで与えられるタームと捉えるのが穏当です。「絵文字」という以上、文字の一種と無条件に扱ってしまいがちですが、ピクトグラムが文字列に交じったときの呼称であると見るべきでしょう。

なお、絵文字だけ打ち込まれている「😀🍔🍔😍💞」のような、判じ物のごときケースもあります。「ご飯おいしかった」とか「満腹で幸せ」とか書き手（打ち込み手）は一定の文章を思い浮かべつつ入力しているのかもしれま

せんが、読み手はその文章をほとんど復元し得ません。ただこれらも、厳密には文字列上にないのに絵文字と呼ばれる可能性が高いです。それは、文字列が並ぶはずのメディアにおける場に措かれていることにもよるでしょう。書き手は何か正確に、択一的に言葉を読み取って欲しいわけではないのかもしれませんが、しかし、線状的に並べていることが、文字のように読んで欲しいことのあらわれでもあるし、文字を省いたところに、感情の伝達を優先したいのだとも想像されます。こういった例は疑似文字機能と副言語・非言語補完機能の両方に渡るような表示形式と言えます。いずれにせよ、絵文字の機能を負ってはいるわけで、PC文書作成画面にいくつも並ぶアイコンの列や、高速道路の標示に並ぶものとは区別されます。

以上みてきたように、ある概念や事物をシンボル的にあらわすピクトグラムが文字列上、あるいはそれに擬して並べられたとき、①擬似的文字の役割、②挿絵の役割、③副言語・非言語を補完する役割を負うとみられます。このうち文字に近いのは①だけですが、三者のどの機能を負っている場合であっても一括してこれを「絵文字」と呼んでいる、ということになります。また副言語・非言語を補完する役割にほとんどが偏るものとして顔文字を定位することができます。なお、先にこれら三つの機能が相互に連続的な面をもっていると述べましたが、たとえば次のような例を挙げることができます。

（13）天気悪いから⚡気をつけてね

（14）こっちはすごく⚡が鳴っています

（15）あんまりいらんこと言わないでよ⚡

三つの⚡（雷の絵文字）について（13）は挿絵機能、（14）は疑似文字機能、（15）は、挿絵機能と言えます。ただし、（15）は本文との関連性をもたせれば〝雷を落とす〟という、怒りや鋭くにらみつけるような副言語・非言語補完機能と言えるかもしれません。このように、同じ絵文字が、文章の内容とそして読み手の解釈によってかように変わり得ることを示しています。

■絵文字の現状と未来

現在の絵文字、顔文字が将来的にふつうの文字とどういう関係になるかと考えたとき、少なくとも完全には「文字化」はしないということが次の二点の理由から確信されるでしょう。まず一点目は、絵文字、顔文字が手書きではない世界で主として使われる点です。それだけに漢字や仮名の字体に同化する方向で抽象化、簡略化されるとは考えにくいです。もしも手書き文化だけに存在するものであれば、おのずと簡略化を指向する可能性はあったかもしれません。たとえば古代になかった事物が絵文字で手書きされ、そしてそれまでの文字がたどった道と同様、簡略化、抽象化されれば、いずれ文字になったかもしれません。現実には、手書きによる絵文字や顔文字もなくはないですが、圧倒的に機器類上での入力が多く、むしろこれからは機器類の機能向上も相まって、ますます具象的描写が指向されるかと思います。それはつまり、挿絵機能としてのリアルさの向上であり、また、副言語・非言語補完機能の、より厳密なリアルさの充実です。同じ対象を象(かたど)った絵文字の、写生度の差があるものを比べると、ディフォルメ度が高いほうが許容できる意味範囲は広くなると考えられます。たとえば船――リアルな絵の方が「船」を指すにはもちろん高い機能を示すわけですが、ディフォルメされた方は、船を指すという点ではリアル絵文字に劣るものの、その分「港」「海」「遠いところへの旅」など関連事項をもあらわすということが許容されやすいと考えられます。このように、リアル度を上げるると、指し示すものが限定的になり、それゆえに、あらわしきれないものを補完すべく絵文字の種類の充実・増加が要求されていくようになります。つまり、記号としての抽象性をむしろ失っていく方向――「脱記号化」であり、「絵画化(写生化)」が進んでいるのが現状の絵文字ではないかと考えられます。

こういった潮流は、かつて文字が古代絵文字から抽象化し、その姿を洗練していったこと、そして一つの字がいくつもの意義を背負って多義字になっていくという道筋とまさに正反対ではないでしょうか。現代の絵文字はより、リアルな絵文字で、できるだけシンプルにモノ・コトを示すものであろうとし、その分種類を増殖するのです。これは次の、絵文字がふつうの文字のほうへと同化することはない第二の理由に連関していることでもあります。

第二の理由とは、文字体系がすでに存在しているということです。言うまでもない当たり前のことかもしれませんが、現代の絵文字が、古代文明における文字と古代絵文字との関係に比して決定的に違うところは、既存の文字の存在です。日本語であれば、漢字・平仮名・片仮名等の存在がそうです。現代の絵文字は最初から補助的、疑似的存在として生まれているのであって、無文字社会に降り立ったものではありません。このことも現代の絵文字が、文字のエリアのほうへと進化することを妨げる要因であるでしょう。先に述べたように、あくまで絵文字の枠内での洗練化、リアルさが追求されているのであって、自身を抽象化、ディフォルメ、そして簡素化して、文字に化ける、あるいは文字に擬態しようとする指向性は見出し難いと思います。先述の通り、確かに種類は増えるかもしれません。しかし、それはどこまでいってもバリエーションの増加であって、甲骨文字が金文になり、金文が篆書になったような意味での変化ではないわけです。

■絵文字の未来、その最新の事情（二〇二一）

絵文字は世界の emoji に――こんなニュースがでました。二〇二一年三月七日配信のＡＥＲＡニュースです。いくつか引用します。

「尖った針先から、赤いしずくが1滴、2滴とこぼれおちる。注射器をかたどったそんな絵文字に、小さな変化が起きた。アップルが開発者向けに公開した iPhone などで使われる iOS14.5（ベータ版）では、絵文字もアッ

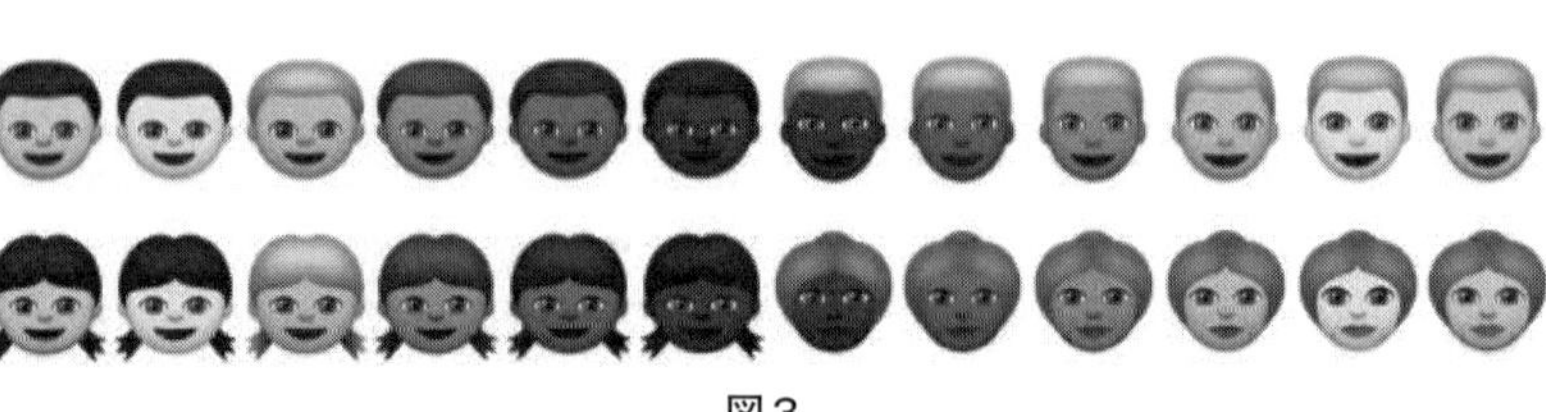

図3

プデート。顔の表情や建物など多種多様な絵文字の中で、注射器のデザインが変わった。筒部分にあたるシリンジから赤色が消えたのだ。背景には、新型コロナウイルスの感染拡大がある。「血液を取り除くことで、ワクチン接種も表現できる」（中略）栗田さん（筆者注：iモードの絵文字生みの親でドワンゴ専務取締役ＣＥＯの栗田穣崇氏）が続ける。「私が手掛けた顔の表情には、人種も性別もありませんでした。絵に近づけたことで、多様化が進んでいった。今後も世相を取り入れた新しい絵文字はどんどん追加されていくと思います」」

人種など多様性に対応した絵文字が断続的にアップデートされてきているわけですが、先に絵文字の考察でも見たように、その図像がシンプルであればあるほど、抽象度が高いわけで、それゆえに様々な事象を包摂できます。インタビューに答えている栗田さんが、「人種も性別もありませんでした。絵に近づけたことで、多様化が進んでいった」と言っていることに注目してください。文字ではなく、絵なので、リアルさを上げていくことが可能になりました。その結果、一つの絵文字あたりの担当する概念が限られることになりました。この絵文字、いやemojiの歴史は、一見、多様性に対応していく有様のようですが、そもそも、スマホではなくケータイ（いわゆるガラケー）だった時代には、特に多様性を吸収し得る抽象度の高いものが多かったことが見逃せません。そのままでもたとえば「ワクチン」も包摂できたかもしれないですが、そうではない方向――リアルさの向上へと向ったのです。「新しい絵文字はどんどん追加されていくと思います」は、全くその通りでしょう（**図3**はアップル社のスマホ絵文字のごく一部。本書はモノクロで伝わりにくいですが、様々な肌の色や目の色や髪の色が用意されています）。

2 （笑）の世界

■その起源

文字列に並んで、様々な情報を付加したり補完したりする絵文字を見てきましたが、文字でありつつ、絵文字に近いような役割を果たすものがあります。それは、いまや使う人も相当多いとみられる（笑）です。本節ではこれについて見ていきましょう。

（笑）はなかなか便利で、読者の中にも使う人は多いのではないかと思います。どこでもというわけにはいかないでしょうが、まさしくＳＮＳになじむものであることは間違いありません（近時は動画のテロップやサムネイル中にも多用されています）。「わらい」から派生したｗｗｗもありますが、こちらは使わないとか、若い人用とか、嘲笑度がきついとか、いろいろ使い分けをすることもあるようです。ｗｗｗを視覚的に捉えて「草」という言い方もあります「～で草」「～してて草」のような使い方もあるほか、「草生えたｗｗｗｗ」などとまるで重ね言葉のように思えるものもあります。

文章中に（笑）をいれる大元（おおもと）は、議事録や演劇の台本などだと考えられています。明治の帝国議会の議事録に（拍手）（笑聲）などとあります。これを文字上の表現手段として用いたのは、『文藝春秋』創刊者の菊池寛であるようです。菊池は、後記で「これから、毎月座談会を催すことになった。当代一流の人々を招待して、話を聞こうと云うのです。今月は、徳富氏に来ていただいた。徳富氏ならば、座談会のこけらおとしとして申分ないと思う」として対談を文字化するということをしました。そこに、「笑」も使われるようになったのでした。第一回座談会では「ハ、、、」と、対談の人物が笑い声を上げたことをあらわしていますが、一九二七年四月号の第二回座談会では「（笑う）」「（笑ふ）」という、いまの「（笑）」に近い表記が出てきます。その後も「（一同哄笑）」「（笑聲）」などバリエーションが見られます。一九二七年一一月号で送り仮名が省略された単独の「笑」が初めて現れます。ただしここでの表記は「笑」であり、「（　）」が用いられておらず、「（笑）」としての初出は一九二九年三月号となります。次第にこのような送り仮名を省略した表記がメジャーとなり、雑誌のインタビュー記事や対談集で現在まで用いられ続けています。[*2] 現代の場合は笑い声ではない「（笑）」なのか、文藝春秋からのいわば伝統をひく「（笑）」なのか分別が難しい場合もありますが、インタビュー記事などでは、比較的笑い声であることが同定しやすいものもあります。

現在は、

明日じゃなくて今日ですよ笑

のように括弧にくくることなく使われることもあります（笑笑のように重ねることも）。さらにwwwは嘲笑での用法のイメージが強いため（実際にはそうでないのもありますが）、目上の人には避ける、あるいはかえってきつくなることを避けて（笑）にする、ということもあると言います。ちなみに英語圏ではLOL（Laughing out loud、大笑い）、フランス語圏ではMDR（Mort de rire、笑い死に）と表現されます。韓国語では、「k」や「h」の子音をあらわすハングルを重ねて「ヲヲヲ」または「ㅎㅎㅎ」などとします。音だけでいえば「ククク」「フフフ」に近い音です。

二〇〇〇年代に入ると（笑）はインターネット上において略されるようになりました。

（笑）→（笑→（wara）→（wara →（w→w

など。ただ、一説には一九九七年頃、インターネット通信ゲームにおいて、日本語入力が使えなかったゲームなどで（waraiや（wが使われるようになった、ともいわれます。このあたりの正確な経緯は裏付けができません。更には「2ちゃんねる」などでは「wwwwwwww」と繰り返しwを打つようになり爆笑の度合いをあらわすようになりました。あるいは過度の嘲笑とも言われます。ニコニコ動画などで延々とコメントに加えてかなりの長さの「wwwwwwww」が流れる場合がありますが、これはキーボードのwを押し続ければいいだけなので、これほど連ねられるのでしょう。結果的に、wのほうが派生は多くなりました。「2ちゃんねる」では、草（つまりwww）を刈るＡＡ（アスキーアート）までありました（図４）。
なお、「2ちゃんねる」隆盛期は「プゲラ」（プププ、ゲラゲラの略、ふつうは半角で表示）、「pgr」（ローマ字化、顔文字とあわせたものも多々あり）。「ワロス」「バロス」「ワロタ」「ワロリンヌ」さらにwとあわせ技の「バロスwwwwww」などもありました（いまは見かけにくい）。クソワロタの略とおもわれる「クッソwwwww」などもあります。

図４

■（笑）の影響範囲

（笑）は、文章のどこまでを統括するのか、ということを考えてみましょう。

　先生の授業に、来年も出ます（笑）

来年もう一回出ても、別に単位にはならないということが背景にある、という設定です。そして、この学生は実に熱心に授業を受けていて、マイナスの意味は全くないということは十分想定可能です。別に取らなくてもいいのに、という事に対する（笑）かと思われます。そこで、この（笑）の位置を移動させてみましょう。

　先生の授業（笑）に、来年も出ます

これは、結構悲しいです。嘲笑するつもりはありませんといわれてもちょっと信用出来ません。

　先生（笑）の授業に、来年も出ます

これはもはやおちょくっているようにしか思えません。「先生」とは思っていないのでしょう。それは言い過ぎでも、少なくとも、単に「先生」と呼ぶことに、何か問題がありそうです。「先生の授業に」とふつうには書けないため

＊2　主に『文藝春秋』に関する調査は、保崎文香氏「現代日本語表記における（笑）について」（平成二七年度奈良女子大学文学部卒業論文）における指摘によりました。この節の記述でも参考にしています。

らいが、「先生（笑）の授業に……」に表わされているのではないでしょうか。
また、次の例文をみてください。

先生の授業ありますか？　来年も出ます（笑）

の場合、（笑）はどこまで及ぶのでしょう。「先生の授業ありますか」で一回文章が切れているため、「先生の授業ありますか？」には（笑）は及んでいないと見られます。また後方への影響ですが、「先生の授業（笑）」と「先生（笑）の授業」が明らかに意味が違うことからして、（笑）が記された後ろ側にはその効力が及ばないのだとわかります。つまり、およそ一文単位で、（笑）はそこで閉じて、それより後ろには関知しないのだとわかります。このようなことから、（笑）は「　」で括る機能によく似ています[*3]。たとえば、

彼、賢いよね。

彼、「賢い」よね。

では、明らかに違う意図をふつう読み取るでしょう。カギ括弧付きは、いわば注釈付きの表示であって、ごくふつうの一般的なカシコイではない、ということを言いたいときに付けるものと思われます。カギ括弧が〝ふつう、通り一遍の意味ではないですよ〟というお知らせを、視覚的にしています。それが良い意味なのか、悪い意味なのかというのは文脈次第で、この「彼」の例も、褒めているのか、実はけなしているのかは場合によります。ただ、この場での、特別なカシコイであることが示されているだけです。（笑）はこれに似ているところがあって、

彼、賢いよね（笑）

などは、一言、注が付されるような〈カレハカシコイ〉である、というマーカーになっているのです。

彼、賢い（笑）よね。

などと近くに置けば、より確実ですし、先ほど示した括弧の機能に近づくことになります。

■（笑）の機能ふたつ

（笑）が付いている文章などをみると、たとえば、

階段から落ちて骨折した（笑）

無神経さにあきれる（笑）

などについて、「冗談めかしている」「きつい言葉をやわらげている」「深刻にならないようにしている」という感想がもたれるだろうと思います。これらに共通するのは何かといえば、それは文字通りの言葉ではありませんよ、というマーカーです。そのまんま素朴に受け取らないでね、そこには個別的な「表情、気持ち」が入っていますよというお知らせをしているのです。したがって、良い意味だったり、悪い意味だったり、とんでもない悪意に読めたり、様々になります。これは絵文字の効果とも似ています。たとえば、

ありがとうございます

ごめんなさい

は絵文字がなければ、無色ですが、

ありがとうございます💢

ごめんなさい♥

などは、文の内容と一見合っていなさそうな絵文字（お礼＋怒り絵文字、謝罪＋親愛）だけに、言葉の文字通りの意味ではないということを添えています。それはいわば副言語の補完であり、文字だけが記されている状態に加えてな

＊3　木村大治氏の『括弧の意味論』（NTT出版、二〇一一）は、この問題を考えるのに非常に有益です。

んらかの情報が添えられている、ということを意味します。（笑）も、上述の、カギ括弧に近い機能から、副言語補完機能とが連続している側面があります。副言語補完も、「言葉の素朴なそれそのものの意味ではない」という余剰的補完だから、連続しているのは当然とも言えるでしょう。

彼、賢いよね（笑）

は、カギ括弧つきと同じような機能とも言えるし、

彼、賢いよね😀

と同じような、副言語補完（表情の付加）だとも解釈出来るでしょう。

以上みてきたところまでで、（笑）は、ある言葉をカギ括弧に括ることによる、「意味の特立化」に近いところに機能があり、さらにそれとの連続上に、副言語の補完という性質で使われる場合もある——と、以上二つの機能を指摘出来ます。

■（笑）の機能の、さらにもうひとつ

（笑）の機能には、上記二つでは説明が付きにくい場合があります。とにかく文末ごとに濫発されるようなものを見たことがないでしょうか。LINEやショートメッセージのやりとりだと思ってください。

今日雨やけど傘もった？（笑）

忘れた（笑）

あんなに言うたのに（笑）

出る瞬間まで覚えてたのに（笑）コンビニで買うわ（笑）

右記のうち、副言語補完に近いものもあるかもしれませんが、もはや全部の文末についていて、そういう意味で透

明化してしまっています。特徴は句点の位置に集中している点です。これらは、第三の機能として、絵文字でみたところの、挿絵機能か、句読点代わりというのに近いでしょう。

今日雨やけど傘もった？★
忘れた☂
あんなに言ったのに♧
出る瞬間まで覚えてたのに★コンビニで買うわ♪

■wwwの便利さ

wwwは、カギ括弧に括る機能というよりも、話し手の態度を補完する要素、副言語補完機能への傾きが強いようにみられます。もちろん、文字通りではない、というごく基本的な機能の上で、です。

彼、賢いwwwよね
彼、賢いよねwww

表情、副言語補完への傾きが強いからか、「賢い」の直後に置くのは若干違和感があるかもしれません。句末のほうがなじみやすいでしょう。(笑)でみたように、直前の語にもっとも影響を与えるとみられるので、副言語補完が主機能であれば、必然的に後方に位置しやすいのかもしれません。

このwwwは使いようによっては便利で、筆者は『枕草子』の説明で一度これを使ったことがあります（**表3**）。なかなかわかりやすくなったように思うのですが、それもそのはずで、ふつうの文章に、注を付けたり、副言語を補完したりと余剰情報を与えるので、わかりやすくなるわけです。例文に挙げたのは、「法華八講」（法華経の講義）が催されることになったという話です。お経の講義なんていかにも堅苦しいようですが、当時、こういうのを聞く

表3　『枕草子』「法華八講」

朝座の♥講師清範♥、高座の上も光満ちたる心地(*゜▽゜*)していみじうぞあるや。暑さのわびしきにそへて、しさしたる事の、今日過ぐすまじきをうち置きて、ただすこし聞きて帰りなん―＝≡Σ(((つ╹ω╹)つ　としつるに、しきなみにつどひたる車なれば、出づべき方もなし（涙）。朝講果てなば、なほいかで出なむと、上なる車どもに消息すれば、近く立たんがうれしさにや、はやばやと引き出であけて出だすを見給ひて、いとかしがましきまで老上達部さへ笑ひにくむをも、聞き入れずいらへもせで、強ひてせばがり出づれば、権中納言の、「やや、まかぬるもよし（笑）」とて、うち笑み給へる(^_-)ぞめでたきwww。それも耳にもとまらず、暑きにまどはし出でて、人して、「五千人の中には入らせ給はぬやうあらじwwwwwwwwwwwwww」と聞こえかけて帰りにき!(^^)!。

のも娯楽の一つでした。清少納言も一つ聞いてみようと早朝に出発して行ってみたものの、暑さにうんざりして途中で帰ろうとします。既にいた権中納言が、清少納言の様子をみて、「まぁ中座もよろしかろう」と言ってきました（＝清少納言、帰りたそうだね、と）。そこで、清少納言も負けじと、あなたさまも五千増上慢のクチでは？（あなただって帰る方の人でしょ？）とやり返した（ただし、人を介して、ですが）、という話です。お互いちょっとニヤッとするようなセリフです。五千増上慢とは、法華経にでてくる説話で、釈迦が説法を始めたところ、「ああ既に知ってる」「またこの話だ」などと言って、ろくに聞きもせず帰ってしまった愚かなものたち、という意味です。目下の舞台が法華八講を聞くところなので、法華経のそれに寄せて、掛けて、言っているのです。かなり高尚なやりとりです。単に「あんたも帰りたいくせに」とだけ言わないところに教養が溢れています。

表3では清少納言の文章に勝手に足しているので、これは第二章で言った「Y文章」的な足し算をしていることになり、清少納言によって提示されたのではなく、筆者の読みということになるわけですが、かなり、わかりやすくなっていると思われないでしょうか。もし受験問題だったら、正答率は上がるに違いありません。

コラム

7 文化・文明と相対的な評価

伝統的に、文化・文明（この二語は厳密には区別しますが、いま、一括します）に優劣があるとして調査、研究されてきたのは、西欧諸国の価値観が、国際秩序のイデオロギーとなっていたことに大きな要因があります。西欧目線からの野蛮とか未開というレッテル貼りは、平然と行われてきました。吉野敏行氏によれば「20世紀前半まで、劣った野蛮に対する優れた文明という文明観が支配的であり、文明の西欧、半未開のアジア、未開のその他の地域という地理的区分とも重なって、西欧諸国の未開地域への支配、西欧人による未開人への非人道的な行為を正当化する「帝国主義」的イデオロギーともなった」といいます（「文明の代謝史序説」『人間と環境』6、二〇一五）。この経緯は、言語とその研究についても、そっくり当てはまるようなところがあります。次の一文をご覧ください。

千年前の日本人の才能をもってしても、アルファベットのような文字制度を発明するに至らなかったことは、東洋史における一つの悲劇といえよう。確かに、日本で数百年間の間に発達した、まさにひどい文字制度――数十の単純な音節を示す膨大で緻密な記号の装置――を考える者は、だれでも、西洋アルファベットが人間の発明力の最大の勝利と考えずにはいられまい。

（G．Bサンソム『日本―その文化のあゆみ―』ディヴィッド・ルーリー氏の翻訳）

日本語話者からして、今読むと、相当に侮蔑的であって、はっきりいって愉快ではありません。しかし、このように、平然と語られた時代があったのです。このサンソムの発言を訳し、引いたディヴィッド・ルーリー氏は、「世の中に流通している日本の文字史の様々な誤解の集大成、言い換えれば日本の文字、もっと広く言えば世界の文字史の誤ったアプローチの見本」と指摘しています（『世界の文字史と『万葉集』』笠間書院、二〇一三）。同時に「複雑な工夫」を嘆くような視点からでは、文字の歴史を客観的に評価できないのは、言うまでもありません」とも言われていて、その通りであると言えます。サンソムの発言にあるようなアルファベットという表音文字こそが、文字進化の到達点であるという捉え方、〝西洋の勝利〟と〝東洋の悲劇〟という対比的な文字・表記の捉え方は、今となっては、もう誰もしません。

文明・文化の話に戻りますが、徐々に、唯一の文明諸国は西欧である、という考えが否定されるようになってきて、「世界は幾つもの文明があり、文明はそれぞれの環境の適応によって出来上がったものであって、そこに優劣はない。文明に対置されるのは野蛮や未開ではなく、他の文明である」（吉野氏）という見方がでてきます。今、言語学もまた基本的にこのように考えていますし、文字についても、ルーリー氏の指摘するとおりです。つまり、英語やフランス語が、日本語より勝っているとか、優秀である、という捉え方はしないということです（当然、それはその逆もしかりです。日本語はすばらしい言語である、というところくらいまでならギリギリよくても、英語よりも優れている、などと比較をおいて言いだすと、せっかく〝卒業〟したはずの20世紀前半以前に逆戻りしていることになってしまいます。その意味では〝漢字自慢〟も、場合によっては危ういことになります）。

「国語」という言い方があります。実は、この言葉は、中国では古くに使われており、それから台湾では現役の言葉として、[*1]そして韓国にも、ベトナムにもあります。「国」の「言葉」なので、それぞれにあって当然でしょう。最近、大学の専攻のコース名では「国語国文学科」が「日本語日本文学科」へと言い換えられたり、「国語学」が「日本語学」と言い換えられることが多いようですが、これは世界の中の言語としての日本語（とその研究）というのを旨とするというねらいがあってのことです。よって、日本における義務教育等の科目名を除いては、どちらかといえば、学術研究において「国語」とはもはや旧弊な単語という印象なのですが、日本、中国、韓国、ベトナムにも国名を冠しない「国語」に相当する呼称がある、というのは、実は前で紹介した「世界は幾つもの文明があり、文明はそれぞれの環境の適応によって出来上がったものであって、そこに優劣はない。文明に対置されるのは野蛮や未開ではなく、他の文明である」ということを考えたり、知ったりするのに、いい手がかりにもなります。それは、□□語（□□にはその国名が入る）というのとペアで捉えるというのがポイントになります。つまり、日本語――「国語」（コクゴ）、中国（華）語――「国語」（guóyǔ）、韓国語――「国語」（국어 gug-eo）、ベトナム語――「国語」（Quốc ngữ）という、外向き、つまり世界の中の対置（各国名）と、それぞれの内側の視点としてのそれ（「国語」という言い方、位置づけ、認識）という関係性です。こういうことを考えると、「国語」という言い方にも、一定の存在意義がいまなおあるとも思えます。

＊1　中華人民共和国では、現在は「国語」はまず使わず、小学校の科目などでは「語文」と称します。台湾では内向きの言葉として「国語」が現役で、外向きには「華語」といっています。このことは奈良女子大学・前田真砂美氏より教示をうけました。

終章　日本語文字表記論の未来

イギリスの哲学者カール・ライムント・ポパーは、科学の学説とは時間とともに古くなっていき、それは批判的な思考によって上書きされ、進化していくと考えた。つまり、成果は新しいものに常に更新されていくというのだ。これは、「真理」といういゴールへ接近していくという考え方とも言えるだろう。一方、トーマス・クーンはポパーを批判し、科学は、ある時点での、ある立場にある科学者たちの同意によって更新されていくと言った。このため、必ずしも合理的な批判等による旧から新への進化といった歩みを前提とはせず、時に、劇的な変化や変革も起こり得る——これをパラダイム・シフトという。つまり、ある一つの絶対的な「真理」を目指して全員が単線的な連続性のもとに突き進んでいるわけではない、とした。

文字表記研究は、時代や地域によって扱いは様々だった。〝ただ一つの真理〟を目指すにしても、〝多くの同意を得る見解を提出する〟にしても、学術研究の未来を見据えるためには、これまでの先賢の成果を見返して学ぶことから始める——まずはそこに尽きる。文字が、本当に音声の言語の従属物なのであれば、文字研究は音声言語研究に全部飲み込まれてしまうはず。しかし、実際には、文字や表記が、言語に比して自律的（自立的）な側面がある。その探求がすなわち、この領域の研究の未来である。

1　文字表記論研究の未来のために、良著を読む

文字表記論研究にはどんな未来があるのでしょうか。筆者のこれまでの研究の道程で、様々に目を開かせてくれたり、道しるべとなって導いてくれた論文や書物が本当にたくさんあります。全てをここに挙げることは到底出来ませんが、本書に関係の深い本を厳選して、紹介したいとおもいます。本当にごく一部にはなりますし、ここに挙げる以外にも多くのすぐれた著作はありますが、これから当該の研究領域に興味をもって学びたいという人にはまず、読むことをおすすめしたいものです。

まず一冊目が、**犬飼隆『文字表記探究法』**（朝倉書店、二〇〇二）です。日常様々な文字・表記をめぐる事象が学術研究の対象になること、しかしそこにおいては科学的な手続きや分類、検証という方法論を厳に考えること、そういったところから説き起こされており、学生時代の筆者に大きな刺激と知見を与えてくれました。分析そのものもですが、研究の方法論自体も、常に考え続けられなくてはならないということが学べます。この本では「なぜ「外為」は「外国為替」だとわかるのか？」という表題があがっていて、一章が割かれています。これが文字表記論になるということに驚きと強い興味を覚えて、本屋で手に取った筆者は、即そのままレジに直行した思い出があります。そもそも、文字論と表記論という区別自体から学ぶ必要があったといま振り返っている次第ですが、本書では、まさにそういった区別・弁別を学ぶところから始められるよう説かれています。万葉集や万葉仮名に興味をもっていた学生当時、自分なりにですが、詰めて取り組んでいただけに、いわばそれだけの世界に棲んでいたようなところがあったのですが、万葉集や、上代という世界の外に飛び出していったとしても、なお自分の興味は地続きであるのかもしれないということを思いました。

次いで、歴史的研究から**矢田勉『国語文字・表記史の研究』**（汲古書院、二〇一二）です。本書でもここまでに何度も引いています。八〇〇ページを超える文字通りの大著は、文献学的な実証——つまり、実際の用例を分析し、考

察の証拠として示しつつ論述すること――と、理論的記述の両方が必要であることをよく教えてくれます。一気に読み通すのはなかなか難しい厚みですが、この分野、とくに日本語の文字表記の歴史を学ぶ上では必ず読むべき一冊です。筆者なりにこの本を通して教わったこととして、まさにその、理論と実例を通した論証の両立の必要性はもちろん、研究の対象が歴史資料なので、はっきりわからないこと、あるいは混沌としているように見えることを、時に、それとして認める余地を研究上もつこと、というのがあります。必ず理由がある、必ずルールがある、必ず統一的に説明がつく、あるいは、手に出来る資料で全てを語り尽くそう――以上のように思いすぎない意義を学びました。もちろん、言語は体系性をもっているので、調査やデータになんらかの傾向を期待するのは必然ですが、人間が、言語行為においてひたすら合理性だけで動いているわけではないことには注意しなければなりません。また研究者は、ふつうに「読む」という行為を超えて、研究対象を読み込んでしまうことがあります。つまり、書き手がそもそも考えていないようなルールや方針を過剰に読み取ったり、創出してしまう恐れがあるということです。『国語文字・表記史の研究』の中でもしばしば言及があるのですが、これは今後も研究上、心にとめておくべきことであり続けるでしょう。もう一点、この本が語ることとして特筆したいのは、文字表記論も、一般化を目指すべきこと、そして、歴史資料を扱う限りは通時的に論じられるのが望ましいということです。文字・表記は音声の言語に従属的な側面と自律（自立）的な側面（このことは後述します）とがあるはずで、そういう観点からの理論化、体系化ということが目指されていくのがよいと考えられます。さらにそれがどんな歴史に裏づけられてきたか、考えるべきことは尽きません。

ところで、一つここで是非紹介したい話があります――阪倉篤義氏の名著『日本語の語源』（平凡社復刊、二〇一一）のあとがきに、「日本語の語源」という阪倉氏が出された『岩波講座日本語』の論文に対し、ハンブルグ大学の日本学の権威、ギュンター・ヴェンク博士から手紙が届いたという話が紹介されています。ヴェンク博士は、手紙の中で、語源学なるものが成立出来るか、それはせいぜい、個別的な文化史であって、「ばら〳〵な知識を利用する余興にすぎない」のではないか。言語学の分野は体系性、法則性なしにはあり得ないのだから、とあったそうです（なお、手紙も歴史的仮名遣いの日本語で書かれたもの）。阪倉氏は、この批判で、むしろこの本（『日本語の語源』）を書く直接の動機になった、とそのあとがきで述べています。文字表記論も、歴史的記述や、個人の思いつき、特殊な例などが研究対象に含まれている限り、ヴェンク博士の批判が常に広くこちらにまでも向けられているように思えます。そして同時に、だからこそ、これに真正面から挑んで、「ばら〳〵な知識を利用する余興」や個別的な文化史ではないことを、示していくべきなのだろうと思います。ヴェンク氏は、阪倉氏に向けて、「一々の正不正によるということではなくて、言語学の分野が体系性・法則性なしにはあり得ないと思ひます。勿論、pattern を全く外れた、偶発した造語産物の存在を否めませんし、時々運よくその造語意識を追究できることも確かにありますが、これでは言語学（歴史学はいざ知らず）の分野が立ちますまい」と述べられていたそうです（阪倉氏同書二一六ページ）。実に、痛烈な言葉であって、語源学なるものに全く言語学的体系性を期待していないことがひしひしと伝わってきますが、阪倉氏はこれにまさに応えられたのでした。

本の紹介に戻りましょう。

さて、次に挙げるのは**フロリアン・クルマス『文字の言語学　現代文字論入門』**、原題『Writing Systems――An introduction to their linguistic analysis』（齋藤伸治訳、大修館書店、二〇一七）です。ドイツ人著者による、言語学的観点での文字表記論、そしてその検証対象が数千年前にも遡るというスケールで、世界の文字の歴史をも見据え、さらには認知心理、社会学から切り込む文字表記論というところにまで及ぶ一冊です。この本で、日本語の文字表記論が、世界の文字表記論、そして言語学の中で、そして、規模の大きな通時論でいかに、どう措かれていくかということについて議論することが十分に有効であるとわかります。妙な感想かもしれませんが、本書を読んで、日本語の文字表記は、そこまで奇妙奇天烈というほど珍しくもないのかもしれない、とも思いました。それにしても、一冊を通して見るかぎり、一般言語・文字・表記論としてどう語れるかという切り口で、その視野の広さと、それらの言説がまとめ上げられていることには、齋藤氏による翻訳も含めて感嘆します（この本は約三〇〇ページなのですが、むしろこのページ数にまとめることのほうが、決して簡単ではないだろうと思います）。先の、ヴェンク博士の批判にもあった、個々の事象の文化史で終わる――わけにはいかない、終われないということで、その決意をあらたにさせてくれる一冊です。先にもふれたように、この視線を仮に文字表記論にも向けてみたとき、確かに個別的に一つ一つが必ずしも説明出来るわけではないし、できたとしても「個別的な文化史」の域をでない側面はあるかもしれません。しかし、文字表記論について、「言語学の分野が立」たないわけではないことは、このクルマス氏の著作がよく体現していると言えます。日本語の文字・表記・書記とは、すなわち日本特有の文化なのでした、はい、おわり――ということには決してならないということです。なお、クルマス氏の著作を読むなら、**ジョルジュ・ジャン『文字の歴史』**（矢島文夫監修、創元社、一九九〇）を併せて読むと楽しいです。世界中の文字資料に関する図版がいずれも大変美麗で、この本自体のデザイン性も優れています

四冊目（厳密には、四冊目と五冊目という二冊になりますが）は、**『日本語の歴史』（平凡社）第二巻「文字とのめぐりあい」、第三巻「言語芸術の花開く」**です。解説の高山倫明氏が「空前にして絶後」としたこのシリーズの中でも、筆者は自身の興味に照らして、この二巻はとりわけ、何度も読みました。個人的には、二〇代での読み（後述のように、挫折）、三〇代での読み、四〇代での読み、というそれぞれの時点での自分の理解度という思い出もあります。いまは、文庫版を手にすることが出来ますが、もともと出版されたのは一九六四年、いまからざっと六〇年近く前です。複数の著者の合作のようなものなのですが、文章自体は亀井孝氏が最終的に「リライト」しているというのが特徴で、その亀井氏独特の文章文体によって、ほとんど亀井氏の言葉（考え）にしか聞こえないところもあるのですが、そ

れはさておき、『日本語の歴史』はおそらく今後も長らく議論に耐える厚みをもっていると思います。もっとも、刊行時は、木簡がほぼでておらず、鉄剣の銘文の語形をめぐる比定等なども現在とは異なるのが載っているのは致し方ないことです。それでも、理論面は、本当に、すぐれています。むしろ後世の私たちがたゆまず精細にこれを咀嚼して受け止め、検証し続けるべき面が多々あります。表語と表意という術語の併用、表記体といった概念等も、驚愕に値する、かなりの先取りです。

数ある研究の中で、上記の四冊（のべ五冊）――とくに『日本語の歴史』は、筆者の学生時代以降から今日までのおよそ二〇年と少しの間に出会い、多くの示唆をあたえてくれたもので、今もことあるごとに、開いては読み返す本です。先ほど述べたとおり、『日本語の歴史』は、まだ学部生だった頃に、文庫ではないオリジナルの方を図書館で手にして、文字表記に興味があったので挑んだものの、見事に挫折しました。当時の自分にはあまりに文章が難しすぎて、基礎知識も不足していたため、これはとても歯が立たないと退散したのでした。文字面は追えても、自身の理解が上滑りしているのは明らかでした。何度か挑んでも、いつも続きませんでしたが、しかし、なんとしても再挑戦したくなる本でもあって、結局、ここにこうして挙げるような存在に、自身の中でなった次第です。

以上、本当にごく一部ですがいくつかの本を紹介しました。次に、日本語文字表記論のこれからを考える手がかりのためにもう少し研究の視座や枠組みというところまで引き戻って考えてみたいと思います。

2　実存主義と構造主義そして言語・文字表記研究

■実存主義と構造主義とは

ここでは、哲学用語としても知られる「実存」と、そして「構造」ということについて触れておきます。

表記は一つ一つの実例としてあり、それを調査したり、分類しては研究していくわけですが、一方で、概ねこういうシステムだろうといった一般化をしたり、あるいはその一般化された見地から、各資料上の個別の例を眺めることもあります。つまり両者の目を往還していると言ってもいいのですが、こういった考え方の両輪、それ自体をあらためて考えてみるのも、文字表記論の現状と今後を考えるいいきっかけになりますので、伝統的に議論されてきた実存主義、構造主義というものをここで取り上げておきます。あえて、込み入った研究史を追いかけるのではなく、出来るだけ身近なことに置き換えて述べていきます。

〜主義というと、言葉の一般的な意味からして、ポリシーとか信念のようにまずは受け取れますが、実際のところは〈そのような物の見方、捉え方〉とでも言ったほうがいいかもしれません。従って、以下に、「構造主義」「実存主義」という言葉を用いますが、それを実際に高々と標榜し、それこそ「主義」のように時代を牽引した知識人や作家の論述を、いまここでひたすら追いかけたいわけではありません。考え方、物の見方というレベルで、ごく身近なことにあてはめつつ、概説していきたいと思います。そして、肝腎のことですが——この話がなぜ、文字表記研究と無縁ではないかということも述べます。

「実存」というのは、「現実存在」を縮めたもので、哲学者・九鬼周造（くきしゅうぞう）（一八八八—一九四一）によるとされています。現実に存在する、具体的な、個別的なひとつひとつ、ということにまずは注目するもので、さらにわかりやすく言えば、人間一人一人のありようを直視する向き合いかたです。ひとつひとつの存在は、何かひとまとめ、一括りに一般化されたり、何らかの先行する定義付けをされるようなものではなく、個別的で、本質は何も決まっていない、とするわけです。たとえば、ここに、要求が通らなくてぐずっているAちゃん（七才）がいたとき、「子供とはワガママをいうものだ」「六〜七才児にありがちな行動」といった、その個人に先行してそういう普遍的な物差しなり規定がある——それによって納得したり説明を付ける……というようには考えません。Aちゃんは、今気に入らないことがあり、要求が通らずイライラしている、という実際のその人の現実のありよう、およびその要因だけに目を向けるようなものだと思ってください。Aちゃんはどこまでいってもちゃんその人だし、いまこの場で起きていること（思い通りにいかないでぐずる）は、端で見ていてやれやれと思ったり心痛んだりするけれども、あくまで個別的で、具体的な、とある出来事である——そう捉えてひたすらAちゃんに直視して向き合います。前述の通り、こういった考えを通すためには、その現実の存在に先行してなにか、規格や型があるわけではない、本質が先だってあるわけではないと把握していることを礎にする必要があります。この見方はさらに広げれば、一人一人の生まれた人間が、未来に向かってどう変わっていくか、どのような存在として存立していくのかというのが、未だ何も決まっていない、何もまだわかっていないという捉え方へと通じていきます。こういういわば唯一無二で、本質はまだ決定されていないというような捉え方は、実際それがそのまま誰かへの励ましの言葉になることもあるわけで、私たちにとって、比較的抵抗なく受け入れられやすい〝良い〟考え方ではないでしょうか。ワガママを言ってぐずっているAちゃんに対峙するにしても、ある、前途洋々たる若者に向ける言葉としても、仕事に悩める中年に対しても、何歳であっても、〝今この瞬間を生きている人〟にとって、さしあたり前向きで健全な考え方、捉え方であると思えるでしょう。「型にはめる」「レールを敷く」などという言い方が、大抵は負のイメージを伴っているであろうことからも、それは納得しやすいと思います。「もう決まっている」「あるべき型がある」という見方への反発だとも、言えるでしょう。

しかし、この一方で私たちは、こういう考え方ばかりではない、あるいはこういう考え方だけで通すことも出来ないことを同時に知っています。その個人はどこまでいっても個である、何か決まった型や尺度におかれるものではない、その本質は先行して存在してはいないのだという、ただひたすらその一辺倒では、いずれそれ以上もう何も言えない行き止まりにぶち当たってしまいます。なぜなら、目の前で起きている問題も、全て、それはそういうことである、と納得して終わらせなければならなくなってしまうからです。これはこれで時に救いがないことになってしまいます。事態や要因を一般化したり、あらかじめ把握されている型や尺度に照らしてどうか、という相対的な判断方法も同時に必要なのです。仮にそれらを一切封じてしまうと、全ての事は、「(具体的な)その人の、その瞬間の(具体的な)できごとに過ぎない、以上——終わり!」ということで終結してしまい、そこから先へ進めません。しかし、ぐずる子供を慰めるにしても、叱るにしても、一般にこうである、という物差しや、大体世間で言われているような位置づけが、助けや手がかりになるのもまた、紛れもない事実でしょう。これがすなわち構造主義的な見方です。先行する本質、構造、類型などに照らしつつ、その「個」を把握、位置づけようというものです。位置づけられてこそ、という態度です。

このように、実際は、私たちは大抵のことについて、実存主義的な見方と、構造主義的な見方とを往還しつつ、向き合ったり、判断を付けたりしていると言えます。歴史上、本質は何も決まっていないと考えるか(実存)、本質は先行してある(構造)か、ということで両視点は対立もしましたが、実際にある一人の人間その人にとっての視界、視点、思考というところに落とし込めば、いずれか一方を採用してもう一方の視点を徹底排除するということはあまり意味がありません。個別的、実際的な事情を汲んで理解しようとする態度と、おおよそこういうときはこうなっている、という構造にあてはめて、類型化し、それをもって冷静に対処するといったことの、その両方の態度で、大抵は物事に向き合っていると考えられます。

■両方の目をもつ

右に見てきたように、構造主義とはまさに、その本質のほうが先行してある、その予めある枠組みの中で理解しようとする見方です。たとえば、七才児なら七才児の思考や行動とは大体このようなものだ、という把握でもって、目の前の個別事例を把握しようとするわけですが、「構造」や「型」があることで、その個別例のおおよその位置がわかる、という利点があります。だいたい、その年齢の頃によくある行動、言動というのをテレビや概説した本などで見て、ああそれほど心配しなくてもいいのかな……などと安心したりすることもあるでしょう。

ところで、予め枠組みがある、というのは、時系列ということで考えると奇妙なところはあります。なぜなら、どんなことにも始まりはあっただろうと思われるからです。七才児のおおよそのありよう、というのは、この世界に、人間が存在し、七才児の行動サンプルをそれなりに蓄積して、分析・考証してはじめて構造なるものが見えてくるはずのことです。つまり、成立・形成の側面は理論上は必ずあったはずですが、構造主義的な見方ではそこにはあまり関知しません。すでにあるもの、として見ます。これは後でも触れますが、言語学においても同様です。言語にも変化、形成、という時間的変遷による変異は必ずありますが、構造主義言語学は基本的にそれには関知しません（興味をもたないという言い方のほうがぴったりかもしれません）。つまり、共時論的な議論と親和する視座ということです。言語に対して、今存命中の私たちは全員〝中途参入者〟です。日本語は生まれた時点ですでにあったし、人間の言語の特徴というのもおおよそ先行して、ある（相当明らかにされている）。その枠組みや関係性の中で、言葉をどう研究し、位置づけていけるか、というのが構造主義言語学ということになります。

さて、先ほど七才児を例にしましたが、Aちゃん以前に、親自身も含めて七才児なる存在は無数に先行して存在し、その行動様式、思考様式はすっかり構造化されていて、実例のひとつとでもいうべきAちゃんも、それに照らすことで、だいたいそんなものなのか、とか、七才児にしては成長は早いほうか、あるいは遅いんじゃないかなどと測ったりします。そしてもちろん、類型に当て嵌まらないようだ、ということも発見できたりするでしょう。個別的で、何も先行して参照するものがない（実存主義的観点）という一種の袋小路に入ってしまったとき、似たような構造、位置づけが実はあると知ったら、その事象は、さほど特殊な、個別的な問題ではなかったのかとわかったりします。やはり、ここでも、両視点のスイッチングが有効だとわかります。

右のたとえ話で、揺るぎない事実、それは、〈ここに七才の子がいて、その子がぐずってイライラしている〉という事実です。ではこれにどう向き合い、捉えるか、どう対処するか。その見方の違いに過ぎないとも言えます。この子、Aちゃんとはどんな子で、そしていま、この瞬間、どんな具体的な事情があったのか、という方面から追究することも有意でしょうし（実存主義的）、この年齢層の子供がどういうことに不満や苛立ちを憶えるか、それはどんな場合か、どんな対応の方法があるかなどといった先行してすでに見出されていることに照らして向き合う（構造主義的）のもまた、有意です。まさに、両者を往還して対処していると言っていいでしょう。繰り返すように、両者は、表裏、不即不離であって、私たちはこの両方の目をもっているわけですが、後の節で出る話を少し先取りすれば、筆者は、言語研究、文字表記研究の、とくに歴史的な視点では、まさにこの両方の目が必要だと考えています。おそらく構造主義言語学という立場ただそれだけでは、文字表記の問題やましてその歴史は探究しきれないでしょう。

■それぞれの限界点

実存主義的な見方の問題は、すでに述べたように、それ以上先がないという袋小路に行き当たってしまうようなことが問題となります。個別的なことを捨て置かず、尊重するというと聞こえはよいのですが、それ以上にどうこう展開する話ではない、というところへ行きついてしまうという難点も抱えています。

一方、構造主義的な見方の問題は、一般化する、構造上に置くということにあたって、置きがたい特殊例などは捨て置かれる、無視されるという問題があります。また始まり～発達といった時系列的な変化・変遷があまり眼中にないのも、特に問題となります。そもそも、私たちは、本質が先にあるといわれても、ではその構造を先にすっかり知っておいてから、それに従って、はじめてそのゼロ地点から行動しているかというと全くそういうわけではないので、個別的にはそれに外れるケースもしばしばあります。言語もそうです。自然に獲得する音声言語は、文法を先に習うわけではありません。だから間違いやイレギュラーは付きものです。そういうひとつひとつの個別事例——特にイレギュラーに、構造主義はあまり強い関心を示しません。

そういうことで、繰り返しになりますがやはり両者は両輪のようなものであって、どちらかだけではうまくいかないというところなのですが、文学作品に目をやると、これらは、歴史的にスイッチしたり、また融合してきたようにも把握されます。換言すれば、文学やその歴史の探究・探索はそういう、人間の物の見方や思考様式の縮図としていろいろなことを教えてくれます。たとえば通常、現代の私たちは、不合理、非論理的な展開の話を嫌います。不合理な登場人物がでてきてもいいのですが、地の文が不合理、非論理的な文章だと読んでいられません。不合理、非論理的なことであっても、それを論理的に語ってくれなくては困ると今の私たちはふつう思っています。が、こういった感覚とて〝歴史性〟を実はもっています（→コラム①参照）。

実存主義文学、構造主義文学などと言うといかめしいですが、何をどういう立場で描こうとしているかというところにも、以上に見てきた二つの視点は、まま見られるのです。たとえば、決まった型がある、あるいは決まった型で把握できる、という話は、いわば構造主義的です。文学作品におけるこういった視座やコンセプトの実存・構造の対照性については、三田誠広氏『実存と構造』（集英社新書、二〇一一）が参考になります。この本で挙げられる例と説明はいずれもわかりやすいので、三田氏も挙げる古典『源氏物語』と、海外からは『異邦人』を紹介しましょう。

『源氏物語』の前半の主人公の光源氏は、父の妻と密通し子供を作ります。信じがたい背徳行為ですが、光源氏は、父帝にそれが露見しないかと焦る場面があります（紅葉賀の巻）。ただし、当時の良心のありようは現代の私たちとは違うものであったとの指摘があります（興味がある方は増田繁夫氏『源氏物語の人々の思想・倫理』（和泉書院、二〇一〇）

がお薦めです）。まずこのタイプの不義密通譚は、源氏物語の中で繰り返されています。この物語の後半の主人公の薫は、光源氏の息子としてちやほやされていますが、実際は光源氏の息子ではなく、なんと光源氏の妻が密通してできた子です。つまり光源氏からすれば自分がかつてしたことが、次の代で繰り返されて自分に跳ね返っていることになります。ここに一つの構造性があるということがわかります。いわば話の型のようなものです。言い方をかえれば、これらを全く関係がない個別の事象（エピソード）だとして捉えるのはやはり無理があります。作者の真の意図なるものは知り得ませんが、一つの物語の中で、図らずも同じような出来事として個別的に描かれただけ、全くの偶然——とは、やはり考えにくいでしょう。

一方海外に目を向けてみましょう。アルベール・カミュというフランスのノーベル文学賞作家が、『異邦人』という作品を残しています。主人公ムルソーは、母親の死にも心動かされない人間として登場します。友人のいざこざに巻き込まれて殺人を犯すのですが、銃殺してしまったその理由を「太陽が眩しかったから」と平然と答え、あげくは死刑になるとき皆に罵声を浴びせられることを望むといった、おおよそ読んでいて背筋が寒くなるような振る舞いが描かれています。『異邦人』という題がそうであるように、社会おける常識や通念に対置される不条理、あるいは大多数の常識に対する特異といったような切り口は、非常に衝撃的であり、ノーベル文学賞受賞の理由のひとつでもあったと言われています。非常に特殊なこのケース、もし現実に身近にいたら、大多数の人には理解されにくい、共感を得にくいであろう人物であるわけですが、小説であれば、俯瞰カメラのようにそれを追体験できるわけで、文学作品、小説なるものの存在意義はここにあるとも言えます。さて、このムルソーという人物の取り立て方は、非常に実存的であると言えます。もし構造的に言えば、大多数の人間はこういう行動を取らないので、例外的（アノマリー）存在のような扱いとなると思われ、そういう意味で、『異邦人』は実存主義的に重い問いかけをなしていると言えますが、同時に、あるそういう極めて特殊な人がいただけ、という解釈をされており、というリスクもあります。とんでもなく、異常な人物をひたすら追いかけて描写してみたという、そういう意味での一種の行き止まりです。しかし、もちろんですが『異邦人』自体はそういう評価に終わってはいません。結局、この作品が、様々評価、評論をされた（され続けてきた）ことからもわかるように、実存的なそれは、再解釈されて、結果構造的にどう位置づけられるか、ということへと自然に解釈、鑑賞、そして位置づけが移行していくと見られます。

■実存から構造の発見、そして構造の組み換え

人間が生まれて最初に出会う人間とは多く、お医者さんや助産師さん、そして親だと思いますが、成長するに従って、自己と他者を区別して認識するようになっていくでしょう。しかし、母親なる存在を類型化——つまり構造化するのはしばらく経ってからでないと無理だと思われます。すくなくとも、〝よその母親〟を知る必要があります。そこからさらに、幼児（自分）対、母親なる存在との関係性をも一般化する必要があり、「お母さんってさ、なんであんな手洗った?って何回も聞くんだろうね」「ほんとほんと」などという会話を友人と交わすまでには相応な認知の発達が必要と思われます。我が母親は、現に世話をしてくれる存在として「実存」している、まさに、世界で唯一の存在というところですが、これを類型化、構造化するのは、間違いなく〝しかる後〟ということであって、つまり基本的には実存の後に構造の発見があるという道筋で捉えていいでしょう。このとき、構造の構築ではなく、「発見」という言い方になっていることに注意してください。構造を「見出す」というのは個別の事態を抽象できているということなので、対象への認知としてはいわば高度・高次の視点です。そして構造が一旦把握されると、ある種の普遍化を起こし、自身が、実存として認知している母親以前の「母親」にも言及したり、議論したりすることが可能になります。たとえば、祖母に向かって、「おばあちゃんのお母さんも、「手洗いなさい」ってよく言った?」あるいは、「おばあちゃんも昔お母さんに「手洗いなさい」ってよく言ったの?」というような具合

です。構造化したので、時間軸をこえて、一般化した「母親」像から、様々な事例（個別例）を再検証しようとしているわけです。今、幼児にまつわって相当に卑近な例をあえて出しましたが、実は、学術研究も、やっていることは基本的に似ています。規模や対象が相当に大きいだけで、構造の発見、再検証、再位置づけといった諸々の手続きは、ほとんど同じことです。

構造それ自体は、静態的にあるように思われますが（あるいはそういう静態物として見出されますが）、実際は個別例を飲み込んで、組み替えられていくところがあります。発見されては書き換えられていくことの連続、と言ってもいいかもしれません。静態的に把握されるという点からは矛盾するようにも聞こえますが、実際はこのように、〈実は動態物〉と捉えておかないと、それこそ行き止まってしまいます。この動態とは、いわゆる、一分一秒、一年、五年と過ぎ去っていく意味での歴史時間ではない、別の変遷軸とでも言うべきですが、いくら共時態的、構造主義的に向き合おうとも、そういう意味での歴史性、動態的な側面を完全に捨て去ったり無視しきることはできないものです。こういったことを言語学において喝破したのがエウジェニオ・コセリウでした（ルーマニア、『うつりゆくこそことばなれ―サンクロニー・ディアクロニー・ヒストリア―』（田中克彦・かめいたかし共訳、クロノス、一九八一））。

たとえば、〝世界〟に対する見聞が深まったり、学術研究が進むと、それまで見出されていた構造が充実化したり、組み替えられたりするという性質があります。先に挙げた『異邦人』のムルソー、この人の言動は、たしかに常軌を逸していると思えますが、二〇二二年現在、その性情や行動は相変わらず空前にして絶後の存在でしょうか。彼を放逐したり駆逐することで、それで済む話でしょうか。『異邦人』が発表されたのは一九四二年ですが、以来八〇年、今現在、多くの人は知識としてこのムルソーを位置づけ得る〝構造〟を既に知っているのでは、と思います。たとえば精神医学や社会学といった学術研究の成果によって、実存的なものが構造化され得る、されていくということに着目してみましょう。また、マイノリティな事象であっても、しかしマイノリティという位置づけでもって構造の中に既においているとも言えます。だからといって、「その人」が、ただちに社会から不条理な存在だと扱われなくなるわけではおそらくありませんから、まさに実存としては全く別問題なのですが、構造が見出され、位置づけを与えている（与えることが可能になっていく）という点は、別の意味と価値をもちます。実存と構造、どちらか一方では済まないと言ったのはここにも通じます。

前述の通り、実存的把握で陥る袋小路を、構造的な把握が取り込んで位置づけるという、融合・展開がここに見られるということは見逃せません。このことは、筆者は基本的に、これは人間の叡智の前進と形容していいのではないかと思っていますし、人間の営為や〝この世界〟を知ることによって、随所にあり得ることであって、その展開・進展の動力の代表は学術研究と人々の認識、思考の成熟によります。そして、この実存を取り込んで構造化が進むという構図は、まさにその、学問の進展自体にも準（なぞら）えることができます。

文献研究をしていると、違例とか、大元のルールに外れる用例が存在します。そういうものは、大方メインの構造が見えてきて初めて議論に取りかかれるところがあります。というのは、メインルールの方がわからないと、イレギュラーなのかどうかもわからないからです。たとえば万葉集では、音仮名は概ね一音節である、しかし、わずかに百数十例、二音節の音仮名があります。たとえばサクラを「作楽」と書いたりすることがあります。作（サク）は二音節です。では、二音節の万葉仮名はどう扱われていたのか、と次なる研究の筋道が立ちます。それが、あらたに構造に取り込まれるか、あるいはどうしても構造には取り込めず、個別的な例として説明を与えてそれで終わりとするか、というそういった展開もまた、予想されます。完全に確定した不動かつ既存の「構造」だけで話はできないということをよくあらわしていると言えるでしょう。というより、確定していると考える（思い込む）こと自体が実は危ういのであって、常に、相対的に提案される構造が議論の俎上に挙げられ、それらが批判と検討を経てどれほど合意を得られるかということが蓄積されていきます。科学学術研究の「合意」、相対的捉え方は、本書の結びとして後述します。また、万葉集の仮名を巡る右の一例は実は筆者が学生時代から取り組んできたことで、文字表記研究の未来を語る一例として、これも後に再び触れたいと思います。

3 構造主義的、理論的なアプローチ

何かを研究するとき、何を、どういう立場や切り口で行うかで、その方法論は時に全く違うものになります。たとえば一杯のコーヒーを巡っても、コーヒーの生産、流通という世界経済の問題や、成分等の食品栄養学的問題、日本人はいつから飲み始めたのかといった歴史学の問題など、本当に様々にスポットをあてて多様に展開し得るものです。それは言語学についても言えることで、様々な切り口や見方があり得ます。このことについて、加藤重広氏『言語学講義』（ちくま書房、二〇一九）によれば、

外から眺める言語学は、眺める人によってある一面だけが大きくクローズアップされがちである。現代思想や哲学などから眺めれば言語学は「構造主義」をはじめとした発想や枠組みが、日本語教育に携わる人からすれば「口蓋化」といった音声現象や「情意フィルター仮説」といった応用言語学の考え方が、言語聴覚士やその国家資格を目指す人にとっては音声習得と喪失の対称性や「錯語」といった神経言語学の知見が、それぞれ重要な意味を持つのかもしれない。しかし言語学全体にはまだまだ興味深い領域やテーマがたくさんある。もちろん、言語学そのものも日々悩みながら進歩している。

とあって、学問の編成は、あらかじめ厳然と区切られてあるわけではないのだと、それは言語学と括られる中にあってもまた、そうなのだと、あらためて思います。加藤氏の言(げん)に沿って言えば、本書で紹介してきたのは、おおよそ構造主義的な研究方法としての国語学・日本語学の話となりますが、これは単純にソシュール以降としても、すでに百年を超えているということになります。もちろん、自らそう公言して標榜する研究ばかりではないし、こ

れは構造主義ですよと筆者も学生時代にいちいち断りをうけつつ教わったわけではありません。筆者が所属したのは国語・国文学科でしたので、むしろソシュールの学派を次いだ学問というわけでは全くなかったです。が、後から言いますように、少なくとも自身が教わってきた世界で、そこでよしとされる議論のフレームは、やはり構造主義的であったと思います。構造主義言語学それ自体ではなく構造主義的――ここで少しぼかして広げることにします。それは、事象や現象を、一定の括りの中にあって、相対的に位置づけていくことであり、論理性、体系性を有し、また客観性をもって記述されることを目指しているということです。たとえば、「この歌、私好き。だからいい歌に決定。こっちはつまんないから調べなくてもいい」とか、「この言葉は昔の人も嫌いだったと思うよ、だからあんまりでてこないんだよ」といったような言説にどういう裁定を下すでしょうか――これらは、学術研究、科学としての言説、記述とは見做せないはずです。やはり概ね広く構造的・体系的な論理性をもった記述を目指すのをよしとしている、この本も大きく言えばそういうところを見据えています。

「構造主義言語学」というものは、もちろんもっと狭い意味であって、言語一般の、相当に理論的なことに話が集約するので、たとえば中間的なものやら、どっちつかずのものはそもそも研究からは弾かれることもあります。先に、実存主義との比較でも触れたように「構造」ですから、例外とかイレギュラーといったひとつひとつの個別例に一々細かく配慮しつつ、構築はされないからです。しかし、もちろん、言語というものが抱えるあいまいさを考えると、中間的なものや、例外を全く無視するわけにもいきません。この点、筆者は、歴史資料を多く扱う国語国文学科に所属したことで、さほどの抵抗なく様々な立場や切り口で対象に臨んだりテーマ設定できる風潮に身を置くことが出来、これは自分にとってとても幸運なことだったと思っています。大学院生の博士後期課程では、万葉集で、二合仮名という数としてはごくマイナーな仮名を研究しました（のち、『二合仮名の研究』和泉書院、二〇一九）。先に少し触れましたが、「作（サク）」のように、一字二音節の音よみの仮名であり、この時点でいわゆる万葉仮名と異なる（一般には一音節が多い）のですが、訓字つまり表語用法の漢字に親和することが多く、ようするに、全然、仮名らしくない仮名なのです。訓字と万葉仮名の中間地点にいるような仮名群です。しかし、この中間地点を研究することで、訓字とはどのようなもので、音仮名とはどのようなものか、ということがかえってよく見えてくるとわかりました。

ところで先に述べた構造主義的な研究フレームを、真に研ぎ澄ますようにして、もし議論の枠に据えるとしたら、数が少ないということも含めて、おそらくはこの二合仮名など、真っ先に記述対象外になるだろうと思われます（そもそも歴史的資料研究自体が弾かれる、というのもありますが）。しかし、やはり研究上、歴史資料、そして中間地点やマイナーなものをほおっておけないところがあると筆者は考えましたし、そういった成立論的な面への興味を、捨てることができませんでした。よって筆者はこれまで奈良時代以前のおもに文字表記の研究を行ってきましたが、そういう意味では、研究理念としては構造主義「的」ではあっても、あれこれ逸脱していることになると内省しています。そこで、たとえば通時的構造主義という観点を提唱したならどうでしょう。伝統的な観点からすれば、言い回しとして矛盾していると言われるかもしれませんが、しかし、このように検討する、してみようというステージが、すでにそこに来ているのではないかと思います。歴史性とか、変化とか、あるいは中間地点にあるようなものも積極的に記述されたいところです。

右の通り、通時態論、あるいは個別例や、中間的なものを見るというのは、本来的な構造主義的な視座から言えば、少なからず〝逸脱〟を起こしています。時に、北と南に同時に出かけようとする矛盾に見えるかも知れませんが、筆者は研究の現状と未来からして、これは〝良い逸脱〟なのでは、と思っています。構造主義言語学は、そもそもそれまでのスタンダードだった、歴史的に祖語を探っていくような比較言語学を対象化しつつ進展していったと言えますが、今度は、構造主義言語学の経験を経て、再び、成立論、通時論へと還流しつつ臨むとすれば、それは同じ通時論的分析でも以前のそれとはもはや似て非なるものではないかと思います。こういった点にこそ、研究の展開（転回）の、機運と新芽が常に胚胎されているように思われます。内田樹氏は、人々はそのうち構造主義にも「飽きる」日が来る、と言っていて[*1]、なるほど歴史を振り返るに、更新、改革されるというより「飽きる」というのはちょっと面白い表現だと思います。構造主義に飽きてきて揺るがす、止めていた時間をちょっと動かしてみる、構造と構造の間もちょっと見てみようという具合に、どこか、じっとしていられないというところが、研究の前進するエネルギーになりそうです。これまでいろんな考え方や価値観に〝飽きてきた〟人間からすれば、そういう可能性を一方に想定しておくのも楽しそうです。何かに行き詰まって、立ち往生して、はじめてそれを打開するべく、あらたなステージが切り開かれるというイメージも確かにありますが、「飽き」の中にも、新芽ははぐくまれるはずです。換言すれば、私たちは、論究の最終的かつ究極的な装置をすでに手に入れているというわけでは、やはりまだないのだろうと思います。

■個々の意思や指向と構造主義的な考え方

これまでの章でも述べてきたことですが、構造主義的な考え方が標榜する体系性の中では、個々の意志とか個々の一回きりのふるまいのようなものはあまり重視されません。そういうものはあっても、体系ありきのなかでいくらかの説明をされて終わり、というのがせいぜいで、末節か末端といった扱いに基本的にはなっているように見られます。二合仮名なるものは万葉集の歌表記においては中間的かつごく少量なものゆえ、構造主義的研究では無視されてもおかしくない存在といいました。筆者は、これをあえて取り上げることをしてみたわけですが、それでも、

＊1　『寝ながら学べる構造主義』（文春新書、二〇〇二）

二合仮名の中の、さらにとある一例のごく特殊な使い方——第五章で紹介した、ウツセミ（「鬱瞻」）の例などを思い出してください——。あの一例を構造の中の支柱の一つのように位置づけるのは、さすがにちょっと難しいです。言ってしまえば、どれほど見事な表記でも、それはそれとして個別例になってしまいます。ほかにも、やはり表意性をもつ表記——「可我見（カガミ）」（「鏡」の仮名表記——文字が意味することを連想すると、「鏡」と「我ヲ見ル可シ」が連携している）は、なかなかよく出来た、凝ったものであるといえます。考え出した人物は大伴家持のようですが、筆者はかなり気に入っている〝作品〟の一つです。こういう個別的なものはしかし、表面上に現れてくる一例として、ただただ個別的だとしか言いようがなく、もし体系的に位置づけるとすれば、表音用法という他にもごくふつうにある漢字の用法をベースにし、漢字の意味（正確には漢字が表象する語の意味）を勘案しつつ意味も匂わせつつ記したものとして、グルーピングされるでしょう。このように表音用法であるという構造がまずあって、そこに、個別的な事例として小グループのように位置づけていくという手順にせざるを得ません。〝位置づけ〟というよく使う言葉それ自体、まさにそのことをあらわしていると言えるでしょう。位置づけるためには位置づける場所（フレーム）が必要になります。従って「可我見」表記を、音仮名で表意性も帯びたもの、という枠におけば、これ以上、どうこうしようという方向で考察は動きにくいところがあるわけです。言い方をかえれば、この一つただそれのためだけのフレームは構造の中に配置し難いということです。なんだか素っ気ないようにも思えますが、その辺で見切るということになります（もっとシンプルに特化した構造主義なら、「可我見」「ウツセミ」などは、先述の通り、議論のそもそも対象外となるかと思います）。この、ごく個別的な一例それよりも、はるかに膨大な、体系をなす例群が中枢を成している、その構造をこそ位置づけ、体系的に記述するほうが使命だと通常は考えるからです。ただ、それではやはり終われません。いやそれだけで終わる時代は、もう終わっていっていると思います。

■文字表記論の構造性

科学は、無知からスタートします。何もわかっていない、というところからスタートするので、仮説を立てるのが必須です。たとえば「全知」をスタートにする宗教とここが違うところです。仏教にも有学（学ぶことが残されている人＝何も知らない人）という見做しはありますが、一方で無学（学ぶことはもうない人、全知）もおかれ、覚者（ブッダ）としての「無学」を目指すので、やはりそこは科学とは違うと言えます。科学には、全てを完全に知っている人、などというのは登場しないことになっています（と思って、みな研究している）。だから仮説を立てます。仮説とはさしあたりの道しるべです。証拠と理論によって仮説が裏付けられることもあれば、当然、仮説が棄却されることもあります。よって「～デハナイカモシレナイ」という疑いを含んだ〝但し書き〟が、いつもすぐそばに立っています。

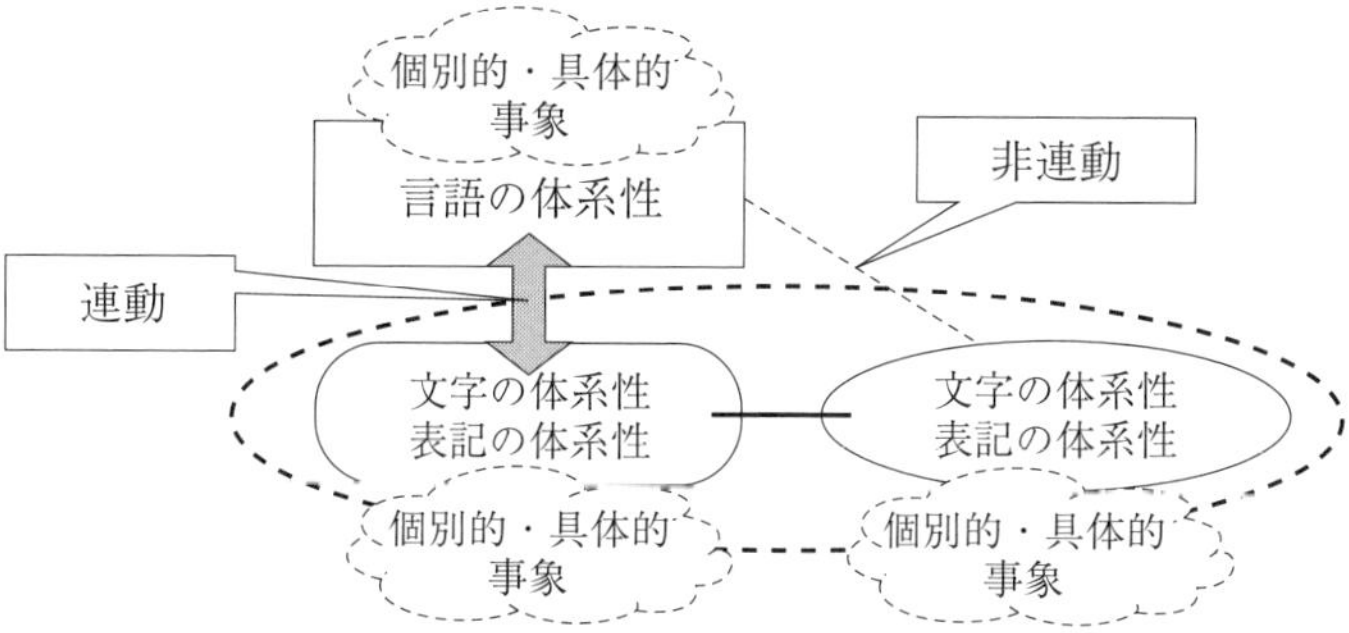

構造主義的な研究が、科学的なそれとして一つの位置を占めているのは、論理性、体系性というところを研究の中枢に措いているからでしょうが、文字・表記は、言語を記す二次的な記号なので、先にも述べたように、言語学がもつ体系性に対しても二次的（事実上、従属的）である側面と、言語の体系性に拠らない自らの構造をもっているところとがあると思われます。ここにさらに、それは個別的なのか一般的なのかという軸が入り込むこともありますし、さらに加えて時系列に照らした成立論や歴史的研究がなされることもあります。研究する上では、これらの諸事情が立体的、三次元的にあるとい

言語の体系性に連動する要素とそうでない要素がある。またそれぞれに当然実例があり、個別的で多様な表層を有す。

うことを踏まえる必要があります。言い換えると、全部をいきなりひとつの平面上にばらして研究はできません。たとえば、エンジンの機構を研究、開発することと、排気ガスによる環境問題の研究は、たしかに強く関係してはいますが、目下のそれぞれの議論として、いきなり直接同じテーブルで何のすり合わせもないままに議論できないのと似ています。いずれかの研究フェーズに一方を引っ張り出してこないと、できない議論でしょう。論究自体が、相互に関係し合いつつも、立体構造・階層性を成しているからです。

言語の体系性に必ずしも連動しない事情をもつ文字表記側の体系性のその代表は、仮名遣い（の一部）でしょう。「言う」の語幹を悉く「い」で書くルールは、実際の音声には対応していません。仮名遣いの歴史は音声・音韻の歴史と正規的に直接連動しているわけではありません。もちろん個々の文字は日本語音節を表示しているわけだから、間接的には連動しています（図でいうと、非連動の文字表記の体系性は、連動の文字・表記の体系性を経由して言語の体系性と間接的に関係をもっている、ということを示しています）。

4　通時論と共時論のそれぞれの限界

従来、万葉集から古今集へというように、時代を追って、何がどのように変わっていったかと、よく当該領域の研究では問われてきました。非常に王道的な問いです。一方、奈良時代なら奈良時代と区切った上で、さらに万葉集という歌集の中では時間の流れをできるかぎり止める、あるいはほぼ問わないという方法論が、現行の研究ではあり得ます。この本でも、何度も言語研究の両輪として共時論と通時論とを喩えてきましたが、両輪は両輪でも、それぞれのタイヤが別方向に回ると、車軸はその場でぐるぐる回転してしまいます。従って、適切なチューニングをやはり考えなければなりません。どう両方とつきあうか、あるいは第三の方法か、ということを模索していく必要があります。これは文字表記論にかかわらず、日本語学研究全てに言えることかもしれません。

万葉集は平城遷都（七一〇年）以前の歌々も含みますから、最終歌といわれる七五二年まで、少なくとも一世紀近い幅があります。必ずそこに時間は流れていますし、昔の人間の寿命から考えて、おそらくは五世代は収まる時間でしょう。しかし、これを問わない（ことにする）というのは、種々の理由によります。一つは、通時論的に問うてもさしたる傾向が見えないということがあります。私たちはいま、一〇〇年の時の流れを、人々の生活を物差しにまずは考えるでしょう。とりわけ、工業製品、食べ物、社会的なサービスは激変したと言っていいはずです。工業製品の直近一〇〇年間の歩みだけでかなり重厚な記述が可能ではないでしょうか。まさに、目に見えて変化したと言えます。この感覚に支配されていると、百年を超えるような時間をフラットにみて変化に関知しないということに、かなり強い抵抗を覚えます。つまり、時系列にそった変化とは如実であって、無視しがたいはずという、素朴な感覚があるのですが、しかしそこを〝操作〟して、わざわざ共時的設定をするわけです。相当に高度な抽象化の処理と言えます。ところが、この一方で、言葉をはじめ、日々、刻一刻と変化していると、まざまざと肌で実感も出来ないところがあるわけで、昨日と同じ今日がやってきて、明日も変わらないという一種の錯覚をも持ち合わせています。この場合は、感覚的にはすこぶる共時的に支配されていると言えます。以上のことからわかるのは、共時態とか、通時態というのは、学術的には、立場であり、設定である一方、私たちは、実は感覚的にもその両輪をもっているると言えるのではないかということです。捉えようによってどちらにも転ぶようなところに、私たちは立っています。通時的な観察眼や振り返りと、共時的な錯覚と自覚的な設定の、その両方に挟まれたり揉まれたりしながら生きているので、よって、研究上も、どちらが正しいかといったようなことで、他方を切って捨てることができないし、そのように一方だけに軍配を揚げるのは、結局意味がないのだろうと思います。

実際には、万葉集も古事記も日本書紀も歴史上の存在ですが、先にも触れたように、これを共時的に、時系列を問わない閉じたものとして見ようとするとき、歴史の時間軸上から外すことを後押ししている要素があります――

それは文献学的なテクスト整訂の問題です。様々に伝わっている写本・版本の本文を批判的に検証して整えていく作業で、これは古典享受、研究にあたっては、必須とも言えるプロセスです。いま挙げた記紀万葉は、いずれも奈良時代当時の原本がありません。全て後世の写本・版本等であり、ふつうは「校訂本文」というもので研究しています。この校訂本文というものが、ある面では時間軸上から外れてしまうところがあります。厳密には平成校訂本文、令和校訂本文とでも言うべきものですが、令和という実際の年代に固執せず、単に〈整定されたテクスト〉と見做すとなると、必然的にテクスト自体の抽象度が高まるでしょう（＝歴史時間軸から遊離）。万葉集が歴史上の存在だということは重々わかっているし、研究者は古代人の歌の読みぶりや技術、その鑑賞のありようへと迫りたいと思っていますが、テクストが整訂に整訂を重ねられ、そしてまさに構造的に、テクスト内部だけのことだけを追求する研究へと向かうと、文献は、歴史的時間に対して、より抽象化してパッキングされます。

　右に述べたような、あるテクストのその内部だけで考える――実際の時系列上で何が起きていたかということは問わないという方法が、現状、研究の方法論として一つの位置づけを得ています。たとえば、古事記の神話を理解する上で、八世紀の日本の律令社会はどうだったかとか、日本書紀と比べてどうか、ということは問わない（眼中にない）ということです。しかしこういう方法の研究が突き詰められると、今度はいわば反動で、必ず、実際の時間軸に戻してこそだ、と考える研究が出てきます（事実、出てきています）。たとえば古事記を作品論として分析するありようの前に、一世を風靡したのは古事記の成立論でした。そして、作品論が盛り上がった後に、今度はその殻を破ろうと、時系列に配慮した成立論がリバイバルしてきたりします。言語学でも、理論と記述を旨とする共時論と比較と歴史研究をする通時論は、実はこれまで、いったりきたりするように交互に展開しているといったのはエウジェニオ・コセリウですが、まさにそれはそのとおりであって、日本の古典文学研究でも似たことが起きているといえます。同時に、このような展開は、やはり、どちらかが実は誤りというわけではないということも意味していると思います。そして、本書が取り上げた記紀万葉を舞台にした文字表記論研究も、そろそろ次の段階に向かいつつある時期にさしかかっていると見られます。ただ、現実の時間軸上の資料が無尽蔵にあるわけではありません。むしろ、遡るほどに偏りや不足が出ます。これとの兼ね合い、せめぎ合いが目下の研究でまずもって立ちはだかる壁です。そこへさして、構造主義的に考究すること自体をも、刷新したり全く別物の研究方法を採るのであれば、それはもう単なる発展ではなく、一種の革命ということになります。人間の「果てない好奇心」はもちろんのことですが、一見それと相反する先述したところの「飽き」なるものにも、期待しておきましょう。きっといずれ強いモチベーションになるでしょう。

5　目的論的研究との向き合い方

■目的論とは

唐突ですが、いまやかなり当たり前になってきた羽毛恐竜、そして有名な始祖鳥が語るように、地球上にかつて君臨していた巨大生物たちは鳥の先祖とされています（足の指が鳥のそれとかみ合わないところはあるらしいですが）。そこで、「恐竜は、空を飛ぶために羽毛を生やした」という説明の仕方、どう思うでしょうか。やはり、これはマズイのではないでしょうか。恐竜（しかも、とある一匹だけではダメ）が「空を飛ぼう」という目的をいつかの時点で抱いた、「そしてその為には羽毛と、ゆくゆくは羽が必要だ」などと予定を立てるように考えたということになってしまうからです。それは極めて考えにくいことです。

一方、日本語表記の問題として——たとえば「ちょっと人気のない通りだから、なんとか賑やかにできないものかと思った」という文章があるとします。ヒトケかニンキか、どちらでも意味が通じてしまうので、「人気（ひとけ）」と振り仮名を振ったとします。この文章を享受する読み手、あるいは分析者はきっと、ニンキと読まれてしまわないために振り仮名を振ったのだな、と察することができるでしょう。この場合は、事実そうです。この「～ために」という行為者の目的的な行いを想定したり、位置づけたりということが、言葉や文字表記の研究ではしばしばでてきます。ただ、恐竜の進化の話ほど直ちにマズイわけではないにせよ、少し立ち止まって考えるべき点があります。もともと、言葉や文字は、意識をもつ人間がなすことですから、目的ある行動として位置づけられるのは、ある意味では当然といえば当然なのですが、「目的」といっても様々なケースがあるのと、書いた本人に確認できない、あるいは書いた本人も自覚していない現象も多々あることには注意せねばなりません。皆さんも、たとえば自分の小学生時代の作文を引っ張ってこられて、ここに読点をうってないのはなぜですかとか、一学期の作文では「私」なのに、夏休みの宿題では「わたし」と平仮名になっているのはなぜですかと聞かれても、おそらく答えられないはずです（そもそも意識していなかったことも）。そしてそれは至ってふつうのことでしょう。万葉仮名で「家尓位留」として、思わぬ〝仕掛け〟があるかのように読み取られてしまって戸惑った話を紹介しましたが（49ページ）、過剰に、目的的行為と位置づけてしまうことには注意しなければなりません。特に、一個人ではなく、社会的なこととしての傾向なりを、「～ノタメニ」と記述することには慎重でありたいところです。目的論とは、その名のとおり、目的をもつ意識体が、たしかに、明確にその目的をもって行（おこな）ったという裏付けのもとに展開されるはずであって、そうではないかもしれないところにまで「～タメニ～シタ」で語るのは時に危険です。まして、右に挙げた恐竜のような（おそらく）自覚的に人間のような目的を持ち得ないものについて言及するときは重々注意する必要があります――「タメニ」は擬人的な文章にも使えてしまうからです。なお、目的論の確固たる本来の出番は、かつての西欧世界における神の御業、神の存在証明などにおいてだったと言えます。たとえば誰もが知る物理学者ニュートン。歴史上の偉人ですが、同時に、彼が神学者でもあったことは意外に知られていません。彼は、現代にも通じる客観的な記述を行っていて、近代科学の祖とされますが、神の存在証明としての科学という観点に立っていました。いま科学と言えば、宗教と対置されるような、ときに宗教的な見解や現象を、論破し、暴いて説き伏せてしまう方法などと思われがちですが、神による目的的行為としてこの世界が創造されていることを裏付ける――それがそもそもの西洋の科学のまずは役割でした。

さて、右のように注意はされてしかるべきところですが、一律に「〜ノタメニ」という論述が否定されるわけではありませんし、特に言語に関して言えば、既述の通り人間が使うわけですから、何の目的もない言語行為もそれはそれで奇妙です。しかし、「目的」という言葉、あるいは「〜ノタメニ」という言葉には、それがもつ意味それ自体のまやかし（あるいはそれに惑わされること）も含まれており、そこには細心の注意が必要なのです。たとえば、「用事を伝えるために話しかけた」というのは目的的行為と括られることかもしれません。「〜タメニ」をまさにそう理解して問題なさそうです。「熱を下げたいので薬を飲むことにした」など――。ところが、前述の通り「〜タメニ」は、それが主体の、どんな種の、どんな行動や変化か、ということに関知せず、かなり論理的なことにも、そして相当に文学的な文章にも、擬人的な表現として使えてしまいます。「〜ノデ」「〜タメニ」という同じ言葉で括って、同じように語れてしまうことに、強く警戒しておかねばなりません。言葉の表現を共通するがために、同じ抽象度に落とし込まれてしまうというリスクがでてくるからです。たとえば「荷物を屋根裏に運び込むためにハシゴをかけた」と、「血液を全身に送るために心臓は鼓動している」を一緒にしていいか、ということです。単に主語とその行為を巡る言い方の問題で、そこに気をつければ良いだけとも言えそうですが、言うは易しであって、結局、研究は言葉をもってなされるので、この「タメニ」に私たちは翻弄されるリスクを実は抱えています。あとから紹介するように、それは自然科学や、科学哲学でも反省されてきたことでした。

また、目的論自体がかかえる問題点として、ゴールがわかっている場合に、そこから逆さまに辿っていくことで、どんな事象もゴールへと向かわしめる要素として意味づけてしまえるという点が挙げられます。たとえば「電車に乗り遅れる→君に出会う」という出来事を逆に辿って、「あの日、電車に乗り遅れたのは君と出会うためだった」と意味づけるようなことです。小説や歌詞など文学的な記述ならありそうな言いまわしですが、この調子で、変化が終わったゴールの側から、その途中の事象を次から次へと目的として位置づけて（意味づけて）しまうと、その時点では本来想定されていない未来の状態（ゴール）を予測して、そのために、周到に準備して変化していったという話になってしまいます。まして、言語の場合は、変化なり変遷なりが、一人の、単体の意識、認識によることでは、そもそもないわけです。最初に例示した恐竜の進化にしてもまさにそうで、仮に「飛びたいな」と思うとしても、とある一匹がそんなことを思っても仕方ない（種族全体が志向するというように読み替えられない）という点でも、目的論だけで押しきって立論する難しさが象徴されています。

たとえば第五章で取り上げた平仮名の成立において、万葉仮名を相当に崩しているので、「文字を早く書きたい」という欲求があったと仮説を立ててみましょう。個々に、早く書きたいということはきっとあったでしょう。即興で歌を詠むことも多々あったでしょう（ただ、歌をすぐに思いつくことと、それを早く書くこととはさしあたり別であるはずですが）。しかしこのとき、「早く書くために」というように、それ自体を目的において推察をしてしまうと、あるいはそこを起点に、字の形が崩されていくことの意味づけをすると、いろいろ不審な点も出てくるように思われます。特に、「早く書くこと」自体が目的になるのは違和感があります。また、何に比べて「早く書きたい」のかもはっきりしません。しかも、平仮名という一人の人が作り上げたのではないものが成立する契機であるためには、「早く書きたい」も当然一人の人の欲求ではあり得ないという理屈になるはずです。そうするとその欲求がいかに個を超えて共有されていくか、ということを明らかにせねばなりませんが、なかなか、それは難しい考察になるでしょう。

ところで、目的論なるものを徹底的にここで潰しておく、というわけでは決してありません。むしろ、目的論には顧みるべき点が多々あります。そこで、次項では目的論が研究を推進する面にも目を向けるべき、という提言を紹介します。厳密には〝目的論的言説の意義〟です。しかしそれは幾多の〝反省〟にも基づいているものです。目的論は、右に述べ来たった通り重々警戒をしなければなりませんが、決して撲滅対象というわけではありません。それは、結局学術研究は言語によってなされるということによります。このことが、自然科学の方で一足先に反省、内省されています。

■目的論と自然科学

自然科学では、そもそも「目的論」はアミニズムのような扱いをうけているところもあるようです。ところが、物理や化学と違い、生物学では、これに異論を唱える人もいます。生物学者の北川尚史氏[＊2]によると、たしかに、「目的論的であるということは非科学的であるということの烙印となりえた」と言います。「そのため、自然科学者や哲学者は目的論的であるという批判を恐れて自らの言明に対してきわめて用心深くなった」のであり、「目的論への激しい批判は、〝目的論恐怖症（teleophobia）〟と名づけられた」とのこと。なお、目的論の対立語は機械論です。ここで北川氏は、生物から目的論を完全に消し去ってしまって何になる、と異論を唱えています。この提言がすでに三十七年前であることにも注目してください。また近年では、千葉将希氏が、科学哲学（生物学の哲学）の立場から、「目的論」を「虚構主義」として、しかし、これを有用な「虚構」と評価しています。[＊3]

意図的に行動する個人の存在があって、まさにその個人による行動の場合は、目的という位置づけは、解説されるその言語表現に沿って、かなり現実的に納得されるでしょう（「チケットを手に入れたいノデ早めに並んだ」「症状を抑えるタメニ、鎮痛薬を飲んだ」など）。ところが、これを個を超えたところへの説明に拡大する、あるいはそもそも意図的

＊2　「生物学における目的論的説明―植物のトゲの機能を例に―」（『奈良教育大学教育研究所紀要』二十一、一九八五）

＊3　「生物学における目的論的虚構主義」（日本科学哲学会　第五三回大会二〇二〇年一〇月一〇日）

な行動をとる意識体ではないもの（心臓の働き／全身に血液を送って循環させるため）や、意図を越えた事柄にも使った場合（「電車に乗り遅れたのは君に出会うためだった」）、「タメ（ニ）」という言葉が同じくもたらす構造性に注意せねばならないことは、前項ですでに述べました。これらの表現は、意図的に行為をなす存在とそうでないものをいずれをも含み得るわけですが、「症状を抑えるために」の「タメニ」と、「全身に血液を循環させるために」の「タメニ」を等し並みには、厳密にはできないはずです。こういった点について千葉氏は、「本質的に創造論的・擬人主義的な言明であり、したがって文字通りには偽であるが、それでも有用な虚構としての価値をもつ」としています。筆者も、先の節で述べたように、文字表記論の記述に於いて、「〜ノタメニ」と言う言葉遣いや論じ方を一切、厳に封じるべきとは思いません。大切なのは、重々警戒して使うことです。言語表現そのものが、自身の論究や理論を逆に支配してしまうことがあることに、注意したいということです。言説は、人間の思考を裏付けるので、「タメニ」を使って議論する——その発想や行論、論理構築自体への、注意・警戒が必要です。具体的には、警戒すべき点は次の二点があります。

・文字表記をなすのは人間ですが、それらを論じたり、歴史を記述する際、往々にしてそれは個を超えている事柄であり、つまりその時点で、本来の目的的行為という点からは抽象しているところがある。つまり、「創造論的・擬人主義的」（千葉氏）な側面をもつもの、そういう背景を背負った言葉（論法）になっているとわかっておくこと。

・「結果」から逆算的に各時点での要素を「目的」として意味づけていくと、些細なことでも際限なく意味づけ出来てしまうという一種の魔術への厳重な警戒。

さて、以下、少し長くなりますが、先掲の北川氏の論文をさらに引用します。

生物が合目的的な存在であることは疑うべくもない事実である。生物学における目的論は、その明白な合目的性の観点から生物を認識するのであり、ほんとうは多くの生物学者の思考の根底に存在するのであるが、表立って語られることは少ない。生物学の研究において、作業仮説をたて、また実験結果を解析する場合に、目的論がどんなに有効な指導原理であるか、またそれがいかに発見的価値が高いものであるかを自覚していながら、非科学的であるとの指弾を回避するために、自らの思考の中に存在する目的論を隠蔽するのである。そして、現象をできるだけ機械論的に記述し、その〝目的〟については触れようとしない。生物の現象に関する説明は、その目的に集約して、はじめて完結した体系をなすのであるが、その最も肝要の部分は表明されないのである。生物の構造や行動の目的は何か、つまりその生物の生存にとってどのような意義があるのかという疑問に対する解答こそ生物学の課題でなければならない。反目的論者が忌避する〝何のために〟という疑問に対する解答こそ生物学の精華である。

この論文は、もともとは、目的論について理系科学者がどう言っているのか知りたいと思っていろいろ探している中で筆者が出会ったものですが、日本語学、文字表記論においても、非常に示唆的だと言えるでしょう。読後、まさに筆者も、teleophobia 予備軍だったのではないかと内省したのでありました。というのは、目的的に論じたことが自分でもあり、それをよくないのではないかと自戒するあまり、「～タメニ」という言説をできるだけ忌避すべきと考えるところに近づいていたと自覚したからです。それにしても、生物学でこういった指摘があるのであれば、まさしく人間による所産である言語活動は、なおさら、目的論的に語られやすいはずでしょう。同時に、その生物学において、目的論が強く反省された一方で、同じく内側から北川氏や、また生物学哲学からの千葉氏のような提言が出されてもいることは見逃せません。研究の立場や方法論はある一方の極に振れると、今度は他方の側へと往還するところがやはりあると思われます。そして、このこと自体は、科学のありようとして、実に健康的だと筆者は思っています。

■「神の所業」と科学

言語学や日本語学も科学であるわけですから、かつて生物学がそうであったように、目的論を抑制する力もやはり働かせておくべき一方、注意深く、うまくつきあう方法も模索されるべきと思います。先に挙げた北川氏も、目的論を前面に、それだけで押し切るようなことはもちろん、戒めています。あくまで、極端に振れた脱目的論への反省として目的論的な考察の意義を説いたのでした。では、目的論が、本当に極まるとどうなるのか。それは神の所業ということになります。その片鱗は、千葉氏が「創造論的」と表現していることを思い出してください。目的論は、そういう領域がほんの、すぐ側に立っているのです（ゆえに、油断出来ません）。

神なら、予め目的をもてるという、現行科学から言うと、全く相容れない前提的世界（既述のように宗教と歩む古典的科学の世界はここの融合こそ本懐だったわけですが）。神は全知全能ですから、問題ありません。目的論は、なぜそんな目的をそもそも持ち得たかといった具合に、本当に突き詰めていくと、いずれそういうところと地続きなので、現今の科学者は最大の警戒をしているわけです（科学は、本当に根源の根源へと遡り続けると、いつか答えようがなくなるということも知っています）。再び北川氏の論から引きます。

実際、目的論はかつて神の存在に対する信仰と結びついていた。自然は単純な原理に従って美しく体系づけられているというヨーロッパの伝統的な科学思想は、神の存在証明と見なされた。（中略）この思想に立つとき世界のあらゆる存在が―生物に限らず全宇宙が―神の設計図に従っているという意味で合目的的なのである。そして、あらゆる存在をその目的によって解釈しようとしたのがかつての目的論である。現代の科学はもちろん神の存在を前提とするこのタイプの目的論を容認しない。私たちの目的論は神と無縁でなければならない。生物の合目的性がいかに普遍的であろうと、いかに精妙きわまるものであろうと、その由来を神に求めてはならない。

目的論に陥りすぎると、あるいはその方向で突き詰めすぎるとよくないのは、結局、今の科学が指向する説明論理から逸脱する方向に、ベクトルが向いていってしまうからです。まだ起きていないことを目的に据え、そこに向かって進めるのはなぜか、という矛盾を抱えることになります。その点、たしかに、神なら見通している、全て予め知っている、などと言えるのでしょう。千葉氏は、目的論的言説の例に、「心臓は血液を循環させるためにある」との例文を挙げています（前掲注3資料中）。これを研究や、行論の方便として、虚構的ではあるが一定の価値と意義を認めたいということで、首肯される提言です。そこで、仮に、この言説をとことん突き詰めるとします（千葉氏によるのではなく、ここでは筆者によるシミュレーションであることをお断りしておきます）。なぜ、心臓は血液を循環させるという目的を持ち得るのか、という具合です。もちろん、この言い回しにはすでに違和感があると思います。心臓に情緒的な意志はないはずだからです。しかし、言い換えれば、こういう「心臓」を主語にした言い回しがあり得て、それによって思索・論究するという姿勢が、前述の通り現に目的論の〝すぐ側(そば)〟にあり得るし、仮に、かまわずそのまま歩みを進めれば、図でいう右側の神や創造主の世界が待っているというわけです。それはしかし、「科学」にとって〝かつて〟の世界です。ゆえにそれは現行科学の踏み込みたい領域ではないし、行きつきたい説明でもありません。それは、「運命論」などと看板を掛け替えても結局同じです。ところが一方、文字も、言葉も人間が扱うものですから図の左方の機械論に絶対的に徹することもまた難しいといえます。これは生物学における目的論で北川氏が打ち鳴らした警鐘、そして氏が説いた生物学の歴史が味わった葛藤にも通じることです。そこに近年、千葉氏のように積極的に言説として意義を認めて

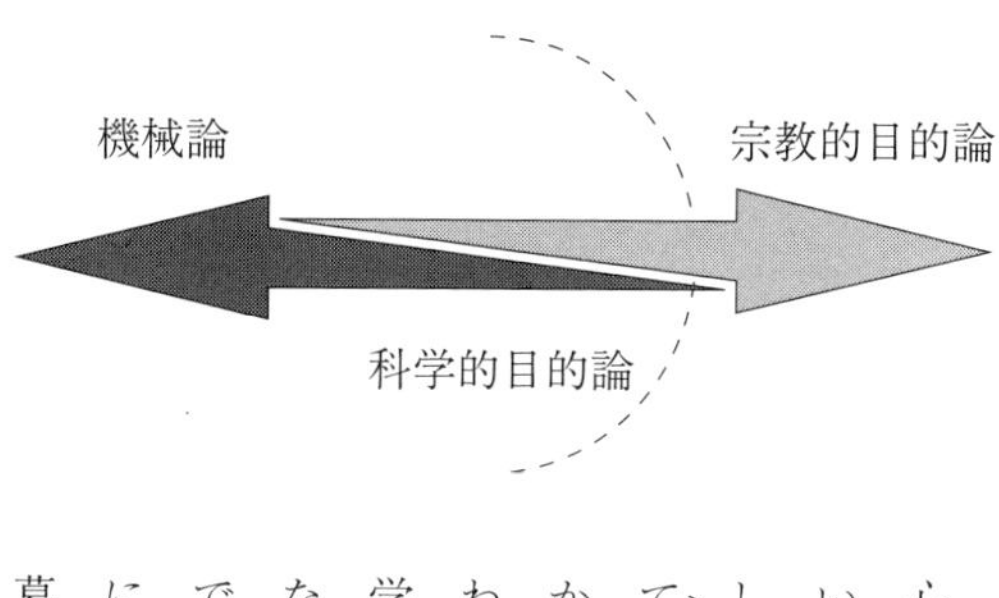

いこうという指摘も出ています。つまり、肝要なのは、議論の上での、目的論的言説のチューニングと、弁(わきま)え、見極めにあると言えるでしょう。

宮城県震災復興ポスター（2016）より

5　研究の目的とどう位置づけられるかの模索

文字表記論は、言語に密接な関係をもつ一方、言語と直接関係しない要素も、いやそれこそがこれからまさに研究対象になります。一つには、日本語におそらく特有であろう表記、「現在も現実に立ち向かう」のようなもの（上掲写真）――これで「いまもいまにたちむかう」と読みます――などは、文字が完全な言葉（音声の言葉）の従属物ではないことを示す例です。が、結局言語表現のひとつであることもまた事実です。よって、直接関係しないというのは、たとえば審美的なことや、印刷という技術に関すること、それから、紙面上においても余白に配慮した改行などが挙げられます。これらは必ずしも直接言語には関係しない側面ですが、それでいて、文字・表記・書記をめぐって議論されるべき、重要な内容です。

すでに第二章（43ページ～）で紹介したように、文字の配置や筆致、大きさ、改行等を巡る議論は書記論と呼んで区別していますが、検討事項が掃きだめのように押し込まれる恐れもあるので、もう少し下位分類などが必要であるかもしれません。たとえばですが――紙に手書きで記す場合、手紙の相手の名前など、言葉が途中で切れるのを憚(はばか)って、下に余白があるにもかかわらず改行してしまうのは、言葉への配慮、反省があるとまだ言えますが、そうではなく、最後に一文字だけを改行するのを嫌って、少々字を小さくしてでも行中に詰め込んで終えてしまうのは、これは文字や紙面の都合であって言葉そのものはあまり関係がありません。考究上、こういったことの区別が重要です。表記論は語との関係性を論じるものですが、文字論や書記論は、言葉と切り離された要素も考察対象になります。それぞれが少しずつ重なりあっているのは言うまでもありませんが、どのように連携されることか、そうでないことか、というのを検分する必要があるでしょう。換言すれば、三つのうちどれかだけで研究が完結する（するとみなす）、というのは、もう過去のことになっていくように思われます。

文字論
書記論
表記論
言語とその体系性
※文字・表記・書記と連動する要素もあれば、そうでない要素もある

さて、矢田勉氏は、一人の人間の上にだけ見られる文字・表記・書記の特徴や傾向などは、その人限りのことであって、それ以上の意味はないということを述べています。*4 日本の歴史上有名なある個人の事跡や残した作品の研究において、その人自身の研究が掘り下げられるということは実際にあるので、ある個人自体を対象にした研究では、文字表記も重要な検証対象の一つですが、文字表記（書記）論という側から切り込むにおいては、個人の現象に特化した論というのは、矢田氏のいうとおり、結局その個人において閉じられることになってしまって、終わります。柿本人麻呂の表記や夏目漱石の表記などというのは、歴史上の有名人ゆえに大変重要な手がかりでありつつも、一方では、歴史上の〝とある一例〟に過ぎないとも言えるわけです。よって、どういった時代背景に照らして、〝彼〟はこう書いたのか、他の人はどうかと広げていけば、すなわち、個人を対象にしただけの研究ではなくなっていくはずで、これは当該領域で大変重要なところだろうと思います。

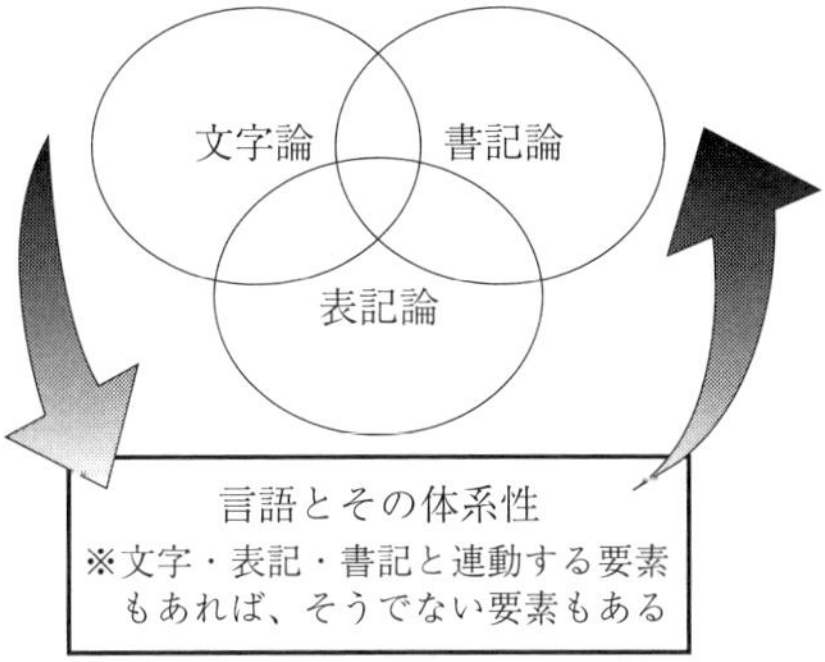

このことにまつわって、筆者には思い出される逸話があります。アメリカからやってきたお笑い芸人（IT会社の役員もしているそうですが）の「厚切りジェイソン」

*4 「言語史叙述と文字・表記史叙述　その共通点と相違点」（『日本語史叙述の方法』ひつじ書房、二〇一六）

氏は、日本人が「日本には四季があるから」と自慢するのに憤懣やるかたない、と言っています（氏の芸風による激しめの演出も込みですが）。日本に四季があるのを認めたくないというのではなく、アメリカにも、どこにでも四季はあるよ！　と言い返したくなるのだそうです。[*5]そこで、ですが、たとえばアメリカの四季とは、あの広大な国土で、きっと様々でしょうし、四季があるとは言ってもどこか日本とは違うのだろうなどと想像できます。日本だって最近は、秋は明らかに四分の一の存在感はないし、真夏などもはや亜熱帯のよう。そういったことをもとに、今度はアメリカの、あるいは世界の四季との比較が次の議論のステージになるかもしれません。日本語の文字表記論もそうです。日本語の文字表記は、確かに世界でも稀であるかもしれません。しかし、漢字を使っていた国は日本だけではないし、訓読みのような使い方、仮名のような使い方も、漢字と日本語だけのことではありません。日本の独自性だけを謳（うた）う、独自性の究明、それは大切であると同時に、それ自体だけを、議論の最終目的、着地点にするのは、歴史上のある一人の人の文字表記の現象を追って、それで終わりと満足するのと同じことになってしまいます。従って文字表記論は、比較・対照をもっていずれは世界の言語世界へと開かれていくべきだと思います。現実にはそう簡単に比較対照できることではないかもしれませんが、一般言語学があるなら、一般文字表記書記学も当然、期待されるところだろうと思います。さらに目指すは、**通時的一般文字表記書記論**といったところです。この**通時的一般文字表記書記論**という十二文字を、矛盾した言い回しの夢物語ではないと、そういい得る日が来るはずだと思っています。ディヴィッド・ルーリー氏は、日本語の文字表記とその歴史が、世界の文字表記史を考える大きな意味をもつとしています。[*6]これを評して、同書にて川尻秋生氏が「とかく世界標準に合わせることに慣らされてきた日本人の目には新鮮に映るのではなかろうか」と言っています。

6　術語の再検討は、常に〝継続審議事項〟

文字は、言葉という記号の記号であり、従属物という扱いを、主には西洋言語学でうけてきました。記号論的には確かにそうですが、先にも述べたように、文字表記側に特有の自律的（自立的）な要素もあるので、言語研究の術語や議論フレームを、そのまま、いつもかつも横滑りさせてきて使えるかどうかには慎重でなくてはなりません。また構造主義言語学自体が、元来歴史性や個別性に興味をもたないものですが、文字表記論で歴史性や個別性にも着目することは、明らかに有意な研究の深化であると言えます（言語に対して、言語に基づいて二次的に作られたものだから、というのもあると思います）。となると、これは、二重の意味で音声の言語研究から遠ざかっている面があるという言い方も出来ます。つまり、歴史性への注目と、個別例への注視という二点です。ならばこのとき、それだからこそ、術語だけそのまま拝借するというわけにはいかない場合があることは明らかでしょう。本書では、「表語文字」や「字体」という術語は特に問題を抱えていることを指摘しました（第二章）。通時態論、成立論的なことに研究が及ぶ場合、既存の術語の活躍するメインステージがもともとそれらを議論するためではないので、どうしてもひずみが出ます。これら、明らかに共時論になじむ術語どもを、だましだまし使うのか、あらたに考案するのか。もっとも、言うは易く行うは難しで一朝一夕には行かないものの、いつまでも黙殺し続けることはやはりできません。また文字表記の、特に表記論（書記論）には、ラングという大枠概念が当てはめにくいことにも触れました（92ページ～）。文字表記論の新たな未来を、と叫ぶためには、言語研究の概念、隣接分野等も含めて、術語の使い回しで論じることについて批判的であることが大切ではないかと思います。それを通してこそ、文字表記論の新たな側面が鋭利に浮かび上がってくることでしょう。

＊5　https://www.huffingtonpost.jp/2017/02/19/bokurano-jidai_n_14854242.html（最終閲覧日　二〇二一年三月十五日）

＊6　「世界の文字・リテラシーの歴史と古代日本」（シリーズ　古代史をひらく『文字とことば　文字文化の始まり』（岩波書店、二〇二〇）

術語は、常に〝継続審議事項〟なのです。そしてそれは研究の歩みにかなりダイレクトに波及していくものです。

7 科学の〝目指すところ〟と〝私〟を研究へと向かわせるもの

この本も終わりに近づいてきました。日本語文字表記論について論説してきた本書のまとめとして、最後に、「科学」と「真理」について述べた先人のメッセージを紹介しつつ、閉じたいと思います。

筆者は、大学の一回生（一年生）から、のべにして十年以上、〝学生〟として在籍しました。時々、なぜこんなに時間をかけて（実は大した時間でもなかったですが）これを研究するのか、このテーマを研究して何の意味があるんだろうかと考えたこともありました。結局、興味があるから、もっと知りたいからというその勢いに任せて、そういった問いをやり過ごしてきたようにも思います。「だって面白いから。もっと知りたいから」あたりでとどめておくほうが、却って頑張れそうだと思ったのもあります。「言語学への貢献」「日本文化史の精細な記述のため」「人文学の追究」というように言っても、じゃあなんで、貢献したいの？なんで精細に記述しないといけないの？なんで追究すべきなの？と、しりとりのように問いを連ねられるとそのうち答えられないだろうし、当時そこまで使命感を自覚しているわけでもなかったので、敢えてそれ以上問わないで、ある種突っ走るような十余年だったと振り返っています。

アメリカの哲学者トーマス・クーン（一九二二―一九九六）は、科学の歴史は、必ずしも常に累積的・連続的なものではない、つまり、常に段階的な旧から新へと単線的に進歩するわけではないと言いました。時に、断続的に、革命的変化する――これを「パフダイムシフト」と呼びます（『科学革命の構造』）。歴史上一番有名なものの一つは、天動説から地動説へ、でしょうか。クーンは、科学史のパラダイムシフトは、必ずしも合理的な基準があるのではなく、「真理」や「客観」などでもなく、言わば科学者の信念や主観による合意だとしました。古いものより新しいものの方が、より批判をうけて、結果、更新されるというような考えはせず、科学の追究することをかなり相対的に考えたのでした。[*7] 高橋昌一郎氏によれば、[*8] クーンは「新たな科学理論への移行は、それが、より多くのパズルを発見し、解決するために便利な「道具」であると科学者集団が「合意」した場合に限る」と考えていたと指摘されています。クーンにかかれば、真理なるものは探究対象でもないし、設定不要ということになるので、さすがにちょっと極端な相対主義にも聞こえます。ただ、筆者は、説明の道具と合意というところにはかなり賛意を覚えてしまいます。この本で紹介したり、提案してきたことは、日本語とその文字表記という巨大なパズルに対して、どう挑むかという道具を提示し、それにいかに合意してもらえるか、筆者なりに説明してきたものだと言えるからです。同時に、全部完璧に合意してもらって完結するはずは、おそらくないものです。これは謙遜でもなければ、諦めでもなく、また、批判の先手をうつ防御として予めそう言っておくのでもなく、科学研究とはまさしくそういうものではないか、と筆者は思っています。信念、主観と、その合意が科学の歩み（クーンによれば、その道具が有用だと説得、宣伝する、プロパガンダというわけです――なかなか辛辣ですが）ということですから、ならば、信念と主観は個々人で違うゆえ、ある面では合意がとれても、別の面ではなかなか得られないこともでてくる道理です。研究の進歩によって多くの、新たな合意が日々成立すると同時に、同じかそれ以上に留保されたり破棄されたりする合意がある――この繰り返しです。

＊7　このクーンを批判したのが、オーストリアの哲学者ポール・カール・ファイヤアーベント（一九二四―一九九四）です。ファイヤアーベントは、さらに相対主義的であると同時に、「権威」という要素を重視しました。つまり学説への「同意」や、進展には、「権威」が絡んでいて、ここへの顧慮が不十分であるとクーンを批判しました。ファイヤアーベントはかなり過激な発言で有名な人なのですが、科学研究が権威から自由でなければならないとしたことは重要だと言われています。

＊8　『二〇世紀論争史　現代思想の源泉』（光文社新書　二〇二一）

さて、たとえば本書を手に議論を交わされる場があったとして、そこへ一足飛びに、日本語文字表記論をやって何か意味があるのか?だいたい日本語の言葉の研究、文字の研究をして、何かいいことでもあるのか?という問いが飛んでくるとします。筆者にとって想定外……では必ずしもありませんが、少なくとも本書にとっては範疇外に近いようにも思います。やはり論説しようとしていることのステージが（とくに本書のここ終章以前は）違います。同じことですが、万葉集を研究する学会で、ある歌の訓詁注釈を論じた発表者に向って、いきなり第一声で「万葉集を研究して一体何になりますか」と浴びせてくる人はまずいません。それは議論のステージ、あるいは目下の話し合いのフェーズの合意をいきなり飛び越える行為だからでしょう。そう考えると、合意という言葉を借りて敷衍すれば、合意にも様々なレベルがあって、科学、学術研究とはその多種多様な、種々の次元における合意の集積と破棄、更新の繰り返しであるように思えます。つまり、合意は、目標だったり、出発点だったりするのです。種々の合意の集積上で、学究は揉まれ、練られ、合意が成立してはまた破棄され、進行していくところがあると言えます。合意を得るべく知恵と知識を振り絞って論説するのはもちろん、合意に基づいて、そこから議論を始める場合——たとえばある歌集のある巻を輪読する研究会など——などもあります。

文字表記論は、どういった従前の合意に基づき、あるいは挑戦的にそれを破棄しつつ、将来、どのフェーズまで進んでいけるものでしょうか。どんな、あらたな合意が取り付けようとされていくでしょう——クーンは科学の「真理」なるものを否定的に見て、相対主義に徹底したと評されますが、その分、科学はひとつの何かに向かうというより、それ自体が、終わりなき旅だと言えることになっていると思います。それはそれで、いつかたどりつく場所がある、いつか終わりが待っているというのよりも却って魅力を感じるように、筆者は思っています。

おわりに

日本語の歴史を、人間の一生に喩えるとします。漢字を学んで自分たちのものにしていく奈良時代以前、平仮名片仮名をも生みだし、真に内在化させていく平安時代以降――これらは人間の幼少期~思春期といったところでしょうか。中国文化とくっついたり、離れたり、もちろん対象化もしつつ……。少年少女が、いずれ親を、社会を、対象化して見るようになるイメージにも重なります。漢字は日本語のものだ、という言い方は、たしかにいまや間違っていないでしょう。元はと言えば借り物ですが、もうすっかり自分たちのものにしてしまいました。親元を離れ、一人前に独立したと言えるのでしょう。

自分たちの文字なので、なじみがあるし、愛着もあるものです。筆者は、大学の校務でわずか五日間ベトナムに行っただけで、帰着した関西国際空港で漢字平仮名交じりの看板に、懐かしさを覚えました。お手洗いや荷物のコンベアの周りにあふれる日本語の表示にほっとした思い出があります。何気なく聞こえてくる言葉も、ことさら耳を傾けずとも、体中に染みこんではこみ上げてくるように瞬時に理解できます。文字も視界の端々から勝手に飛び込んできては、意味を即座に滲ませてくる感覚。母語話者にとっては、世界にあるどの文字よりも、いまこの瞬間言いたいこと、書きたいことを実際に可能にしてくれる、まさしく相棒のようなものと言えます。その感覚は、この本で繰り返してきたように、一方で、見慣れた風景や空気のように忘れられがちです。そしてそのように忘れていて、ふつうでもあります。しかし、日本語社会でないところに身を置いたりして、あらためて顧みるようなことがあると、なかなか大切だなと思ったり、誇りに思ったりもするでしょう。それ自体は、自然な感情のもちようだと思いますし、時々そのような内省があるのもいいことでしょう。そしてそれがいずれ連携、連想して、〝日本語はすばらしい論〟へと拡張していくことも、理解はできます。ただ、心情としての、個々人がもつ絶対評価としての「すばらしい」ならいつだって、あっていいと思いますが、何かと比べての、しかも一般化した分類にはやはり持ち込みにくいものがあります。文字表記に限りませんが、科学は、理論的、体系的、そして再検証可能な形で客観的に位置づけなくてはなりません。でないと学術的に捉えたとは言えないので、そこに、主観的な〝すばらしい〟は、関与させにくいわけです。感慨としてすばらしいと賞賛してはいけないという意味では決してありません。ただ研究の直接の目的には措けないということです。A言語よりB言語のほうがすばらしい、そうやって対比的に評価していくことそれ自体が研究として目指されるというのは、言語の学として語りたいところではありません。亀井孝氏は「しばしば、文学者は、そのようなパースナルな面に特殊な感情を反映させるのである。それは、たとえ真実の人情であるにせよ、科学的な研究の態度ではない」と言っています。[*1] 亀井氏の言うこの「特殊な感情」とは作品に対する「感動」や、歴史上存在した作者への「親愛の情」などに当たるものです。

本書では、漢字、平仮名、片仮名という文字の歴史と、その研究の方法、あるいはその成果の一端を、通覧してきました。本当に大海のような研究史のほんの一部を紹介したにすぎないものです。それくらい、研究すること、されてきたことはたくさんあります。世界でも稀な表記の方法をとる日本語とその文字、表記。いずれも結果的なものに過ぎませんが、私たちが、今もこうして読み書きできるのは、先人の叡智をつないできたからだと言えるでしょう。共有財産・遺産と言ってもいいと思います。ただ、日本語だけが本当に何から何まで唯一無二で特別なのではありません。同じような歴史と遺産の継承がどの言語にもあって、今日に到っています。好き、嫌い、誇らしい、すばらしい、がそれぞれ、絶対評価的に人々の内に個別にはあっていい一方で、では、日本語の文字表記は、世界の言語と文字表記の中にどう体系づけられ、位置づけられていくのか、といったような構造的に捉えていく研究はまだまだ途上です。そして〝構造〟だけでいいのかも継続審議事項と言えます。また、研究するに当たっての共通語としての〝術語〟さえも、整備途中です。つまりは、果てしなく、研究そのものが途上であり続けることでしょう。それゆえ、この本は、その〝途中経過〟をリポート、実況中継したものでもあったのでした。この来し方と、現況と、そして行く末に、興味をもっていただければ幸いです。

本書は、執筆段階で、様々な方にご助言賜りました。校正、誤記等の指摘など、細部にわたり、ご協力くださった皆さんには厚く御礼申し上げます。そして前著『上代日本語表記論の構想』（二〇二一年）に引き続き、花鳥社にお世話になりました。社長の橋本孝氏、担当の重光徹氏には、前著と変わらず、細部に渡って奔走いただきました。また、もともと、その前著を執筆するにあたり、同社との縁を結んでくださったのは、小柳智一氏（聖心女子大学教授）でした。小柳氏のおかげで同社との縁ができ、前著刊行が、そしてこのように二冊目の刊行も、叶いました。ここに記し、深謝申し上げます。

二〇二二年十月

筆者

＊1 『日本語の歴史 別巻 言語史研究入門』（平凡社 二〇〇七）

主要参考文献

著者名編者名の五十音順。本書執筆にあたって参考にした文献のうち、単行本のみ代表的な一〇四冊を挙げています。なお引用したものについては、ここには挙げずに全て本編中に記しています。

浅田徹／勝原晴希／鈴木健一／花部英雄／渡部泰明編集『和歌が書かれるとき』（岩波書店、二〇〇五）

阿辻哲次『漢字の社会史　東洋文明を支えた文字の三千年』（PHP新書、一九九九）

天野みどり／早瀬尚子編『構文と主観性』（くろしお出版、二〇二一）

イ・ヨンスク『「国語」という思想　近代日本の言語認識』（岩波書店、一九九六）

池上禎造『漢語研究の構想』（岩波書店、一九八四）

井手至『遊文録　萬葉篇1』（和泉書院、二〇〇六）

井手至『遊文録　萬葉篇2』（和泉書院、二〇〇六）

稲岡耕二『萬葉表記論』（塙書房、一九七六）

乾善彦『漢字による日本語書記の史的研究』（塙書房、二〇〇三）

乾善彦『日本語書記用文体の成立基盤』（塙書房、二〇一七）

犬飼隆『上代文字言語の研究　増補版』（笠間書院、二〇〇五）

犬飼隆『木簡から探る和歌の起源　「難波津の歌」がうたわれ書かれた時代』（笠間書院、二〇〇八）

犬飼隆『木簡による日本語書記史　二〇一一増訂版』（笠間書院、二〇一一）

犬飼隆『儀式でうたうやまと歌　木簡に書き琴を奏でる』（はなわ新書、二〇一七）

犬飼隆編『古代の文字文化』（竹林舎、二〇一七）

犬飼隆／和田明美編『語り継ぐ古代の文字文化』（青簡社、二〇一四）

今井むつみ『ことばと思考』（岩波新書、二〇一〇）

今井久美雄『オールインワン韓国語〈漢字音・漢字語〉ハンドブック』(インターブックス、二〇一九)
上野誠／鉄野昌弘／村田右富実編『万葉集の基礎知識』(角川書店、二〇二一)
内田賢徳『上代日本語表現と訓詁』(塙書房、二〇〇五)
内田賢徳／乾善彦編『万葉仮名と平仮名　その連続・不連続』(三省堂、二〇一九)
遠藤邦基『国語表記史と解釈音韻論』(和泉書院、二〇一〇)
大城道則『図説　古代文字入門』(河出書房新社、二〇一八)
沖森卓也『日本古代の表記と文体』(吉川弘文館、二〇〇〇)
沖森卓也『日本古代の文字と表記』(吉川弘文館、二〇〇九)
沖森卓也『日本語全史』(ちくま新書、二〇一七)
沖森卓也／木村義之／陳力衛／山本真吾著『図解日本語』(三省堂、二〇〇六)
沖森卓也／笹原宏之編著『日本語ライブラリー　漢字』(朝倉書店、二〇一七)
沖森卓也／肥爪周二編著『日本語ライブラリー　漢語』(朝倉書店、二〇一七)
奥田俊博『古代日本における文字表現の展開』(塙書房、二〇一六)
奥村悦三『古代日本語をよむ』(和泉書院、二〇一七)
尾山慎『二合仮名の研究』(和泉書院、二〇一九)
尾山慎『上代日本語表記論の構想』(花鳥社、二〇二一)
加賀野井秀一『20世紀言語学入門』(講談社現代新書、一九九五)
加藤重広／岡墻裕剛編『日本語文字論の挑戦　表記・文字・文献を考えるための17章』(勉誠出版、二〇二一)
神山孝夫／町田健／柳沢民雄『ソシュールと歴史言語学』(大学教育出版、二〇一七)
亀井孝『日本語のすがたとこころ　(二)　訓詁と語彙』(吉川弘文館、一九八五)
木田章義編『国語史を学ぶ人のために』(世界思想社、二〇一三)
黒田龍之助『外国語を学ぶための言語学の考え方』(中公新書、二〇一六)

高坂史朗『近代という躓き』（ナカニシヤ書店、一九九七）
神野志隆光『万葉集をどう読むか　歌の「発見」と漢字世界』（東京大学出版会、二〇一三）
小谷博泰『木簡と宣命の国語学的研究』（和泉書院、一九八六）
小林芳規『平安鎌倉時代に於ける漢籍訓読の国語史的研究』（東京大学出版会、一九六七）
小松英雄『日本語書記史原論　補訂版』（笠間書院、二〇〇六）
小松英雄『国語史学基礎論　２００６簡装版』（笠間書院、二〇〇六）
小松英雄『仮名文の構文原理　増補版』（笠間書院、二〇〇五）
小柳智一『文法変化の研究』（くろしお出版、二〇一八）
今野真二『仮名表記論攷』（清文堂出版、二〇〇一）
今野真二『漢字からみた日本語の歴史』（ちくまプリマー新書、二〇一三）
今野真二『日本語学講座　第９巻　仮名の歴史』（清文堂出版、二〇一四）
今野真二『図説　日本の文字』（河出書房新社、二〇一七）
斎藤達哉『国語仮名表記史の研究』（武蔵野書院、二〇二一）
齋藤文俊『漢文訓読と近代日本語の形成』（勉誠出版、二〇一一）
齋藤希史『漢字世界の地平　私たちにとって文字とは何か』（新潮社、二〇一四）
佐久間淳一／加藤重弘／町田健『言語学入門　これから始める人のための入門書』（研究社、二〇〇四）
笹原宏之『日本の漢字』（岩波新書、二〇〇六）
笹原宏之『訓読みのはなし　漢字文化圏の中の日本語』（光文社新書、二〇〇八）
笹原宏之『漢字の現在　リアルな文字生活と日本語』（三省堂、二〇一一）
笹原宏之『漢字に託した「日本の心」』（ＮＨＫ出版新書、二〇一四）
笹原宏之／横山詔一／エリク・ロング『現代日本の異体字　漢字環境学序説　国立国語研究所プロジェクト選書』（三省堂、二〇〇三）

澤崎文『古代日本語における万葉仮名表記の研究』（塙書房、二〇二〇）
三省堂編修所編『新しい国語表記ハンドブック　第九版』（三省堂、二〇二一）
品田悦一『万葉集の発明　新装版』（新曜社、二〇一九）
庄司博史／ペート・バックハウス／フロリアン・クルマス『日本の言語景観』（三元社、二〇〇九）
情報文化研究所／高橋昌一郎監修『情報を正しく選択するための認知バイアス事典』（フォレスト出版、二〇二一）
ジョルジュ・ジャン著／田辺希久子訳／矢島文夫監修『記号の歴史』（創元社、一九九四）
鈴木孝夫／田中克彦『対論　言語学が輝いていた時代』（岩波書店、二〇〇八）
瀬間正之『風土記の文字世界』（笠間書院、二〇一一）
瀬間正之編『「上代のことばと文字」入門　上代文学研究法セミナー』（花鳥社、二〇二〇）
互盛央『言語起源論の系譜』（岩波書店、二〇一四）
高田智和／横山詔一編『日本語・文字表記の難しさとおもしろさ』（彩流社、二〇一四）
田島優『シリーズ〈現代日本語の世界〉３　現代漢字の世界』（朝倉書店、二〇〇八）
田中草大『平安時代における変体漢文の研究』（勉誠出版、二〇一九）
田中克彦『言語学とは何か』（岩波新書、一九九三）
田中克彦『言語学の戦後　田中克彦が語る１』（三元社、二〇〇八）
築島裕『日本語の世界５　仮名』（中央公論社、一九八一）
東野治之『日本古代木簡の研究』（塙書房、一九八三）
中川正之『漢語からみえる世界と世間〈もっと知りたい！日本語〉』（岩波書店、二〇〇五）
中川ゆかり『正倉院文書からたどる言葉の世界』（塙書房、二〇二一）
沼本克明『日本漢字音の歴史』（東京堂出版、一九八六）
野村剛史『日本語スタンダードの歴史　ミヤコ言葉から言文一致まで』（岩波書店、二〇一三）
野村雅昭『漢字の未来　新版』（三元社、二〇〇八）

橋本四郎『橋本四郎論文集　国語学編』（角川書店、一九八六）
蜂矢真郷『古代語の謎を解く』（大阪大学出版会、二〇一〇）
蜂矢真郷『古代語の謎を解くⅡ』（大阪大学出版会、二〇一七）
蜂矢真郷『古代地名の国語学的研究』（和泉書院、二〇一七）
早田輝洋『上代日本語の音韻』（岩波書店、二〇一七）
平川南編『古代日本の文字世界』（大修館書店、二〇〇〇）
廣岡義隆『萬葉のえにし』（はなわ新書、二〇二〇）
福島直恭『書記言語としての「日本語」の誕生　その存在を問い直す』（笠間書院、二〇〇八）
福島直恭『訓読と漢語の歴史［ものがたり］』（花鳥社、二〇一九）
古屋彰『万葉集の表記と文字』（和泉書院、一九九八）
町田和彦編『図説　世界の文字とことば』（河出書房新社、二〇〇九）
町田健『コトバの謎解き　ソシュール入門』（光文社新書、二〇〇三）
町田健『ソシュールと言語学　コトバはなぜ通じるのか』（講談社現代新書、二〇〇四）
馬渕和夫／出雲朝子『国語学史　日本人の言語研究の歴史　新装版』（笠間書院、二〇〇七）
丸山圭三郎『言葉とは何か』（夏目書房、一九九四）
宮島達夫『言語史の計量的研究』（笠間書院、二〇一九）
毛利正守監修『上代学論叢』（和泉書院、二〇一九）
森博達『古代の音韻と日本書紀の成立』（大修館書店、一九九一）
山口仲美『日本語の古典』（岩波新書、二〇一一）
山口佳紀『古事記の表記と訓読』（有精堂出版、一九九五）
吉田金彦／築島裕／石塚晴通／月本雅幸編『訓点語辞典』（東京堂出版、二〇〇一）
ルイス・イェルムスレウ／小林英夫訳『一般文法の原理』（三省堂、一九五八）

主要語句説明

五〇音順

▼音韻

言語音の観念、概念。区別される体系的なもの。日本語母語話者には日本語母語話者の音韻体系が備わっている（とみる）。各々の言語によって、区別する音の概念は違うので、ふつう、英語を学習していなければ、light と right の l－r、bus と bath の s－th などは明確に別音だとは聞き分けられない。日本語であればこれらの音の概念がそもそもないか、あるいは〝日本語にとっては似たような音の揺れ〟と一つにまとめられてしまい、対立的な音の区別、ひいては語の違いに関与するという認識に及ばない。他言語の音韻の対立関係を脳内に構築するためには、基本的にはその言語に継続的に触れて、話す、聞くを繰り返すしかない。

▼音声

人間が、言葉を発するために表出する音のこと。実際的、物理的なものである。口、喉、舌などの発声器官を使って発する。言語音なので、ドアが閉まるなど物が発する音や、手をたたいたりして出す音とは区別する。顔や体格が一人一人違うように、音声も一人一人、また同一人物の同語でも、時と場合によって変わり得る。音声は、音韻という言語音の概念形をもとにして発出され、また聞き取って音韻の概念に照らして理解される、とみる。

▼共時態（論）

時間的変遷、経緯、起源や成立、変異等のバリエーションがあることを基本的に考慮しない議論。実際には、変化は起きているわけだが。ただし、その全てから目をそらすわけではない。たとえば、コロナ禍以前、二〇一九年以前にはおそらく「対面授業」という言葉はなかった。「対面」も「授業」もそれぞれ存在していたが、複合した「対面授業」とは言われなかった。わざわざそういわずとも、対面しかなかったからである。ところが、「ＷＥＢ授業」などと対立関係を結ぶようになり、新たな関係性が作られた。これは、歴史上の出来事（通時論）とも言えるが、共時態論では体系内における対立関係の組み換えや変化とみて、一々歴史的事象として時間軸にはおかないままに、取り扱ったりする。このように、共時態論とはつまり、方法論としての設定であるが、感覚的にも実は追体験できるところがある。自身は大阪に在住し、大阪方言を話すのにもかからず、「日本人というのは……」「日本語というのは……」と一般化して語るときがある。このときディフォルトは、自身が内省できる現代時間であり、過去や未来は度外視している。そして地方在住で、方言話者であることもここでは関係していない。通時論が、バリエーションや差異、変異なども必然的にいれることになるのに対し、共時態論ではふつう、まずは一般化される。フラットに捉え、変異や亜種には関知しない。基本的に構造主義言語学が取ってきた立場がこれである。

→共時態（論）

▼字形

実際に書かれた文字の形。同じ文字であっても人によって、また同じ人でも時と場合によって違うが、こういう一回一回の具体的な現れが「字形の違い」にあたる。同じく物理的なもので、個別的、実際的な「音声」に通じるものがある。ことに手書きの場合は、完全に同じというのはまずあり得ない（重ねて写して書いたとしても、一回目と二回目で筆致を完全に一致させることは恐らく不可能である）。それを限りなく拡大すれば、たとえ何百分の1ミリという単位でも、ズレて重ならないところが必ずある。ということは、それは現象としては別で、二種類のものであるとすべきということになる。印刷物の場合は、手書きと違って、限りなく同一の物を量産することができるが、実際に記されたものという点では、字形であることに変わりがない。この本の、いまこの部分に書かれているこれら、紙面に印刷された文字たちの形もまた実現された「字形」である。

▼字体

文字の形の概念。たとえば「十」であれば、直線がほぼ直角に交差しているという構造的な骨組みを指す。この「十」がある程度斜めになってきたり、一方が短くなってくると、「×」や「メ」だと判断される可能性もある。空間的な方向性や位置もイメージを形成する重要な要素である。「犬」と「太」は、「大」字に加えてうつ「丶」の位置が、空間的に中央下か、右上かということで、同じく空間配置の抽象的概念として把握されている。この相対的な位置関係さえ守られていれば、実際はエリア内の微細な違い（これは字形の違い）は無視される。また、「未」と「末」は一画目と二画目の長さが相対的差異で把握されている。それはつまり、2ミリの差で短いから「未」だなどと、具体的な差違で判断しているわけではないということである。概念なので、字体それそのものを出力することはできない。出力した瞬間それは、字形となる。抽象的な概念という点では、「音韻」と似ているところもある。

▼シニフィアン

語のもつ音の形（音韻）をいう。直訳すれば「あらわすもの」。フェルディナン・ド・ソシュールの『一般言語学講義』を訳した小林英夫は「能記」と訳した。記号を記号たらしめているもので、シニフィエを〈この世界〉から切り取ってマーカーしているその標識である。このシニフィアン——つまり音の形がないものは語ではない。シニフィエと結びついて語として成立しているので、語である限りは必ず、ある。この結びつきは、ふつう恣意性によると説明されている。擬音語・擬態語では由来が知られる（辿って、納得できそうな）ものもなくはないが、基本的には、なぜその概念と、その音の並びとが結びついているのか、なぜその音並びでなければならなかったのか、ということは絶対的な根拠に裏付けられているわけではないとされる。あるいはその絶対的な根拠を私たちが、追跡して実証できるようなものではない、とも言える。平たくいえば、ごく強固に結びついているものの、なぜその音とその意味は、そこまで結びついたのかはわからないので、踏み込まないということである。中島敦は小説『文字禍』で、この結びつきを「精霊による不滅の生命」と表現した。このようなワードを使うといかにもファンタジーに聞こえるが、実は、言語学でとっている説明と事実上、変わらない（↓コラム4参照）。　↓シニフィエ

▼シニフィエ

「表わされるもの」と訳される。小林英夫はフェルディナン・ド・ソシュールの『一般言語学講義』として翻訳するにあたり「所記」と訳した。語の擁する、いわゆるところの「意味」「概念」であるが、この「意味」という言葉自体がなかなかやっかいな言葉である。たとえば、子供に「厳か」ってどういう意味？」と聞かれると、大人はそれなりに易しい言葉で言い換え、体験などをまじえて説明するだろう。子供も「ふうん」ととりあえず納得したとすれば、このとき、その説明は、いわば「どういう意味？」に答えた形になるため、それをもってすなわち「意味」に据えられるかのように思えてしまうが、実際はそうではない。語は、シニフィアン（語形、発音）とシニフィエの結合したものであるので、そのシニフィエを別の語で説明したところで、説明に使われた言葉（語）もまた同じくシニフィエとシニフィアンを背負っており、実際は「意味」そのものではない。言葉を言葉で説明している限り、どこまでもそれが積み重ねられていくばかりである。その点で、〈シニフィエとは、シニフィアン（語形、音韻）によってあらわされるところのもの〉とすべきである。これはいかにも迂遠

的であるが、実際はこれ以上なく正確である。ただ、当然これでは、「厳か」という語の概念は、ogosokaという発音で表わされるところのもの、ということになってしまい、質問した人にとっては堂々巡りであって、なんら知見を得られないことになってしまう。よって、たいてい、未知の語については、その場の文脈・状況を通して直感的に悟る以外は、言い換え説明によって意味を悟っていく。つまり、辞書とは、言い換え説明が集積された書物ということになる。言い換え説明だからこそ、辞書ごとにちょっとずつ違っていたり、辞書ごとの工夫があるのである。

ところで、「厳か」ってどういう意味?と聞けてしまうわけだが、「意味」という言葉の守備範囲の広さとその変幻自在にも重々気を付けておく必要がある。言葉の「意味」もさることながら、「この本の意味がわからない」とか、お札を握らされた人が、戸惑いつつ、「このお金はどういう意味?」などとも言えてしまうからである。「意味」は広すぎて、便利すぎて、やっかいな言葉である。↓シニフィアン

▼書記

基本的には、文字と言葉との対応であって、表記に同じであるが、文字資料が、個別的に擁することになる様々な要素を含み込んだ概念。表記論に対して書記を論じる場合は、紙、石、木、金属等の媒体、筆記用具の種別、筆致、紙面上の配置、大きさ、濃淡、また印刷機器類による出力上の特徴など、個別的な要素も様々に考慮される（考究の対象となる）。手書きの場合は、腕、手の動きなどの運動をもおのずと含み込むことになる。また紙面上の配置――たとえば和歌を一行で書くか、三行で書くかということや、文字の線の太さや細さにかかわって、筆で書かれているかペンで書かれているかといった違いも研究対象になる。検討対象が非常に多岐にわたるので、表記論より上位の概念、あるいは高度な研究に見えるかもしれないが、必ずしもそういうわけではない。文字と言葉の研究にあたって、どこに焦点をあてるか、何を対象とするかという違いである。↓表記

▼書体

実際にかかれた字の形一つ一つに伴っている筆致上の特徴。基本的には他に同じような特徴をもっているセットが背景にあって、印刷文字の場合はそれは明確に示すことが出来るし、命名もされている。たとえばMS明朝体、HG正楷書体といったものである（↓フォント）。手書きの場合は、字形として出力された際に、その人のクセや筆法が現れているので、たとえボールペンや鉛筆によるものであっても、

それもまた書体である。ただ、「書体」と呼ぶのは大げさなほど、書いている本人は意識していないことも多い。だから個人個人の個別的な字形には、常時、名前のない書体というのが随伴しているとも言える。俗に「筆跡」ということがあり（本書では学術用語としては扱っていない）、これを通して誰が書いたかを推定することもできるが、あれは一字一字の書体と、それらを貫く共通特徴（→書風）を看破しているのである。ゆえに、部分的に他人の手が入っているとそこだけ別筆だと見破ったりもできる。古典の写本同士を比べてテクストを整える作業では盛んにそういうことが考証されてきている。一字一字の特徴を書体、全体を貫く特徴を書風と本書では呼ぶ。研究史では、個々を貫く特徴をも、書体と呼ぶこともある。一つ一つが書体を負っているので、セットとしてそれをも書体と呼んでも、もちろん誤りではないけれども、印刷の方では書体（個別文字）――フォント（セット）という用語を違えた対応関係があるので、手書きのほうも、書体（個別文字）――書風（抽象された特徴）という関係性で、本書では術語を分けておくことにした。

→書風

▼書風

ある文字列のそれぞれを貫く筆致上の特徴をひとまとめに捉えた概念。一字一字は形が違いつつも、それぞれ書体が伴っているので、その背景ともいうべき共通する特徴のこと。本書では、手書きの方を指す概念として使用している。印刷物の場合はフォントにあたり、印刷物ゆえに、整備されたセットとして存在している。この書風は、ある個人の特徴としてのそれと、個人を越えた特徴という階層性で把握される。個人の場合は、まさに「○○さんの書いたもの」とわかったりするような、一般には「筆跡」といわれる概念に通じる。毛筆になると、審美性も含まれることが多い。個人を越えた書風とは、書道の流派などで知られるものを指す。さらにそれが抽象化すると、印刷のフォントに近づき、楷行草篆隷へと行きつく（これは印刷フォントでも互いに棲み分けられている、まさに〝セット〟である）。

たとえばある三十数文字の手書き毛筆漢詩作品を鑑賞しているとする。〈この作品は隷書で書かれている〉というのは、書風のもっとも抽象化したレベルの判断であり、構成される一字一字の字形は、隷書という書体を伴っている（と鑑賞者は同時に判断している）。ここから少し抽象度が下がれば、〈○○流の隷書〉となり、さらに抽象度が下がる――つまり個別的に書風を見る目になると、〈○○先生の隷書だね〉などという感想を持ち得る。これらはグラデーションのように連続していることでもある。なお、研究史では、個々の文字を越えた印刷でいうフォントに相当するレベルの概念をも書体と呼ぶことがあるが、本書では、印刷書体（個々の字）――フォント（セット）に対して、手書き書体（個々の字）の裏付けとなるフォントに相当する概念の方にも別の名付けで用いる方が、並行的に把握しやすいと考え、書風と呼ぶこととした。一字一字の書体は体系的なセット――書風を背景にするが、その体系的なセット（書風）は一字一字（書体）から成り立っているという相互包摂の関係になっている。　↓フォント、書体

▼通時態（論）

時間に沿って事象は変化するということを考慮にいれる論。起源論や成立論にも通じる。文字もこの数千年の間に発生、変化してきたので、常時、物事は変化の途中であるということからして、当然の視座であるように思われるが、現代語を考究する以外は、実際には資料として残されたり、言語で記述して記録されていることでないと観察できないので、その時点で、すでにある種の結果的な選抜と抽象が起きている。従って、言語現象についてべったりと一分一秒を連続的に追うというものではないし、そもそもそれは不可能であり、ここでいう通時態論の目的でもない。手掛かりの断片を時系列上において観察したり考察したりして、前後関係や偏在、差異を考慮にいれて想定しつつ研究することを指す。およそ歴史研究というのは、選抜と抽象を前提とする。たとえばある人が、争っていた二つの大国のA国とB国それぞれの首脳の和平会談の取材をしているとき、それは後々、「歴史記述」として刻まれるであろうが、その同時刻に、会見場所の裏手で鍋が噴きこぼれているかもしれないし、ある人は宝くじにあたり、ある人は風呂場で滑って骨折したかもしれない。いずれも、まず記事にはならないだろうから、あたかも後世、その日は歴史的会談だけが行われたかのようだが、当然ながらそうやって、だれかが生まれ死に、なにかが作られ、壊れたりもしていたのである。歴史記述というのは、全世界の全事象を全時間にわたって記述し尽くすことではないし、もとよりそれは不可能である。選抜して、記述されたそれを、「歴史」と呼んでいるだけである。

　このようなことから、通時的に捉えるのがふつうの感覚で、時間的変化に関知しない共時態論は割り切った方法論としての操作であるとは、必ずしも言い切れないことになる。通時論という歴史的視座も、十分に、抽象と選抜を繰り返している（あるいは前提している）のである。どちらかと言えば普段、言葉を話しているとき、その変化は特に気にかけられないので、感覚としてはむしろ共時的にあるとも

言える。　↓通時態（論）

▼パロール

個別的な一人一人の言葉。たとえば筆者尾山慎の話す日本語もその一つである。個別的なものなので、言語学は直接研究対象にはふつうしない。もちろん、夏目漱石の文体や、村上春樹氏の文体などが研究されることはあるが、結局は何かと引き比べないと位置づけもできない。つまり、〈一般に対置された個〉として捉えられることになるわけで、この点をしても、パロールとはラングとの対置にあってはじめて意味をなすと言える。ただし、個々人の言葉ということと、抽象的に一般化された日本語ということとが、一足飛び（いっそくと）びすぎて、あまりにかけ離れすぎではないかという反省もある。そこで、「ノルマ」という、個を超えた慣習や規範性のような中途段階も提案されている。文字表記論は、個のパロールから、このノルマ――慣習というところにまで広がって位置づけられる。文字・表記をラングほどに理想的な抽象系だと想定するのは難しい。これは文字が視覚的に記されるという、実際的な性質によっているからかもしれない。ところで、音声言語でもノルマという概念を設定しない場合、たとえば生まれてこの方親子三代にわたる大阪方言話者が、ラングというどんな方言でもあり得ない抽象的な言語態をいただきつつ、そこから、直接大阪弁をひねり出しているということになってしまうが、実際に言葉を使う身としてその説明には違和感があるのも事実である。その点、中間段階を想定するのは確かに穏当とも言える。なお、「ノルマ」はエウジェニオ・コセリウという一人の研究者による提案で、言語学の概説書などで、ラング・パロールという用語とともにいつも解説されているとは限らない（どちらかといえば概説書類では積極的には紹介されていないようである）。なお、哲学の分野では、パロールを音声の言葉とし、文字で書かれた言葉をエクリチュールと呼んで対置するという、言語学での用語定義と少しズレている場合があるので注意が必要である。

▼表意

文字通りには、意味のみをあらわすこと。実際は、語という観点からすれば意味は必ず音と結びついているので、音を綺麗に忘却して意味だけを認知するということは困難である。よって、臨時的に、音の方を無視するようなケースで認め得る。無視というのは複数候補をひとつに絞らないというのも含む（例：駐車場の「空」表示は、「あき」なのか「くう」なのか「から」なのか、特に絞り込む必要はない。しかし、駐車場を探している人にとって、瞬時に意味はわかる）。漢字をそのように使う場合もあって、ゆえに、「表意用法」であればあり得る。しかし、普遍的な体系として、表意文字というのは想定しにくい。常に、音を喚起せず、ひたすら意味だけをあらわすという文字がしかも体系的に存在しているということは認めがたい。もっとも、記号類はそれに当てはまる特性をもってはいるが、文字としては扱っていないのが現状だろう（÷、×、+、〒など）。その意味では、ずっと超古代までさかのぼれば、文字の黎明としてありようには認め得るかもしれない。つまり成立論的にはある段階までにおいて認められるだろう。文字記号が、言語との結びつきを確固たるものにしていく過程（プロセス）があったとすれば、そこには、表意文字と呼び得る段階があったとも言える。ただ、そうではあっても、まさにプロセスにおける一時点であり、「〜文字」という限り、体系性をもって他の文字と対立的に、既に存在しているものをそう呼ぶべきであるから、その限りにおいて、現状では存在しないといってよい。換言すれば、「〜文字」という静態的、体系的分類用語は、やはり共時態論になじむ、あるいはそう前提する用語ということでもある。

▼表音文字とその用法

平仮名、片仮名、アルファベット、ハングルなどが該当する。音をあらわす文字で、またその運用（動態）が表音用法である。表音文字と言った場合は、体系としてのそれを指す。たとえば「りんご」表記は文字一つ一つは表音文字であり、「り」「ん」「ご」は表音用法で用いられていることになる。そして、結果としての表記は、[apple]と呼ばれるあの果物を指す語をあらわしているということになる。一方、「んごり」とあると、これは日本語には存在しない言葉なので、表音文字が表音用法で用いられた、しかしただの三文字分の羅列と言うしかない。

▼表記

文字が並べられて、何らかの語を表示している状態。つまり、文字が実働している状態＝動態を指す。たとえ一文字であっても、実際に運用されていると見做される場合は全て表記である。文字という抽象体系としての記号（すなわち運用前）と、区別する。この「表記」を巡る議論は、個人の筆跡や、形の大小などは問わない。どのような文字の列が、どのような言葉と対応しているかを考究するのが表記論である。したがって、パソコンで打ち出された「上手」と、書家が流麗に書いた「上手」と、殴り書きの「上手」という三種類も、いずれも「じょうず」と読むのであれば、三つの間に差違はないものとして扱う。あるいはまた、二枚の紙に、全く同じように「上手」と打ち出しても、一方が「じょうず」で一方が「うわて」なら両者は別物として扱われる。なお、筆致や字形に及んで差違を意味づけたり議論するのは「書記」を巡る論に預けられる。　↓書記

▼表記体

ある表記における、個々の文字の書き方を貫くルール、スタイル。現代語だと、おおむね自立語は漢字と送り仮名、付属語は平仮名、外来語や擬音語擬声語は片仮名といったところである。ただ、現代日本語の場合は、対置されるような別のモードがほぼないので、表記体とわざわざ言うこともない。これは外国語にも言えることで、アルファベットしか使わない英語、漢字のみの中国語に表記体という言葉は積極的には、必要がない。やはり〜体（スタイル）とする以上、スイッチングされる、別のモードがあってこそである。日本語の歴史においては、ほとんど漢字、ほとんど平仮名、漢字片仮名交じりといった表記体の違いが、書かれる媒体によって住み分けられているところがあった。つまり、「表記体」というのは過去の日本語を研究するにあたってこそ、その方法論として有効な切り口だと言える（そもそもは山田俊雄、亀井孝らによる）。たとえば男性貴族の日記はほぼ漢字だけであり、和歌は平仮名で、といった具合である。徐々に混交したり入れ換えが起きて現代にいたる。なお、漢字専用時代である奈良時代以前は、漢字の表語用法、表音用法、そして前二者の混交という三種類の表記体が、和歌、散文ごとで棲み分けられているところがあった。この表記体のスイッチングを文章・文体の別と関係づける研究も盛んである。

▼表形用法

「旦」をお盆に乗せた湯呑みに見立てたり、「艸」を手に見立てたりする、発音や意味（語）を度外視し、ひたすら形だけを別のもの・ことに見立てて利用する方法。他の全く別の文字として当てられる場合も含む。工場の「工」を片仮名の「エ」にしたり、「了」を片仮名の「ア」に当てたりするものである。ところで、文字として書かれる以上、形はもとよりあらわしているので「表形」というのは妙な言い方ではあるのだが、表語、表音など、他の術語とあわせて、形音義に照らして統一性があるように本書では命名した。実際には、借形用法とでも言ったほうが正確であろう。

▼表語文字とその用法

表語文字の代表は漢字であるが、用法とはそれを実際にど

のように使うかという運用形態を指す。「秋」を季節のfall の意味で使うのであれば、表語文字の表語用法ということになる。一方「人多すぎ」を「人大杉」とあてるのは表語文字の表音用法である。植物や人名の「大杉」は関係ないからである。奈良時代以前の場合はこれを訓仮名と呼んでいる。この「人大杉」の「大」「杉」を表音文字とは言わないことに注意。また「ふれ愛」の「愛」は音読みによる当て字であり、意味も符合しているように思われるが、原理としてはあくまで「合い」にあてられた当て字に過ぎない。「愛」についても、やはりこれを表音文字とは言わない。奈良時代以前を研究する場合であれば、これは「音仮名」と呼ばれるものにあたる。表音文字というのは文字の素材、静態面での体系的な意味での位置づけになる。ここではあくまで漢字の臨時的な使い方なので、〈表語文字の表音用法〉と位置づけるのがふさわしい。そしてこの場合、研究の方法論なので、当代の人々がどう思っていたかとはとりあえず区別される。

▼フォント

字ごとの、個別の字形に伴う特徴（書体）の、そのセットのほうを指す。MS明朝体など。フォントは、このMS明朝体で出力され得るセットをいい、実際これによって打ち出したある一字は、文字は、〈MS明朝体という書体〉と説明される。同時にその、出力された文字は、MS明朝体というフォントを背景にしているとも言える。フォントとは手書きで言うところの書風に対応する。書風は、手書きゆえに、個人的な特徴から個人を越えた特徴まで広がりがあるが、印刷フォントの場合はそのグラデーションは特になく、基本的に各フォント同士はデジタルに区別され、明朝体、ゴシック体などと命名もされている。　→書体、書風

▼文字

言葉を記すため、紙面等、何らかの媒体に視覚的に刻まれる記号。大きく分けて表音文字と表語文字がある（表意文字というのは想定され難い→「表意」の項参照）。前者はアルファベット、平仮名、片仮名など。後者は、現代では漢字が代表として該当する。実際に運用されている場合ではなく、体系的な存在として、またそれを構成する一つ一つを指して言う。抽象的な把握であって、いわば、静態での位置づけである。したがって、実際に運用されている場面では、たとえ表音文字であっても、何かしらの語をあらわすことになっているので、それは「表記」と呼んで、「文字」とは区別する。これは反対から言えば、表音文字として言葉をあらわしている、というのはつまり、表記のことである。

たとえば何の文脈にもおかれない、片仮名「カ」なる記号は、文字として表音であり、/ka/音節をあらわすとだけ見做（な）されることになるが、「カが飛んでいる」「ヤブカに刺された」という実際の運用場面では、「蚊」という昆虫を指す語の表記として用いられていると説明される。　↓表記

▼ラング

社会的に共有されている体系としての言語。そのようなものがあるとみなすいわば「設定」である。実際には、「ほら、これです」とここに具体的に示すことができない。だから、本当に、実際にどのようなものなのか、と追究を始めると、異論があるのは当然である。たとえばいまでこそ義務教育を通して共通語を学ぶが、一〇〇年前、二〇〇年前はどうか。方言しか話さない人ばかりであふれていた。この場合、「日本語のラング」という、日本語全体に均（なら）したものを想定することは不可能（というより無意味）ということになってしまう。つまり、ラングは共時論的（↓共時態（論））な術語であって、時代的変異には関知しないのである。奈良時代には奈良時代の大和地方語のラングがあったと想定は可能だが、それはどうやって変異していったのだろう?と当然疑問がわく。人が移動しないと言葉も移動しないので、人の動きも考慮する必要がでてくる。しかし、言語学のラングは、その定義からしてそもそもこういったことに関知しない。もとより、通時的にどう変異したかという議論になじまない術語だからである。これは共時態を電車の連結のようにつなげれば一つなぎの〝日本の歴史〟が出来上がるというわけではないことに喩えてもよいが、共時論は、そもそも時間軸からの抽象なのである。過去から現在へと続く一本の時間軸というテープの、その一部分を切り取ったものではない。よって、ラングの通史的変遷というのは、本来の術語が指すところの本性からしては、なじまないのは当然である。

　ところで、現代語でも「気づかない方言」というのがあり、筆者はたまたま言語の研究教育に携わるようになったので知り得たが、そうでなければ「モータープール」（駐車場のこと）や、「べった」（最下位のこと）などの大阪方言は、全国共通と信じてやまなかっただろうと思う。この場合、「日本語のラングは……」など説いてよいものだろうか、と、やはり思われる。あるいは、その人にとってラングはどうなっているのか、と。ただ、こういったことにも、ラングはやはり関知しない。そういう個人的な、何を知っていて、何を知らないか、といったところで、実例的にラングを規定するわけではないからである。この調子では、いかにもあれこれすぐ門前払いしてまわるような概念にも思

えるが、まさに〝理論的な設定〟なので、そういうことになる。そのような体系が共時的にあるとする、ということである。なお、言語学では、「ランガージュ」という言葉も使われる（本書では登場していない）が、通常、「ランガージュ」は「ラング」を運用する能力の方を指す。ラングという抽象体系と、その運用系を分けるのである。ただ、運用されてこそ、ラングを設定物として想定できるので、両者を切り離すのはふさわしくないとも言える。本書では、そもそも文字表記論にラングに相当するレベルの概念を想定しにくいということで、はじめからランガージュ含め深く触れなかった。

【著者紹介】

尾山 慎（おやま しん）

1975年　大阪府生まれ
2006年　大阪市立大学大学院博士後期課程修了　博士（文学）
大阪市立大学特任講師，京都大学非常勤講師などを経て，
2013年より　奈良女子大学准教授（現在に至る）
真言宗御室派寳珠院住職

著作　『二合仮名の研究』（和泉書院，2019）
　　　『上代日本語表記論の構想』（花鳥社，2021）
2007年　新村出賞研究奨励賞受賞
2008年　萬葉学会奨励賞受賞
2014年　漢検漢字文化研究奨励賞・佳作

日本語の文字と表記
学びとその方法

二〇二二年一二月二十五日　初版第一刷発行

著者……………尾山 慎
装幀……………池田久直
発行者…………橋本 孝
発行所…………株式会社花鳥社
https://kachosha.com
〒一五三-〇〇六四　東京都目黒区下目黒四-十一-十八-四一〇
電話　〇三-六三〇三-二五〇五
ファクス　〇三-三七九二-二三二三
ISBN978-4-909832-69-6
組版……………ステラ
印刷・製本……モリモト印刷